東洋文庫 887

古代中国の社《しや》

土地神信仰成立史

E・シャヴァンヌ

菊地章太 訳注

平凡社

装幀　原　弘

凡例

一、原注は（　）で示す。原書では注はすべて脚注で頁ごとに番号が附されているが、本書では本文のあとに一括し、通し番号を附した。
二、原注のあとに訳注を附して［　］で示した。番号はすべて原注に対応する。
三、本文および原注のなかで訳者が補足した箇所も同じく［　］で示した。
四、中国文献の引用に際してシャヴァンヌは原文と自身の訳文を示している。ただし原文のみ、あるいは訳文のみの場合もある。訳注では重複をいとわず、すべての原文と現代語訳を示した。訳注の引用は最新の刊本を用い、原注の引用と文字が異なる場合は注記した。現代語訳は訳者による試訳である。
五、原注のなかで欧文訳のある中国文献はすべて該当する頁数が示されている。しかし既往の訳文を用いた箇所はなく、すべてシャヴァンヌが原文から訳し直したものである。
六、副題は原書にない。内容に即して訳者が補った。章題も原書本文にない。目次に附されたものを用いた。
七、原書では改行はあまり多くない。内容に応じて適宜改行したところもある。

目次

古《こ》代《だい》中《ちゅう》国《ごく》の社《しゃ》

土地神信仰成立史

E・シャヴァンヌ　著
菊《きく》地《ち》章《のり》太《たか》　訳注

一　社の諸相

中国では社《しゃ》と呼ばれる土地神の崇拝がきわめて古い時代からあった。本稿は社の崇拝が形成された足跡をたどるこころみである。(1) このささやかな考察を通じて、東アジアの民族の宗教感情のもっとも深いところにあるものをさぐってみたい。

社は大地にやどる力を神格化したものである。(2) 土地はさまざまな大きさに区切られ、それぞれの場で崇拝される神がいる。土地をどのように区切るかは集団の規模に応じて千差万別であり、社の規模もその区切り方に対応していた。

家ごとの土地の崇拝がその根底にある。家屋の天井にあいた穴の真下に土地の神をまつり、そこを中霤《ちゆうりゆう》と呼んだ。(3) 家の中心にあって土地の活力が集中し、そこに霤《あまだれ》がそそぐ。中霤という言葉がその実体を示している。天に向かって開かれていたのは、生命力の根源である気をめぐらせて大地におよぼすためだった。

中霤は古代中国の人々が崇拝した五祀のひとつである。これは家にやどる五つの神格で、あとの四つは竈《かまど》と井と門と戸である。竈は家事の火をあずかるところ、井は水の精霊がひそむところ、門は家の外側の扉、戸は内側の扉であり、ともに家を守るところである。中霤という言葉は今はすたれたが、家々でまつる土地の神にそれにちなむ名が残っている。[4]［清朝末期の］中国では夕方になると町のそこかしこで香が焚かれる。通りに面した家の門口では神の名を記した牌のまえで火をともした。大地はあらゆる恵みのみなもとであり、人々はその恵みに感謝をささげてきた。[5] それがいつしか家の繁栄を祈願する町や村の神に落ち着いてしまった。自然の大いなる力に対する崇拝は過去のものとなり、財貨をもたらす福の神としてたよるばかりになったのである。[6]

家のひとつ上には里《り》と呼ばれる集団があった。これは小区と解してよい。里は二十五家からなり、そこにひとつの社がある。[7] 里の民には春二月の吉日に土地の社をまつることが義務づけられていた。[8] 社で行事があるときは各家からひとりずつ出て手伝う。[9] それを取り仕切る者は官吏ではなく里から選ばれる。前一七八年［前漢文帝二年］に没した陳平《ちんぺい》は公正なことで評判が高かった。『漢書』によれば「里社の祭で世話役となり、供えものの肉を均等に切り分けた」という。[10]

社は里の代名詞ともいえる。書社という言葉はそれに由来する。里に属する人の名を名簿に書き出したことから里のまとまりを書社と呼んだ。[11] 楚の昭王が孔子に書社七百をあたえようとしたことがあった。[12] これは二十五家ごとの里を七百かかえた土地の領主に封じることを意味した。

周の時代は里の上に二千五百家からなる州があって、その長は官吏に任じられた。『周礼《しゅらい》』に職務が規定してあり、「季節ごとに州社で祭祀をおこなう」とある。(13)

漢の時代は県が周代の州におおむね相当した。(14) 前二〇五年［前漢高祖二年］、王朝の基礎を築いた高祖は、県ごとに公社を設置させた。(15) 前一九七年［高祖十年］に次のような認可をあたえている。「春二月と年の最後の月、各県に羊と豚を給して社と稷《しょく》に供えさせよ。里社では民がそれをまかなって供えよ」とある。(16) ここから知られるのは、周代の州社と同じく、漢代の公社が国家の費用で公的な祭祀をおこなったこと、また里社では祭祀の費用を民が負担したことである。さらに漢代の県において社と稷が不可分に結びついていたことが知られる。(17) 収穫にかかわる稷という神格は土地神である社のかたわらにつねにある。影の形に添うように社とひとつながりであり、固有のあゆみを持たないもののごとくであった。

周代は封建諸侯の国が州の上にあり、その上に九つの地域すなわち九畿がある。天子は封建諸侯に国を封じるとき社稷を設けさせた。小司徒《しょうしと》という官吏がそれを補佐した。(18)『周礼』によれば」九畿のそれぞれに「社稷の土壇を築き、土地の神とあがめる樹木を植える。土地ごとにふさわしい樹木を選んだので、それぞれ国の社は樹木の名で呼ばれた」という。この役は大司徒《だいしと》がになった。(19)

漢代は県の上に郡があり太守がおさめる。県と同じく郡ごとに社と稷が設けられた。後漢になると十二の州が置かれたが、周代のような封建諸侯の領地とは異なるものである。そこは刺史《しし》と呼ばれる官吏の管轄する区域であり、その権限がおよぶ範囲だった。刺史は古代の軍制における師団長に相当し、国内の巡察にたずさわる。後述するとおり軍事遠征に際してかならず社をともなった。しかし［収穫にかかわる］稷をともなうことはない。種蒔《ま》きから収穫の時期まで遠征先にとどまることはないからか。『後漢書』の次の一節はこの点から理解できよう。すなわち、「郡と県に社稷が設けられ、郡太守ならびに県令と県長がその祭祀をつかさどった。[20] そのとき羊と豚が犠牲に用いられた。ただし州長が管轄する地域では、社がひとつ置かれたが、稷は置かれていない。これは州長が師団長の役目をはたしたことにつながっている。古代には軍隊が出動するとき、師団長は社をかたどった［主《しゅ》という］板をたずさえたが、稷の板はたずさえなかった」とある。[21]

漢代の中国が［清末］現在の中国と連続しているなら、郡太守の上に君臨するのは皇帝のほかにはいない。漢王朝はごく少数の例外をのぞいて、皇族に領地を附与する一種の半封建制をとった。彼ら諸侯は郡太守のように皇帝の意のままに任官され罷免される官吏にすぎず、領地のなかでのみ主権を行使できた。その権限は世襲である。したがって漢代には皇帝のもとでも、また諸侯の公国にあっても、社稷は周代の封建社会にすでに存在したのと同じ形態を示した。漢王朝の統治機構を採用したいくつもの王朝においても同様である。それは唐にいたるまでつづいた。

周代の社については『礼記《らいき》』「祭法」に次のように記されている。「王があまたの民をかえりみて設ける社を大社と呼ぶ。王が自分のために設ける社を王社と呼ぶ。諸侯が民をかえりみて設ける社を国社と呼ぶ。諸侯が自分のために設ける社を侯社と呼ぶ。高官および下級官吏が共同体のなかに設ける社を置社と呼ぶ」とある。(22)

後漢の蔡邕《さいよう》（一三二～一九二年）の『独断』が記すところはこれと一致する。すなわち「天子の宗廟《そうびょう》に対する社を泰社と呼ぶ。天子があまたの民をかえりみて設ける社である。天子が自分のために設ける社を王社と呼び、あるいは帝社と呼ぶ。古代には師団長に任命された者が戦争におもむくときこれをたずさえ、［戦地で］討伐の命をさずかった」とある。(23)ここで『書経』の記述を参照したい。そこには「私の命令にしたがった者は先祖のまえで褒美をあたえる。命令にそむいた者は社のまえで処罰をおこなう」とある。「『独断』はつづけて言う。」「諸侯が民をかえりみて設ける社を国社と呼ぶ。諸侯が自分のために設ける社を侯社と呼ぶ。（中略）高官および下級官吏が共同体のなかに設ける社を置社と呼ぶ。彼らに自分たちの社を設ける権利はなく、共同体の民とともに社を設けた。民は（二十五家の集団もしくはそれ以上で）社を設けた。(24)それを里社と呼ぶ」とある。(25)

『礼記』と『独断』の記述から知られるのは、里社が民の手で設けられ、公社が官吏の手で民の共同体に代わって設けられたこと、かたや天子や諸侯の社が民にかかわることなく独自の権限で設けられたことである。また天子や諸侯の社がふたつずつ設けられたことも知られる。天子の社のひとつは大社もしくは泰社と呼ばれ、諸侯の社のひとつは国社と呼ばれた。王宮のなかに祭壇が築かれ、先祖をまつる宗廟と向きあっていた。(26)もうひとつの天子の社は王社もしくは帝社と呼ばれ、諸侯の社は侯社と呼ばれた。その祭壇は聖なる田である籍田《せきでん》に築かれ、天子や諸侯は宗廟にそなえる稷《きび》を耕作する儀式をそこでおこなった。(27)ひとつの領土のなかに二種の社がならび立ったわけだが、これはやや理解しづらい。(28)ここでは次のように解釈したい。

君主が民との関係を維持していくのは統治において不可欠である。民のために祈願すべきことがあれば、それは天子の大社もしくは泰社、あるいは諸侯の国社でなされた。祈願の内容はゆたかな収穫がさずかることである。それは民を利することにつながる。君主のために祈願することがあれば、それは天子の王社もしくは帝社、あるいは諸侯の侯社でなされた。祈願の内容は君主の家がさかえることであり、それをゆるぎないものとすることである。これについては、すでに引いた『独断』の記述が示唆をあたえる。軍事遠征のおりに処罰をおこなうためにともなったのは君主自身の社［の主］であり、民のための社ではなかった。処罰をあたえる権限を有することは、最高の権威の表明にほかならない。

民のための社が農業をたっとぶ役目をはたしたのは、稷が附属したことからもあきらかである。君主自身のための社は何にもましてその畏《おそ》るべき威信を誇示するものだった。そこに稷を附属させる必要はなかった(29)。

以上を要するに、歴史のはじまりから社には完全な序列が成り立っていたと言える。家々にあった中霤は社とは呼ばないが、本質はそれと異なるものではない。里ごとにあった社は民のあがめるところで、民がみずからその維持にあたった。家と里の神は今日では土地公の名で呼ばれる。こうした共同体を見守る神格の上に、おおやけの社の系列があり、それをおぎなうものとして稷が設けられた。社稷の祭祀は郡太守や県長などの官吏がつかさどる。さらにその上に天子と諸侯の社があって、君主と民の双方に向けて二種の社を設けるという特異なあり方を示した。

二　社の祭壇（上）

社のある場所には土壇が築かれた。多くの書物が「社」の語を土地の神をまつる祭壇の意で用いている。それはまさしく土の祭壇であり、周囲の大地を象徴するものだった。古今の注釈がくりかえし述べてきたとおり、そこは人の手のおよばない場所で、まつるにふさわしく、あたかもその周囲にひろがる大地の活力がうずたかく積みあがったところが選ばれている。社の祭壇はそうした場所からはじまった(30)。

古い書物は社の土壇を冢土《ちょうど》と記す。周の武王が殷王朝最後の紂王《ちゅう》を伐つべく出陣したとき、それに先立って「天上の皇帝である上帝に類《るい》の祭をささげ、大いなる冢土に宜《ぎ》の祭をささげた」とある(31)。武王が天と地をまつることを語った一節である。周王朝の始祖文王《ぶんのう》の都城建設をうたった『詩経』の頌歌は、[武王の曾祖父]古公亶父《ここうたんぼ》をたたえて言う。「[古公は]大いなる冢土の社を築き、人々の偉大な活動がここからはじまった」と(32)。はたして戦闘への出陣はかならず社の祭壇で布告されることになった。このことは後述したい。

漢代に宮廷に置かれた社、すなわち太社は五十歩四方の土壇を有した。壇の四方にそれぞれの方角に対応する色の土が盛ってある。東は青、南は赤、西は白、北は黒、壇の上部は黄色い土である(33)。諸侯の社はその半分の二十五歩四方の土壇を有した。その壇には領地の方角に対応するいずれかの色の土が盛ってあった。

社の土壇に五色の土を用いることは封土すなわち領地をさずかる儀式にも示されている。前漢の褚少孫《ちょしょうそん》は司馬遷の『史記』の記述を補足して言う。「封建諸侯がはじめて領地をさずかるとき、天子の社の土壇から土を受け取った。諸侯は土を領地にもたらし、その地の社を設立し、季節ごとに供えものをした。『春秋大伝』は次のように記す。[34]「天子のもとに泰社がある。土壇の東は青、南は赤、西は白、北は黒、上部は黄色い土である。東方に領地をさずかる者は青い土を受け、南方であれば赤い土、西方であれば白い土、北方であれば黒い土、最上の領地をさずかる者は黄色い土を受ける。[35]それぞれにたまわった土を白い茅《かや》で包み、社を築くためのさずかりものとした。天子から領地をさずかる儀式はこうしておこなわれた。このとき受け取った土をもとに社が築かれ、人々がそれをあがめることになる」という。[36]

漢の武帝が三王に封土をさずけたときの命令書［策《さく》］がある。原文は司馬遷が伝えている。前一一七年六月二十四日、中国の年号では元狩六年四月二十八日、武帝は三人の皇子を王に立てた。斉の地をさずかる皇子に命じて言う。「ここに元狩六年四月乙巳の日、皇帝は［側近筆頭の］御史大夫《ぎょしたいふ》の湯《とう》に命じ、先祖の廟において皇子閎《こう》に斉王の称号をさずける。閎に告ぐ。「さあ、小子閎よ。この青い社の土を受けよ。朕は代々の父祖を受けつぎ、古くからのしきたりにしたがって、そなたのために王家を建て、東の地に領地をさずけよう」」とある。[37]この言葉はあとふたつの命令書でも同様であり、北に領地をさずかる皇子が黒い土を受け、南に領地をさずかる皇子が赤い土を受けた点が異なるだけである。新たな領地に社を築く者に、さだめられた色の土を用いた封土授与の儀式がおこなわれた。こうした事実に関するたしかな証言をこの公式記録から得ることができよう。

後漢の状況については蔡邕の『独断』の記述にあきらかである。すなわち「天子の社では五色の土によって壇が築かれた。皇子が王に任命されるとき、天子の社の土壇から土を受け取った。領地の方角に対応する色の土である。東の領地をさずかる皇子は青い土を受け、南の領地をさずかる皇子は赤い土を受ける。ほかの皇子はそれぞれ領地の方角に応じた色の土を受け取った。土は白い茅で包んでさずけられ、領地にもたらされて社が築かれた。それゆえに茅に包んだ土をさずかることが、すなわち封土の授与を意味した。漢王朝が成立したのち、王に任命された皇子はそれぞれ茅で包んだ土をさずかった。しかし臣下および王室と他姓の諸侯[38]は、領地からあがる租税の額がさだめられただけで、茅で包んだ土はさずからず、社を築くこともなかった」という[39]。

ここに記されたとおり、地方に社を築くうえで天子の社から土をさずかる特典は皇族にのみあたえられた。王室の枠外にいる諸侯はこの特典にあずかれない[40]。

同じことが隋代（五八〇［五八一］～六一八年）にもおこなわれた。『隋書』によれば」「王および王朝創設に功績のあった五階級の爵位を有する貴族は、領地の方角に応じた土を社の土壇からうやうやしくたまわった。土は白い茅に包まれ、五寸立方の青い箱におさめて青く塗り固めた。そして社を築くために［新たな諸侯に］託された」という[41]。

社の土壇から五色の土を取って封土授与とするこの儀式は、どこまでさかのぼるのか。

『周書』にそれを示唆する記述がある。前千年以前の周公の洛邑建設にかかわる文章である。すなわち「土壇をつくる役人は、土盛りして社の祭壇を築き、諸侯はそこで王朝の命を受けた。こうして国の中央に社の土壇が設けられ、壇の東側は青い土、南側は赤い土、西側は白い土、北側は黒い土で固め、中央は黄色い土で覆ってあった。諸侯に領地をさずけるとき、領地の方角に応じた壇の側面をけずって土を運び出し、その上に黄色い土をかぶせ、白い茅で包んだ。これが社における領地授与［の次第］であり、周王朝の命によって封土を受ける儀式とされた」とある。(42)

この文章はたしかな証言となるだろうか。『周書』がかなり古い時代の文章を含むとしても、それは全体におよぶものではない。成立年代の確定できるほかの重要な文献と同列にあつかうことはやはりためらわれる。

ただ封土授与の儀式について言えば、これがきわめて古いものであることは、別の証言からもうかがえる。『書経』「禹貢《うこう》」に、徐州で五色の土を皇帝への献上品にしたとある。(43)かつての徐州は山東省の南、江蘇省と安徽省の北に位置する。

孔安国《こうあんこく》は［『尚書正義』のなかで］これに注して言う。「王は五色の土で社の土壇を築いた。諸侯に領地をさずけるとき、土壇からそれぞれの方角に応じた土をけずり、社を築くためにあたえた。その土［の上］を黄色い土で覆い、白い茅で包んだ。白い茅は清浄であること、

黄色い土は王［の権威］があらゆる方角におよぶことを示す」とある。(44)

なぜ一地方が五色の土を皇帝に献上したのか。このことを理解するうえで孔安国の注釈はまことに当を得ている。五色の土の用途が社の土壇を築くためであったことはまちがいない。それならば「禹貢」が編纂された時代をどこに置くかが問題となる。もとより推測によるほかないが、献上品を運んだ道はたしかにある一点をめざしている。それは山西の南、皇帝禹の都城があった安邑《あんゆう》［山西省解県の北東］であろう。禹は歴史上の人物とは認められないほど伝説にまみれているが、その伝説はあきらかに「禹貢」本文の理解に示唆をあたえる。神話の時代までさかのぼらずとも、禹の都城が「禹貢」の語る場所につながるのはある一時期にかぎられる。それは周の厲《れい》王が異民族に逐われて都の鎬京《こうけい》［陝西省西安市］を捨てた前八四二年から、平王が洛邑《らくゆう》［河南省洛陽市］に都をさだめた前七七〇年までのあいだである。このとき周の王室は山西の南にのがれていた。のちに「禹貢」の前半をなす地誌が編纂されたのも同じ時期ではないか。この見解にあやまりがなければ、五色の土に関する「禹貢」の記述から判断して、漢代におこなわれた封土授与の儀式が前八〇〇年頃すでに存在したと言うことができる。

いずれにせよ、この儀式がきわめて古い時代からあったことはまちがいない。そもそも「封」という字は封土の授与をかたどったものである。『説文』によればこの字は三つの形象から成るという。一は「土」である。二は草の生いしげる形［「丰《ほう》」］である。これは新しい字形［籀文《ちゆうぶん》］では「土」の形に類似する。「土」は封土授与が土によってなされることにつながり、「丰」の字は新しい領主が土地のもたらす生産の恩恵にあずかることにつながる。三は「寸」である。尺度の単位であるこの字は、天子がさずける領地の規模すなわち方寸が諸侯の位階にもとづくことを示唆する。このように「封」の字は封土授与のありようを見事に説きあかしている。中世のフランスでも封建領主の叙任は「草と土によって」あるいは「枝と芝によって」おこなわれた。ここに東アジアと西ヨーロッパの興味深い一致を見出すことができるだろう。

三　社の祭壇（下）

社の祭壇は天に向かって開かれていたにちがいない。土地の神は大気と感応することで、そこにありつづけることができた。それが閉ざされたなら、光と水を奪われた草木が枯れるようになるしかない。西暦二六年［後漢建武二年］に「洛陽の都に太社と稷が築かれた。祭壇は屋根で覆われておらず、扉口のある塀で囲まれただけだった」とある。[45]

社が力を発揮するにはこの感応は不可欠であり、社の力を損ねるにはそれを覆い隠せばよい。殷の湯王が国を建てたとき、征服した夏王朝の基盤を根絶やしにするため古い社を取り除こうとしたが実現できなかった。[46] そこでやり方を変えてこれを封鎖した。[47]

この話を聞くと「ローマの歴史家」ティトゥス・リーウィウスが伝える逸話を思い出す。タルクィニウス・スペルブス王は境界神テルミヌスを「神殿から撤去しようとしたが」動かすことができなかった。社も境界神もどちらもふれられない神聖なものとして人々に守られ崇拝されてきた。そうした記憶があったはずだが、中国人はこの事実に特異な説明をあたえた。湯王は征服した夏王朝の社を、新しい王朝がつねにかえりみるための戒めに残したというのである。無理な理屈のようだが、これが実際に功を奏した。めぐりめぐって周王朝が建国されたとき、殷の社を誡社《かいしや》と呼んで戒めのために残している。

周の武王は、かつて湯王が夏王朝の社に対しておこなったように、殷の国都の薄《はく》「あるいは亳《はく》」の社を建物で覆い隠し、北側の壁に窓をしつらえた。そこから闇と死の原理である陰の気だけが入るようにしたのである。このことは『礼記』「郊特牲《こうとくせい》」の記事から読みとれる。すなわち「天子のもとにある大社の祭壇は霜と露と風と雨にさらされ、天の気と地の気とつねに感応できるようにしてある。かたや征服された王朝の社は建物で覆って天の「気である」陽の気のはたらきを受けないようにした。薄の社に陰の気がそそぐよう北側に窓をうがった」とある。[48]

滅亡した殷王朝の社に対する典礼がおおやけの儀式に組みこまれた。葬礼の場で祈禱する喪祝《そうしゅく》という役人が、「滅ぼされた国の社稷に祈り加護を願った」という。[49]死者のかたしろが立てられ、儀式のおりに供えものを受けた。その役目は処刑にたずさわる士師《しし》がになった。士師が喪祝と同じく死にかかわる職務にあったからだろう。[50]

周王朝の法規に次のような条項がある。「男女間の性にかかわる訴訟があれば、滅ぼされた国の社のまえで公職にある者がそれを裁断する」という。[51]訴訟の内容は秘すべきことであるから、陰の気が支配する場がその係争にふさわしかった。

古代の殷王朝の社はもっぱら永続的な戒めとするため周の天子の宮廷で存続をゆるされた。天子は封土の授与を象徴する茅の土の儀式に類する仕方でそれを諸侯に伝えた。蔡邕の『独断』がその次第を語っている。すなわち「滅ぼされた国の社は古代においても同様であった。天子が征服した王朝の社を奪い取って諸侯に分けあたえた。警告と戒めのしるしとするためである。社を壁で囲んで覆いをかけ、天［の気］と通じあわないように、また土台に柵をめぐらせて地［の気］と通じあわないようにした。こうして社は天と地から切り離されたものとなった。社は北に面して開かれており、陰の気に向きあうことで滅亡した存在であることが示された」とある。[52]

前四九一年［魯の哀公四年］になおも殷王朝の社は魯の大公の宮廷にあった。この年、薄［亳］の社が火災にあったことが『春秋』に記されている。「亳社に災があった」という。この記事から薄の社が屋内にあったことが知られよう。屋外に置かれた祭壇ならば火災にあうはずがない。［『春秋』の注釈書である］『公羊《くよう》伝』もそのように述べている。「なぜこの火災のことが記されたのか。それはまぎれもなく滅ぼされた国の社が建物で覆われていたからである。上には屋根がかけられ、土台は柵で囲まれていた」とある。[53]

同じ記事について『穀梁《こくりょう》伝』は次のように解した。すなわち「滅ぼされた国の社は先祖の廟［である宗廟］の障壁とする。それは戒めのためだった。社を建物で覆って、天上世界と通じあうのをさまたげたのだ」とある。[54]

この文章から知られるのは、亡国の社を封じこめた建物が宗廟を遮蔽するものとして機能したことである。前六六〇年［魯の閔公《みんこう》二年］に卜者が語った言葉もここから理解できよう。それは魯国の季家の繁栄を告げた言葉で、季家の者が大公の［執政として］右にあり、ふたつの社のあいだに場所を得ることを語っている。[55]ふたつの社とは現王朝の社と亡国の社である。そのあいだに君主は坐したという。君主が朝廷で引見をおこなうとき、そのまえに宗廟と社があったことになる。

周の時代の封建諸国に薄［亳］の社があったことを確実に伝えるのは、前四九一年［哀公四年」の魯の国の火災の件と、前五四三年［襄公三十年《じょうこう》］に宋の国の亳社で起きた予兆の件だけである。(56) ただし、このふたつの国が異例ともいえる状況にあったことは注意したい。魯の大公は先祖である周公の遺徳によっていくつもの特権を享受した。(57) また、宋の大公が殷の末裔として先祖の社を保持したのは当然だろう。とはいえ、ほかの封建諸国の状況は知られていない。魯と宋についてはは特殊な事情で亳社を維持したとも考えられる。しかし中国の学者の多くはそこにひとつの伝統を認めた。すなわち亡国の社が天子のもとに置かれたのと同様に、諸侯のもとにもそれが置かれたという。そのことを『白虎通《びゃっこつう》』は問うている。「なぜ王のもとにも諸侯のもとにも戒めの社があるのか。それは安泰と破滅の道筋を示すためではないか。善政をおこなった者が繁栄し、悪政をおこなった者が滅亡することをあきらかにしたのだ」と。(58)『通典《つてん》』は王のもとに三つの社があったと主張する。すなわち［民のための］大社と王自身の王社、および亡国の社すなわち亳社である。同様に諸侯のもとにも三つの社があったという。［民のための］国社と諸侯自身の侯社、および亳社がそれである。(59)

大社のかたわらに亳社を維持させる伝統が周代より後まで連綿とつづいたとは考えがたい。漢代にこの伝統が固持されていたことを伝える資料はないが、その記憶はうしなわれていなかった。西暦六年［前漢居摂元年］に王朝簒奪をもくろむ王莽《おうもう》にその復活が奏上された。『漢書』に］次のようにある。「かつて謀叛を起こした国は根絶やしにされた。その国の社は四方を壁で囲み、もはや天と地［の気］と通じあえないことを示すために社の上部を覆い隠し、土台に柵をめぐらせた。諸侯にこの社を分かち、つねに人目にふれさせて戒めとした。今、王莽に叛旗をひるがえした劉崇《りゅうすう》の社に対し、亳社に対してなされたように諸侯に分かちあたえ、ながらく戒めとすべきである」と。(60)

四　社の樹木

社の崇拝にとって大事なのは土壇だけでない。そこに樹木がなくてはならなかった。西暦五〇〇年頃［北魏の高官］劉芳《りゅうほう》が皇帝にたてまつった文書［上疏］がある。社の土壇に樹木を植えることを請願する内容で、典籍を博捜してそれを主張した。(61) こうした請願がなされたのも、それまでの伝統がないがしろにされていたことを物語っていよう。劉芳の上疏はまことに正鵠を得ている。人々が社の神に供えものをささげた場には、つねに一本の木が立っていたという。

後漢の『説文』は「社」の字の古い形を伝えている。祭祀にかかわる「示」の字の右には「土」の上に「木」の形が添えてある。「社」はしたがって神聖なる土地と樹木を表していた。

『説文』はこの字の定義のなかで、「それぞれの社でその土地にふさわしい木を植えた」と述べている。[62] この文は『周礼』の次の一節にもとづくのではないか。大司徒の条に「社に土手を築く。[63] そこに樹木を植えて土地の神とする。土地にふさわしい樹木を選び、社の名も国の名もその木［の名］から名づけた」とある。[64]

劉芳が上疏に引いた典籍の一部は、おそらく『書経』のもとになった大部な文献に依拠している。[65] なかには『白虎通』に引用されて今日に伝わったものもある。[66] 社の神木となった樹木の地理的な分布が記されており、「大社に松を植え、東の社に柏、南の社に梓、西の社に栗、北の社に槐《えんじゅ》を植えた」とある。[67]［同じく劉芳が引いた］『論語』の一節に、夏王朝は社に松を植え、殷王朝は柏、周王朝は栗を植えたとある。[68] ただしこの文は解釈が紛糾している。

社があった場所に実際に木が立っていたことは多くの文献から裏づけられる。『荘子』に巨大な櫟《くぬぎ》の話がある。なんの役にも立たない木なのに、社の神木になりおおせたという。[69]『淮南子《えなんじ》』にはまたこんな話がある。辱められて亡くなった人の魂が社の上を通りすぎるとき神木の枝を揺さぶるという。[70]『韓非子《かんぴし》』は斉の桓公と顧問の管仲の対話を伝える。国に害をもたらす佞臣がいることを管仲は憂えた。君主の権威を傷つけることなく佞臣を除くことはむずかしい。そこで譬えて言うには、世のなかでもっとも害となるのは社に巣くうネズミであると。管仲は君主にそれを解きあかした。社は見てのとおり木が植えてあり、まわりが土壇になっている。そこに一匹のネズミが穴を掘って住みついた。煙でいぶり出そうにも木が燃えはしないか気がかりである。水攻めにして追い出そうにも土壇がくずれはしないか気がかりである。どうしても社に巣くったネズミは退治することができないのだと。(71)

前二〇九年もしくはその翌年のことである。漢王朝を建てた劉邦が秦国討伐の戦いを決意して故郷の豊《ほう》の社に祈った。そこは枌楡《ふんゆ》の社と呼ばれる。すなわち楡《にれ》の木の社であった。(72)また、漢の昭帝の時代（前八七～七四年）のことである。昌邑王の国の社に枯れ木があった。その木がふたたび枝葉を生じたと伝えられる。(73)同じく漢の時代、前三四年［建昭五年］のことである。茅郷《ぼうきょう》という村の社に大きな槐の木があった。役人がこれを切り倒したところ、その夜のうちに木はまたもとの場所に立ったという。(74)

社があればそこにはつねに木があった。その存在理由は何か。それをあきらかにするにはまず『白虎通』の記事をかえりみる必要があろう。社は崇拝すべきものとして、遠くからでもその存在が知られることが大事だとある。人々が崇拝をささげるうえで、［巨大な］樹木がその役割をはたした。さらに別の役割もある。新しい王朝を創設したとき樹木を植えた。それは王朝創設というかがやかしい事業を思い起こさせ、社のありかを示して建国を記念する。こうした点で樹木はふさわしい指標であるという。(75)

この説明は漢代からくりかえされてきた。［唐の］杜佑《とゆう》の『通典』も同様に記す。(76)社の樹木は漢代にはすでに二次的なものでしかなかった。そうした事実がこの説明からうかがえる。西暦五〇〇年頃、社に樹木はもはやなかったのだろう。すでに見たとおり、「北魏の」劉芳が樹木を立てることを皇帝に請願したほどである。しかし周代の文献に立ち返るなら、遠い古代には樹木こそ社の本質であったことがわかる。元来は樹木と社を分けて考えることなどできなかった。樹木がすなわち社であった。そこに立派に生育した木があるならば、そこはまぎれもなく命をはぐくむ大地の力が結集した場である。社の神木は旺盛な生命力そのものとなって大地のただなかに姿をあらわしていた。[77]

　樹木の崇拝は今もなお中国の華北の大地に根を下ろしている。私が一九〇七年に山東・河南・陝西《せんせい》・山西の各地でおこなった調査旅行の途中でしばしば目にしたのは、赤い布の帯でごてごてと飾りたてた大木だった。帯の上に黒々と記した文字が人々の感謝の言葉を伝えている。[78]こうした信仰の遠い起源がどこにあるのかを私たちは見ることができるだろう。それは堂々とした樹木の存在感のうちにこみあげてくる大地の力への崇敬にほかならない。

　樹木は土地の神の生命力を象徴していた。滅亡した王朝の社で木が撤去されたのは、もはや神がそこにいないことを示すためだった。社地を建物で覆ったのもそのためである。巨木がそびえていたなら屋根をかけることは無理だろう。劉芳は上述の上疏のなかで述べている。「儀礼を図示したものを見ると、社と稷に木が一本ずつ描かれている。しかし戒めの社と稷に木の姿はない」という。[79]

これまで述べたとおり、漢代からあと社の土壇が設けられた場所には、かつてはただ木がそびえていただけだった。樹木が社そのものだった。ところがさらに遠い古代にさかのぼるならば、社は一本の木だけではなかった。それは木々の繁茂する森ではなかったか。そうした時代がかつてあったことが予想される。前四〇〇年頃に成立した『墨子』は次のように記す。「その昔、虞《ぐ》王朝と夏・殷・周の三王朝の偉大な王たちが国家を創設して首都の造営にたずさわったとき、まず先祖の廟を設置するため国の中央の壇場を選び、そして神聖な森とするために美しく茂った木立を選ぶことを欠かさなかった」という。[80] この文章の原文末尾に「菆《しゅう》」の語がある。これは「木立の茂み」を意味する。ここでは首都の整備を語っているのだから、何をおいても宗廟と社の設置が問題だったはずである。それならば、ここに言う「木立の茂み」こそが社であるところの神聖な森だったにちがいない。

このことは社にささげられた祈りの言葉からも知られる。おそらくその最初期の実例が古い時代の文献に見える。それを検討することによって同じ結論にたどり着くだろう。ここで殷王朝の創設者である湯《とう》王の時代にさかのぼってみたい。[81]『呂氏春秋』に」次のように記されている。「天がもたらした大きな旱魃が五年ものあいだつづき、収穫がとだえた。[82] そのとき湯王は桑林にわが身をささげようと祈った。「罪があるのは私ひとりである。罰をあまたの民におよぼすことのないように願う。(83) あまたの民に罪があるならば、罰は私ひとりで負おう。統治の力が私に欠けていたのだから。高きにいます皇帝［上帝］よ、死者の霊と神々［鬼神］が民の命を奪うのを許さぬように」と。それから湯王は髪を切り、爪をはいで、わが身を犠牲にささげた。(84) こうして民の幸福を祈ったのである。民は大いに満たされ、雨が大量に降るにいたった」とある。

この文は孔穎達《くようだつ》（五七四〜六四八年）が『左伝』の注釈に引いた『書伝』の記事から補うことができる。そこには「湯王が［夏王朝の］桀《けつ》王を征伐したのち、七年にわたる大きな旱魃があった。占者が占ったところ、人ひとりを犠牲にささげて祈るべきだという。そこで湯王は髪を切り、爪を裁ち、みずから犠牲となるため、桑林の社に祈りをささげた。たちまち雨が降り出し、数千里の大地をうるおした」とある。(85)

ここから知られるのは桑林がすなわち社だったことである。湯王の祈りは社が神聖な森だった遠い過去に私たちをみちびく。この恐るべき神は旱魃をとどめるために人間のいけにえを要求した。湯王はそのとき、君主が民のあやまちをつぐなうという古い理念にしたがい、髪と爪を献じて身をささげようとした。社の神はこの偉大なる献身に感応し、大量の雨をめぐんだというのだ。

社はそのはじめのとき、神聖な木立のただなかに森厳な姿をあらわした。ところが時代がくだると、ただ一本の樹木でその姿を示すだけになった。さらに漢の時代になると、それさえもついには社のめじるしとして理解されるまでに、その重要さを減じたのである。

五　社をかたどる石柱

樹木と土壇につぐ社の構成要素として次に考えるべきは「主」である。これは銘板と訳せばよいか。神の名を銘記した木の板で、中国人がもっぱら崇拝の対象としてきた。「清朝末期の」今日でもそこに神格がやどると信じられている。しかし伝統的な儀式をかえりみれば本来は神の座であるよりも、むしろ神のかたどりと言うべきものだった。

先祖の崇拝でもっとも大事な儀式のひとつは主に点を打つことである。これを点主《てんしゅ》という。亡くなった人の目と耳に代わるところに血の点をしるす。そこに命がふきこまれ、板にやどった人の霊魂が見たり聞いたりするようになるという[86]。この儀式は仏像の目を開く「開眼供養の」儀式と通じるところがある。主と像はその本質において同じ役割をはたしていた。そうであれば、もとは木の柱にせよ石の柱にせよ、きわめて素朴ではあるが神のかたどりだったと想像できる。

社の神はほかの神々と同様、はじめは神そのものだった樹木のかたわらで、稚拙ながらもそれなりの姿で表現されていた。ところがなんらかの意識の変化によって、神が主のなかにやどると考えられるようになる。そのとき主の形態はかえってひとつの標識でことたりるものとなった。八一二年［唐元和七年］に没した杜佑は漢代の伝統をかえりみて言う。「天子の社も諸侯の社もそれぞれの場所を示すために樹木を植えた。さらに社の神をあらわすために主をこしらえた」という。(87)

主が石の柱だったことはいくつかの記録から知られる。(88)『書経』「甘誓《かんせい》」に主のもとでおこなわれた処刑のことが述べてあり［第九章参照］、鄭玄《じょうげん》（一二七～二〇〇年）はこれに注して言う。「主を石で作るのは、石が大地に属するからである」と。(89)また六世紀はじめに崔霊恩《さいれいおん》は『三礼義宗』に記した。「社の神を石で作るのは、大地がつかさどるもののなかで石がもっとも堅固だからである」と。(90)東魏の時代、五三七年［天平四年］のこととして［『魏書』に］「七人の歴代皇帝の主を先祖の廟に移し終えた。現皇帝の石の主を社の祠に移すことにした」とある。(91)

石の主の規格については古い文献に記載がない。伝えられたなかで最初の言及は七〇五年［神龍元年］の［洛陽における太社の設置に関する］討議に見える。そこで次のような提言がなされた。「社の主について提言する。すなわち［五行の］土に対応する五という数にしたがって長さ五尺とする。陰の気に対応する二という数にしたがって幅二尺とする。命あるものが生育するさまをかたどって頂点を細くし、大地［の広がり］をかたどって土台を四角くする。植物の根が土のなかにあることにならって本体の半分を地面に埋める。土台に用いる部分と表面にあらわれる部分は等しくすべきである」という。(92)

この提言は裁可され、宋代（九六〇〜一二七九年）にまで引きつがれた。［『宋史』に］「社の主は鐘の形をした石で、長さ五尺、幅二尺、上部を細くけずり、下半分を地面に埋めておく」とある。(93)

六　社と日蝕

ここまで社の形態が樹木もしくは石柱であったことを論じた。次の課題は人々が社に何を求めてきたかをあきらかにすることである。

社が崇拝された最大の理由は農民が加護を求めたことにあろう。農民の仕事は大地のゆたかな稔りに依存している。種を芽生えさせる目に見えない力をたのみとして種を蒔き、やがて収穫につながることを願って［旧暦の］春二月と秋八月に社に祈りをささげた。(94)

しかし［土地の神である］社がそうした力を示すだけなら、社にしたがう［穀物の神である］稷とのちがいはどこに見いだせるのか。そもそもなぜこのふたつの神が共存するのだろう。稷は穀物の生育をうながすことで民に寄与し、それによって社の活動に貢献しているが、社が管轄する範囲はそれだけにとどまらず、はるかに広範な影響を多方面におよぼしている。社は陰の気をつかさどる存在であって、あたかも地が天に対置し、闇が光に対置するように、陽の気に対置してさまざまな機能をはたしてきた(95)。

中国人が世界の構成原理と考える陰と陽のうち、一方を社がになっている。陰の気の広大な力を秘めた社に対し、稷は附随的な役割しかもたない。社の機能は農事にとどまらず、陰から生じるさまざまな現象にかかわりをもつ。たとえば闇が光を圧迫して起きる日蝕がそれに該当する。また、陰の気が過剰となって起きる豪雨、あるいは衰弱して起きる旱魃も該当するだろう。

『春秋』は前六六九年［魯の荘公二十五年］と前六一二年［文公十五年］の二度の日蝕を伝えている。いずれも六月朔《ついたち》に起きたもので、そのとき「社で鼓を打ち犠牲をささげた」とある(96)。この儀式の意図はいくつかの文献の記述から推論できる。個々の記述はかならずしも明瞭ではないが、相互に補いあうところが少なくない。

前六六九年［荘公二十五年］の日蝕について『公羊伝』は次のように記す。「日蝕が起きたとき、なぜ社で鼓を打ち犠牲をささげるのか。それは陰の気に善処を強く求めるためである。[97]このとき朱色の糸で社を取り巻いた。[98] 社を制御するためと考える人もいれば、「日蝕の」暗闇で社に危害がおよぶのを防ぐためと考える人もいる」とある。[99]

この記事もわかりにくいが、何休《かきゅう》（一二九～一八二年）が『公羊伝』の注釈のなかで説明をこころみている。[100] まず朱糸の儀式に関するふたつの解釈を取りあげる。「社を制御するというのは社に「強く求める」のとひとしい。[101] 社は大地をつかさどるものであり、月は大地の精である。月が天をさえぎり日の活動をさまたげるとき、人々は鼓を打って月を責めたて、月の根源である社を牽制した。朱色の糸で社を取り巻くのは、陽の気を助けて陰の気を抑えるためである。また、社が闇に包まれるからだという説もある。大地をつかさどる社は尊ぶべきであり、日の光が奪われて天が暗くなったとき社をないがしろにして損なう者がいるのを警戒したという。この説は納得しがたいが、複数の見解を記すことにして性急な判断はひかえておく」とある。[102]

鼓を打つのは社を牽制する合図であり、朱色の糸で取り巻くのは社が損なわれるのを防ぐためだという。犠牲の儀式に関する何休の説明は次のとおりである。「まず鼓が打たれ、ついで犠牲がささげられた。[103]「陰の気に」優越するものの命令で社を正すことからはじめたのである。それから役人と民がそれぞれの礼にしたがって社を遇した。こうして礼にかなったやり方を重んじた」という。[104]

『白虎通』も同じような見解を示している。すなわち「日蝕が起きてもやがて回復することを誰もが信じている。陰の気が陽の気を侵害したためにこうなったのだから、社で鼓を打って犠牲をささげた。社は陰の気の所業を統括する。朱色の糸で社を取り巻くのも、あるいは社で鼓を打つのも、陽の気の名において陰の気を正すためである。それだから『春秋』の注釈書に「日蝕が起きたとき、社で鼓を打ち犠牲をささげた」と記したのである。犠牲をささげたのは社を土地の神として崇拝するからであり、ただ制御するだけではない。日蝕や豪雨のとき鼓を打つのも、旱魃のとき雲を呼びよせ雨を求めるのも、いずれもそらごとではない。だからこそ陰の気を牽制して陽の気を助け、陰の気に善処を強く求めたのだ」とある。[105]

以上の見解はいずれも『春秋』にわずかに語られたふたつの儀式の意味をあきらかにするこころみである。日蝕が起きるのは月の精である陰の気が日の精である陽の気を圧迫した結果と見なされた。地上では陰の気は社に具現しているという。社に戦争の開始を告げるのはそのためであり、社で鼓を打つ理由もそこにある。それは陽の気をはげまし、陰の気をくじくためだった。引きつづいて犠牲をささげたのも、抑えつけた社の神をなだめるためにほかならない。

ここまで取りあげた文献の記述は、鼓の轟音をとどろかして犠牲をささげることと、さらに朱色の糸で社を取り巻くことを伝えていた。この儀式はかなり古い時代にさかのぼる。前二世紀以後に現在の形にまとめられた『公羊伝』に、すでにその起源に関するふたつの解釈が見られた。そのいずれが正しいか判断するのはたやすい。暗闇で社に危害がおよぶのを防ぐため朱糸を用いたというが、この解釈は理が立ちすぎている。おそらく後代の言説にちがいない。もっと古い時代であれば、朱糸をめぐらせたのは神聖な樹木だったはずである。[106]やはりこの解釈は無効とすべきだろう。何休が示したとおり、朱糸で取り巻いて社を制御したという解釈を取るべきである。日蝕が終わったあとも朱糸をめぐらせておいた。このとき用いた糸が朱色であったことに意味がある。朱は陽の気に属しており、陰の気を圧倒する色彩にほかならない。[107]

日蝕のとき社でおこなわれたことを理解するには別の記録も参考になる。鼓を打つ儀式はときおりおこなわれ、しばしば弓矢を引いて戦闘のさまが演じられた。これは『周礼』「庭氏」の記事につながる。そこには「救日之弓」とあり、日を救うため弓を引いて月を射たという。[108]これもめずらしいことではなく、弓を引く相手もさまざまだった。一例にすぎないが、後漢の将軍が氾濫する河川を鎮めるために同じことをしている。[『水経注《すいけいちゅう》』が記す」伝承によれば、「将軍は陣をかまえて戦いに臨んだ。兵士は鼓を打って喚声をあげ、ある者は剣で斬りつけ、ある者は弓矢を射た。三日のあいだ河の神と戦い、ようやく水は引いて河は鎮まった」という。[109]

見えない敵と戦うのは厳粛な行為である。日蝕のときもあたかも厳戒態勢が敷かれたかのようにすべての儀式が執行された。三世紀末の書物〔『決疑要注』〕に次のように記されている。「日蝕から日を救うには、陽の気に助力するべく誰もが赤い頭巾をかぶる。日蝕がはじまるまえに天子は飾りのない服をまとい、宮殿の中心である建物から離れる。〔役人は全員〕宮殿の内と外で警戒に就く。日蝕がはじまると鼓が打たれ、側近の臣下は赤い頭巾をかぶり、剣をたずさえて天子のかたわらにひかえる。〔政府機関の属官である〕三台令史《さんだいれいし》以下の者は、剣を手にしてそれぞれの部署の扉のまえに立つ。警備司令官は宮殿の周囲をめぐってすべての部署を視察する。一巡したのちふたたび同じことをくりかえす。日がいつもの状態にもどったとき、すべての儀式を終了する」とある。[110]

こうした伝統は六世紀の後半にも存続していた。『隋書』の次の記述から知られる。すなわち「北斉（五五〇～五七七年）の制度によれば、日蝕が起きるときは皇帝の御座を二脚用意する。ひとつは東向きの御座で太極殿すなわち宮殿の中心建物の西側に据え、もうひとつは西向きの御座で東堂すなわち東にある建物の西側に据える。[111]役人はみな公式の衣服をまとう。昼用の水時計が最初の一刻すなわち四分の一時間を示すと、宮殿の内と外ですべての者が警戒に就く。[112]扉が三つある門は中央の扉を閉じ、扉がひとつの門はそれを閉じる。日蝕がはじまる第三刻に、皇帝は通天冠と呼ぶ冠をかぶって御座にすわる。[113]いつものように政務を取り仕切るが、このとき裁可はくださない。日がかげると鼓の音が響きわたる。皇帝は正殿すなわち中心建物から退出して東堂に向かう。このとき白い襟のついた衣をまとい、側近の臣下は赤い頭巾をかぶる。[114]［臣下は］剣をたずさえて建物に入り、そこで天子のかたわらにひかえる。[115]もろもろの役人は各部署で待機し、赤い頭巾をかぶって剣を手にし、各部署の扉の外で日に向かって立つ。役人は各自の部下をひきいて、宮殿内の主要な門と脇の門をくまなく見まわり、社の警護にあたる。鄴《ぎょう》の町の長官は部下とともに社を取り囲む。[116]さらに社の［周囲の］四つの門を見張る。[117]朱色の糸で作った縄を社にめぐらせ、三重に取り巻く。[118]祈禱官は社を正す言葉を唱え、天文官二名が平らに置いた板の上で馬を走らせる[119]［公布用の文書を急遽作成する、の意か］。「尚書門司」の役人はただちにその板をおおやけにして首都の長官に告げる[120]［尚書に上呈するその文書をただちに門番の役人が届ける、の意か］。厳戒時と同様にして鼓を打つ。日がもとの形を取りもどしたときすべての儀式が終了し、命令解除の請願が皇帝に奏上されるという。[121]

七　社と大雨および旱魃

日蝕は陰の気が陽の気を侵犯して起きる。同様の考え方のもとで、大雨は陰の気の過剰がもたらすとされた。したがってこのときも陰を象徴する社を責めたのである。『春秋』の前六六九年［荘公二十五年］に実例が示されている。「秋に大雨が降った。人々は社と門で鼓を打って犠牲をささげた」という。(122)

『左伝』はこれについて論評しない。『公羊伝』はこの儀式が社でおこなわれたのを礼にかなうとしたが、門でおこなわれたことに対しては批判を表明した。思うに、これが礼にかなうか否かよりも、こうした事実があったことの方がはるかに重要であり、それを掘りさげるべきではなかろうか。社の場合、ことはいたって簡単である。社の象徴する陰の気が力を濫用して大量の雨を降らせたのだから、まずはこれを制御し、それから犠牲をささげて鎮めた。ではなぜ同じ儀式を門でおこなったのか。

門は住居の神である五祀のひとつである。すでに述べたとおり、家々の社とも言うべき中霤、食生活を守る竈、水を守る井、家族が出入りする門、家のなかを守る戸をあわせて五祀とした。この五つの神格は人がそこで暮らし往来をかさねる土地とかかわりをもっており、すべて土地の気である陰と結びついている。『礼記』「月令」に神々に供えものをする時節がさだめてある。春は戸に供えものをする。夏は竈に、年のなかばには中霤に、秋は門に、冬は［「月令」では井ではなく］道を意味する行《こう》に供えものをするという。[123] ここから知られるとおり秋を支配する住居の神は門であった。前六六九年の大雨は秋のことで、そのとき責めたのは社と門である。いずれも陰の気につながっていた。[124]

大雨をもたらす陰の気は社に支配されているのだから、日蝕のときと同じように朱糸の儀式をおこなった。これまた理にかなっている。董仲舒《とうちゅうじょ》は［『春秋繁露』に］大雨がつづくと朱糸を社に十回めぐらせると記した。[125] そのようにおこなわれたのは董仲舒の発言のおよぶ時代にかぎられる。[126] 朱糸の儀式は後漢では慣例となっていたが、ほかの時代となると記録がない。[127] 日蝕のとき朱糸を用いたのは古い時代にさかのぼるとしても、雨にかかわる儀式に用いたのはずっと遅れ、しかも短いあいだのことだった。

旱魃のときは大雨の場合と異なり、社を抑制するのではなく助力する必要がある。『後漢書』は次のように言う。「立春から立夏をへて立秋が終わるまでのあいだ雨量が少なければ、行政府と封建領地と郡の長官がそれぞれの社稷を掃き清めた」とある。[128] なぜ社を掃き清めたのか。それは社が旱魃を封じるうえで、力の発揮をさまたげる汚れを取り除くためだろう。『春秋繁露』は春から秋にかけて降雨を祈願する際に、社地に溝を掘って村の水路から水を引き、社をうるおして降雨をうながしたと記している。これは風の通り道をこしらえて風が吹くのをうながすのと同じやり方である。このとき社地に五匹の蝦蟇《ヒキガエル》を放した。蝦蟇の鳴く声が雨を呼ぶと信じられていたのであり、これまた社に降雨をうながすためだった。(129)

旱魃と大雨の対処法のちがいに注意したい。旱魃のときは雩《あまごい》の祭をして雨をこいねがう。かたや大雨のときは社に責めを負わせる。一方は低姿勢、他方は高圧的である。この差はどこに由来するのか。大地がひあがるのと家や田畑が水浸しになるのとでは困窮の度合いがそれほどちがうということか。これは次のように理解したい。すなわち、陽の気は陰の気に優越すると人々は考えた。旱魃が起きたとき陽に願ってその力を緩和してもらう。陽はその力を行使する範囲を逸脱していない。だから誰もこれをとがめることはできない。ところが雨が度を越して降れば、陰が陽の力の範囲を侵害することになる。これは「陽は陰に優越するという」正しいあり方に反している。そこで陰を叱責してこれを抑制する。ともども理にかなうこととされたのである。

董仲舒は言う。「陽は陰をしのいでいる。尊い者が卑しい者の上に臨むのは道理である。尊い者が度を過ごして「旱魃が起きて」いても、人はそのまえにひれ伏して哀願するほかない。それ以上なすすべはなく、尊い者に強制することなどできない。水害がはなはだしいときは陰が陽を圧迫しており、卑しい者が尊い者を凌駕している。日蝕もこれとひとしい。劣った者が優れた者にあらがい、取るに足らない者が誇りある者を傷つける。それは世の規範を損ねることではないか。だから人は鼓を打って反抗する者を攻撃し、朱糸を用いてこれを束縛した。そのあやまちを正すためである」と。(130)

このとおり大雨と旱魃、さらに日蝕のとき人が社に対しておこなったことは、この世界における陰と陽の均衡の維持に寄与すべくみちびかれた行為と言ってよい。こうした考え方は社の崇拝に顕著にうかがえるが、そこにとどまらず、さらに広範な領域へ拡大していく可能性を秘めている。自然と人とを連携させ、ゆたかな生命活動を促進させ、あるいは緩和させる。そうした偉大な感化力のもとで多くの儀式がおこなわれてきた。(131)その解明は徹底した調査を要することであり、中国古代宗教の裾野にまでおよぶ検討は今後の課題としたいが、これまで社についてたどってきた習俗をふりかえると、そこには特異なものなどいささかもなかったと言えるだろう。むしろ同じような儀式が社の周辺にも山ほどあって、相互に比較対照することが可能なほどである。そうした例を次にあげてみたい。

後漢の時代、西暦一～二世紀のことである。夏至の日に太陽の光がもっとも強くなって、地上のものを燃えあがらせるばかりになる。そのとき「大きな火を起こすことが禁じられ、木炭の製造、金属器の鋳造、鉱石の錬成はすべて中止された。立秋にいたって以上の活動が再開された」と『後漢書』に」ある。(132)自然界の熱が絶頂にいたる時節に火にかかわる人間の活動を制限し、世界全体の熱を低下させようとした。これは太陽の勝利を祝うため［夏至祭で］聖ヨハネの火を起こす私たち西洋人の習俗とはまったく逆である。ヨーロッパでは夏至の暑さのなかで、そこに同調するかのように人は行動した。中国では逆に酷烈な暑さに対して戦いをいどんだのである。ただし、どちらもその発想には共通するものが認められる。それは自然界の活動に参画することで人間の営為に感化がおよぶという考え方である。

もうひとつ例をあげたい。夏至は陽の気に属する火のきわまるときであり、冬至は陰の気に属する水のきわまるときである。夏至の日に水は涸れ、これをよみがえらせねばならない。冬至の日には火も同じ状態にある。『後漢書』に言う。「夏至の日に井戸をさらって水を取り替える。冬至の日に燧《ひうち》をこすって火を取り替える」と。[133] こうして水の属する陰の気を再生させるために水を新しくし、火の属する陽の気を再生させるために火を新しくする。こうした行為によって人は自然界の活動に加勢したのである。

『春秋繁露』に「大雨が降りつづいたとき、女性がおおやけの場に出ることを禁じた」とある。[134] 女性の存在はありあまる陰の気をなおさら助長することになる。反対に夏に雨が降らないときは男性がおおやけの場に出ることを禁じている。[135]

このたぐいのしきたりは古代中国の宗教にはきわめて多い。［清朝末期の］今日ではそれほど煩雑ではないが、古い信仰に由来するものが民間の習俗にたくさんある。人々は冬至から九日ずつ九たび数えて春のおとずれを待ち望んだ。九つの枝に九つの花がついた梅を描き、日ごとにひとつずつ色をつけていく。そうして春に花を咲かせる陽の気を奮いたたせたのである。[136] また、農民は春になると柳の枝で牛を叩いた。田畑の耕作をになう家畜に柳の生命力を注ぎこむのである。大地を肥沃にするため、地面を叩いて刺激をあたえるのも同じく春の行事であった。[137]

中国では自然は人の手助けを要するという考え方がある。農作業は天と地の恵みのもとにいとなまれるものだから、それにたずさわる民は自然とたがいに協力しあう関係をたえず築いてきた。天体が正常に運行し、大地が豊穣な稔りをもたらすために、民がそれにふさわしいおこないをする。それによって天と地の働きに貢献できると信じたにちがいない。農作業の儀式はその成り立ちをたどってみれば、地域をこえて共通するものがある。そうした視点から中国文明の研究が進めば、「諸民族の信仰の普遍性を探究する」マンハルト学派の主張はさらに確かなものとなるだろう。

八　社と稷

自然現象が人間の営為にかさなっている。もとより土地の神である社に自然を左右するほどの影響力はない。それでも社は人々が生まれた土地でそれぞれの心に根をおろしていた。人を養い育てる穀物の神である稷もつねに社にしたがい、ともども先祖の土地とさらには祖国を象徴するものとしてありつづけた。社と稷は封建諸侯の領国にとって目に見える具体的な統合のしるしにほかならない。それは中国語の多くの慣用句にうかがえる。

国を治めることを「社稷をつかさどる」という。(138) 君主が不在になると「社稷を守れない」という。(139) 君主に復帰したときは「ふたたび社稷をたてまつる」という。(140) 国に繁栄をもたらす君主は「社稷を安泰にする」という。(141) 国の財政をおもんぱかるとき君主は「社稷をかえりみる」ことを告げる。(142) 国の名誉が毀損されたなら「社稷がはずかしめられた」という。(143) 忠実な臣下は「社稷の守護者」である。(144) 傑出した人物が現れると「社稷は堅固になる」という。(145)

前五四八年［魯の襄公二十五年］に斉の国の政治家晏嬰《あんえい》［晏子］は語った。「君主となる者は民の上に君臨するだけであってはならない。君主が心を砕くべきものは社稷である。臣下となる者はその口を満たすだけであってはならない。臣下がつかえねばならないのは社稷である。それだから君主が社稷のために命を捨てるとき、臣下もともに命を捨てる。もしも君主が社稷のために流亡するなら、臣下もともに流亡する。しかし君主が個人的な理由で命を捨て、もしくは流亡するなら、ごく親しい間柄でもなければ君主と運命をともにする者などおそらくいない」と。[146]

ただし、社稷を国の宗教上の権威と見なすのはかならずしも正しくない。社稷は決して永続的な存在ではなく王朝の存続と直結している。すでに述べたことだが、夏王朝が殷に滅ぼされ、殷が周に滅ぼされたとき、征服した側は滅亡した王朝の社を自分らのものに替えようとはかった。[147] 同じく高祖が漢王朝を建てたとき、その治世の第二年［前二〇五年］に民に命じ、秦の社稷を撤廃させて漢の社稷を設置させた。[148] このとおり社が祖国の土地とつねに一体であったとは言えない。ひとつの王朝が君臨しているあいだは、土地のゆたかな生産を見守る守護神でありつづけるが、王朝が滅亡すれば社もまた消滅する。

『孟子』が記すところでは、社稷を改めることで王位の簒奪をまぬがれる場合さえあるという。社稷にまつられた神々がその役割を十分にはたしていないとき、また、神々に供えるものがあがっても民をおびやかす災害をいかんともしがたいとき、あたかも無能な役人に対するように、人は神々を解雇して後任を据えた。『孟子』によれば、「生け贄の準備がととのい、清浄な穀物が器に盛られ、供えものが時節にかなっているのに、それでもなお旱魃や大雨があるなら、人々は現在の社稷を廃して新たな社稷を設置する」という。[149]

神々はほとんど人と同格である。事実、社稷の神々を特定の人物の神格化と見なした文献もいくつかある。『国語』は次のように述べている。「その昔、烈山氏《れつざん》（神農《しんのう》の異名）が国を支配した。子の柱《ちゅう》はあまたの穀類と野菜をさかんに植えた。夏王朝が衰えたとき周王朝の先祖の棄《き》が柱の仕事をついだ(150)。そこで人々は棄を「穀物の神である」稷とあがめた。共工氏《きょうこう》が九州［中国全土］に支配をひろげた。子の后土《こうど》は九州の土地をたくみに整備した。そこで人々は后土を「土地の神である」社とあがめた」という(151)。

『左伝』の前五一三年［魯の昭公二十九年］の条は、社稷にまつられた五行の長官の名をあげている。そのひとりは共工氏の子で句龍《こうりゅう》という。大地をつかさどる者として后土と称された。これは「大地の皇子」を意味する。『左伝』はつづけて言う。「后土は土地の神である社となった。穀物の神である稷は耕地をつかさどる長官で、烈山氏の子の柱が稷となった。夏王朝以前は人々は柱をあがめたが、殷の時代に周の先祖の棄が稷となったのちはこれをあがめた」という(152)。

これをそのまま受け入れるなら、社の神は共工氏の子で后土と称された句龍ということになる。稷はふたりの人物が入れ替わっており、夏王朝までは烈山氏の子の柱で、殷の時代から周の先祖の棄とされた。ここで殷の湯王が夏王朝の社を撤去したときのことを思い出してみたい(153)。湯王は結局それをはたせなかったが、そのとき廃絶をまぬがれたのは句龍にほかならない。これは［唐の］杜佑が百科全書とも言うべき『通典』で指摘したことのひとつだった。すなわち「［古代の五帝のひとり］顓頊《せんぎょく》が共工氏の子の句龍を社とあがめ、烈山氏の子の柱を稷とあがめた。高辛氏《こうしん》［嚳《こく》］と唐［堯《ぎょう》］と虞《ぐ》［舜《しゅん》］と夏王朝はいずれもそれにならった。殷の湯王の時代に旱魃が起きた。湯王は柱を廃して周の先祖の棄に交替させた。湯王は句龍も廃そうとしたが、後継者を見つけられずついに断念した」とある。(154)

二五六年［魏の甘露元年］に没した王粛《おうしゅく》が主張したのはこのことだが、そこにはまた反駁しがたい異論のあることも事実である。(155)滅亡した王朝の社をどう理解すればよいのか。周王朝の宮廷に太社が置かれ、そこで稔りをもたらす神としてまつられたのが句龍だというのか。前王朝の神として［誡社に］幽閉されたのではなかったか。

これは社稷だけの問題にかぎらない。儀式におけるおおやけの場でどちらが優位にあるかで決着がつくことだろう。［王粛が批判した鄭玄の主張するとおり］句龍は社の神ではなく棄も稷の神ではないが、ともに社と稷のふたつの神格に結びついた人物であることはまちがいない。(156)これこそ中国宗教史の不変の原則であって、人々が祭祀をささげる人格神のかたわらには、かならずその祭祀につながる実在の人物がいた。句龍や棄が社稷においてはたしているのは、こうした言わば陪席の役と見なすべきだろう。

九　刑罰をくだす社

自然災害にはたす社の役割を考えたとき、その力のおよぶ範囲は農村に暮らす民のいとなみをささえるだけでなく、もっと広い領域にわたっていた。陰と陽という巨大な支配力をもつ原理のひとつを社が代表しているのだから、その作用と反作用が自然界のあらゆる現象に影響をおよぼすと考えるのは当然であって、人間界のもろもろの営為にもそれはあてはまる。種蒔きや刈り入れにかかわるのはもとよりのこと、陰の気の具現した活動として、社は人の死と刑罰をもつかさどっていた。

夏王朝の王が甘《かん》の地で戦いに臨んで宣誓した。そのとき王は命令にそむく者は社で処罰すると告げた（このことは［第十一章で］改めて取りあげたい）。また、前十一世紀に周の武王が殷の紂王を征伐したときのことである。武王は社に生け贄の血を塗り、社の神に活力をあたえた。それから天に向かい、さらに制圧した民に向かって紂王の罪状を告げた。それを至上の裁き司《づかさ》である社のもとでおこなったのである。(157)

前六四一年［魯の僖公十九年］に山東の君主は捕らえた者を社に生け贄としてささげた。『春秋』に記事がある。(158)この見せしめによって東方の部族に服従をせまったのだ。中国には人を生け贄にする習慣はないと主張する論者もいるが、それには到底したがえない。この記事から読み取れるのは私たち［西洋人］とは異質な文化圏における宗教の実態である。死をつかさどる神がそこにいる。前五三二年［昭公十年］にも魯の国で捕虜を生け贄にした記事がある。それは亳社すなわち亡国となった殷の社でおこなわれた儀式だった。[159]

殺戮された側に特段の罪があったわけではない。あくまで戦闘行為の一環であり、敵対者への処置である。これを社にささげることで戦争終結が告げられた。『周礼』に言う。「軍隊が勝利をおさめたとき、大司馬《だいしば》の役にある者は左手で凱歌の笛を吹き、右手で斧を振りかざして行進を先導し、社にささげものをした」という。[160]

大がかりな狩猟は言わば小規模の遠征である。ここでも獲物を生け贄として社にささげた。[161]前六七一年［荘公二十三年］と前五四九年［襄公二十四年］に斉の君主が社にささげものをした。そのなかに大量の兵器がふくまれていた。閲兵式で隣国の君主や使節に見せつけて脅威とするためだろう。[162]

戦争や狩猟は集団の移動をともなう。そのとき盛大に社にささげたのは宜《ぎ》と呼ぶ供えものだった。『爾雅《じが》』に言う。「重大なことに取りかかるとき、あるいは多くの人を動かすときは、まず社に供えものをささげ、それからことを起こす。このときの供えものを宜と呼ぶ」という。[163] この呼称についてはさまざまな解釈がある。軍事遠征の結果が「宜《よろ》しき」を得るよう願うからだという[164]。戦争そのものは危険きわまりなく結果は人知をこえているから、社に武運を祈るのは「宜しき」ことだともいう[165]。いずれであれ、そこから戦闘や刑罰をつかさどる社の特性に行き着くであろう。

十　社と宗廟

陰と陽が自然界にならび立つように、人間界の制度のうちにも社にならぶものとして先祖の廟すなわち宗廟がある。二者一組のその関係はゆるぎないものである。陰を象徴する社は王宮の右、つまり西に置く。西は夜の闇が支配する方角である。陽を象徴する宗廟は王宮の左、つまり東に置く。東は光のみなもとである太陽が昇る方角である[166]。

あらゆる生のいとなみが陰と陽の均衡から成り立つように、国家の運営は社と宗廟にかかわることがらに統御される。国家を守護するこのふたつの力は政府を置く場所まで規定しており、実際に都は社と宗廟のもとに築かれた[167]。一国の君主が首都を造営して居処をさだめるにあたり、最初になすべきことは社と宗廟の設置であった[168]。

神威を放つこのふたつの施設が王宮のかたわらに鎮座する。のみならず君主が戦闘におもむくときはこれに同行した。社と宗廟は都をはなれた場でもなお、その神威によって君主を守護しつづける。施設自体は移動できない。そこで社の主と先祖の主を動かし、斉車と呼ぶ清めた車に搭載した。[169]

出陣に際し、まず祈禱師である大祝《だいしゅく》が社の主に清めの水を注ぎ、軍事用の鼓に血を塗る。それから社主と鼓をかかげて君主にしたがう。大祝は社に添う者であるから、その移動は軍事遠征のときにのみ認められた。[170] 先祖の主は式典補佐官である小宗伯《しょうそうはく》に託された。社と宗廟の主は同じ車に搭載され、小宗伯が指揮を執る。この車を主車と呼ぶ。序列からすれば大祝は小宗伯に準じ、副官の役割をになった。[171] 軍隊が敗北したときは指揮官である大司馬が主車を動かし、小宗伯の配下の肆師《しし》がこれを補佐した。[172]

行軍では戦闘部隊が先頭となり、社と宗廟の主がこれにつづく。小宗伯と大祝の祭祀によって神威をみなぎらせた主が、後方から兵士に覇気をそそいだ。しかし力およばず敗北したあとの退路では、将軍がもはや兵士の先頭に立つ身でないのとひとしく、社も宗廟も神威をうしなって下級の官吏と敗軍の士官にゆだねられた。

都でも戦地でも社と宗廟は日常をこえた存在でありつづけた。それぞれが一定の集団のなかで変わることのない統一を象徴している。かたや土地に根ざす共同体としての統一であり、かたや宗族の共同体としての統一である。後者は君主の家の存続というかたちであらわれた。

宗廟のもとで歴代の帝王は君臨しつづけ、その統合した姿が個々人の力をこえた威光となってその子孫の頭上にかがやきわたる。そして社は肥沃な大地の生産力を秘めたものとして人々の上に臨んだ。

民は為政者に統治され、かつ扶養される存在である。社と宗廟は民を保護する役目もになった。為政者にとって重要課題のひとつは、社と宗廟の祭祀をとどこおりなく実践してその効力を維持させることにあった。前五一五年［魯の昭公二十七年］に呉の国の賢者季子は語っている。「亡き君主の祭祀がとだえることなく、したがって民が今の政府をたのみにするならば、また社稷にさだめられた犠牲がささげられ、したがって国家が安泰であるならば、それを実現させる人こそわが君主である」と。[173] それならば君主たる者はすべてに先んじて「社稷をつかさどり、先祖の祭祀にしたがうこと」が肝要となる。[174] 古代中国の文献にはそうした実例が数多く記録されている。

前一六七年［前漢文帝十三年］に皇帝は世の繁栄をたたえて言う。「宗廟の先祖の霊の加護と社稷の神々がもたらす福徳のおかげで」天下は安泰であると。[175] その返礼として政府がなすべきことは、国家の守護神である社と宗廟への信頼をより堅固にすることだった。前一八一年［少帝弘三年］に臣下がそろって少帝［のちの文帝］に登位をすすめた。社と宗廟のためにそれを期待したのである。[176] 前一一七年［元狩六年］に武帝は三人の皇子を諸侯に封じた。臣下のひとりはいにしえの天子が「宗廟を崇敬し社稷を尊重するために」諸侯を立てた故事を上奏している。[177]

社と宗廟の緊密な連携はこれまた多くの事例からうかがえる。戦闘への出陣に際し、軍事長官は宗廟で出動命令を受け、それから社で供えものの肉をたまわった。[178] 天変地異が起きたとき、さだめられた祭祀を社稷と宗廟で執りおこなう。これをつかさどるのが小宗伯の役目だった。[179] 前五四八年［魯の襄公二十五年］に陳の都が陥落した。君主［陳侯］は喪服で社の主をたずさえ、宗廟の祭器を敵軍に献上した。かくして国体はことごとく移譲されたのである。[180] 前五四三年［襄公三十年］に宋の国で大火事があった。宋の君主は殷の末裔である。殷の社である亳社で鳥の鳴き声がして災害が予告されたという。[181]

社と同じく天子の宗廟における重要な儀式のひとつは、犠牲の肉を取り分けることだった。神聖な供えものをともに食することで、君主と臣下の絆を確固たるものとした。周王朝のもとでは君主と同姓の諸侯だけがこの特権にあずかった。[182] それが原則だが異姓の者に適用された例もある。[183] すでに述べたとおり、軍事長官は戦場におもむくまえに社で供えものの肉をたまわった。[184] 宗廟に供える肉を膰《はん》と呼び、社に供える肉を脤《しん》と呼ぶ。膰は煮た肉、脤は生の肉である。[185] 脤は蜃《しん》という大蛤《おおはまぐり》の殻に盛って社に届けた。肉の名はこれに由来する。[186] ふたつの供えものの差異は社と宗廟のそれぞれの性格をよく示している。社に生の肉をささげたのは、戦争と処罰の神が血を好むからである。宗廟に煮た肉をささげたのは、先祖のおだやかな霊にふさわしい品だからである。

このふたつの性格のちがいはきわだっており、これも文献にいくつか例証がある。前四八八年［魯の哀公七年］に曹の国が失政で危機に瀕したときだった。ある人が夢を見た。社の境内でなにやら神々しい面々が集まって曹の滅亡を画策している。そこへふたりの先祖［曹の始祖の叔振鐸《しゅくしんたく》と公孫彊《こうそんきょう》］が乗り出して合議の撤回を願ったという(187)。

一方は峻厳、他方は穏和であった。中国の文献のなかでも最古の記念碑のひとつである『書経』の」「甘誓」も、同じ役柄を社の神と先祖の霊に割り当てている(188)。戦場におもむく君主は社の主と先祖の主をたずさえた。ともに君主の権威を保障するものだが、その関与の仕方は同じではない。公正厳格な神である社の名において処罰がおこなわれ、温厚篤実な先祖の名において部下に褒美を取らせた。おごそかな式辞のようにひびく次の言葉で、甘の地における宣誓は閉じられる。いわく「私の命令にしたがった者は先祖のまえで褒美をあたえる。命令にそむいた者は社のまえで処罰をおこなう」と(189)。この文はその古さのゆえに格別の重要性を示している。中国文明があけそめていくその時代から、あらゆる宗教建造物をささえる粗野で重々しい二本の柱のごとくに、社と宗廟がそびえ立っていたことを私たちに告げている。

十一　后土以前の社の崇拝

ここまで考察をこころみた文献はいずれも社を土地の神としていた。その力は特定の土地において働くものであり、規模の大小はあるにせよ範囲は限定されている。そこでは土地の神は男性の神と意識されていた。共工氏の子の句龍と結びつけられ、ときに同一視されるにせよ、そこから思い描くことのできる人物像は男性であって、女性の姿は想像しがたい。后土という言葉が句龍と結びつくときは「大地の君主」を意味した。

ところが社を特定の土地の神としてではなく、大地全体を神格化して祭祀の対象とした記録がいくつか残されている。そこでは大地が女性の神格と見なされた。后土の名でこれをたたえるときは「大地の女帝」を意味する。同じ后土の語が示すこの正反対の関係をどう理解するのかが次の課題である。

大地を女性の神格とするのは、天と地を一対の存在と捉えた場合であろう。はたしてこの天地の一対は、社と宗廟という対の存在が形成された時代までさかのぼるだろうか。

『書経』「武成」に周王朝を創始した武王が将官らに訓示した記事がある。殷の最後の君主［紂王］を討伐するにあたり、武王は皇天すなわち至高の天と后土すなわち至上の大地に祈願している。[190]『左伝』が記すところでは、前六四五年［魯の僖公十五年］に秦の君主は天と地に向けて宣誓した。晋の大夫は秦君を拝して言う。「貴君は至上の大地である后土の上をあゆみ、至高の天である皇天をいただく。皇天も后土も貴君の言葉を聞くであろう」と。[191]

古代の文献のなかで后土が大地を意味するのはこの二例しかない。[192]このうち「武成」は資料価値が疑問視された文献のひとつである。古い断片を含むとしてもなお漢代の改竄をこうむったことは疑いない。「皇天と后土」の語はむしろそうした改竄の好例ではないか。『左伝』の文もなかなか厄介である。『左伝』が現在の形に編纂されたのは前二世紀以前にさかのぼらないにせよ、該当する箇所に書き換えはおそらくない。ここで問題になるのは宣誓の仕方であって、実際の祭祀については何も語っていない。この時代には天と地を宣誓の場で証人に指定できたのである。両者が祭祀の対象とされたかどうかは別問題だろう。

皇天と后土の崇拝に関しては『書経』「召誥《しょうこう》」の記事に注目したい。そこには周公が洛邑の造営を視察した次第が記されている。「その翌々日に郊外で牛二頭を犠牲にささげ、さらに翌日に新しい都の社で祭祀をおこなって牛一頭と羊一頭と豚一頭を犠牲にささげた」とある。[193]ここに郊と社の語が見える。『礼記』はこれを天の祭祀と地の祭祀の意味で用いており、「召誥」の用例をその初出とする注釈者がいる。だがかならずしもそうとは断言できない。新都における社の祭祀は大地全体に対してではなく、特定の土地神に対するものではなかったか。そのことは郊外でほふられた牛が二頭あったという事実から推測できる。一頭は天に、一頭は大地にささげられたにちがいない。そうでなければなぜ二頭を要したのか説明がつかない。「召誥」の記事はしたがって三つの供えものについて述べたことになる。新都の南の郊外すなわち南郊で天にささげた牛一頭、北の郊外すなわち北郊で大地にささげた牛一頭、新都のなかで社の神にささげた牛一頭と羊一頭と豚一頭がそれである。この解釈には反論が可能だとしても、南郊と北郊で犠牲をささげた年代は確定できる。后土の祭祀が北郊でおこなわれたのは前三一年［前漢建始二年］である。[194] それまでは郊外の祭祀は天に対してなされただけだった。

「召誥」の記事が語ることを整理してみたい。すなわち周公は新都の郊外で牛二頭を犠牲にささげた。一頭は天に対してである。もう一頭は儀式において天と対になる大地に対してである。ついで周公は新都で社に牛と羊と豚をそれぞれ一頭ささげた。社の祭祀はここでは大地全体の祭祀とは切り離されている。

この問題に対する議論がかみあわないのは、そもそも后土の祭祀がそれほど古い時代にさかのぼらないからではないか。父なる天に対するものとして母なる大地という観念が明確に形成されるのは漢代である。武帝の時代すなわち前一四〇年［一四一年］から前八七年までの治世下に、汾陰《ふんいん》における后土の祭祀が制定され、そこで大地が女神の姿で崇拝された。[195] この時代にはまた、神々の頌歌〔郊祀歌《こうし》〕のなかで大地の神の性別に関して疑う余地のない語句が登場する。そこには「〔至上の大地である〕后土は富める媼《はは》」とある。[196] このころから天と地の祭祀は最高度の重要性をもつようになった。世界を包括する二元論が中国の宗教思想に君臨するものとなったのである。

皇天后土という偉大な神格はほかのあらゆるものから輝きを奪った。しかしこれとは別のところで、社稷と宗廟の古い神霊が民とともにありつづけた。民族のもっとも深いところにある信仰心を受けとめ、土地をたがやして生きる彼らの根底にある思いをずっと代弁してきたのだ。あたかも子が父に身をゆだねるように、日々のつらい労働のなかで目に見えない先祖のささえを人々は確信した。そして収穫への期待が災害によってそこなわれることがないように、生まれた土地の神に寛大なめぐみを乞い願ったのである。地域社会に根ざした社をあがめ、家族のいつくしみにあふれた先祖をあがめる。そうした信仰心が中国の宗教思想の土台にありつづけた。社と宗廟ほどにその根源にせまるものはどこにも存在しない。

注

一　社の諸相

（1）一九〇一年に『宗教史研究』第四三号に論文「古代中国の宗教における土地神」を発表した。当初はこれを［『泰山』の補遺として］そのまま掲載しようと考えたが、内容を再検討して大幅に書き改めた。前の論文との混同をさけるため、題名も「古代中国の土地神」に変えた。

［1］　ギメ東洋美術館年報『宗教史研究』第四三号所載の論文は、一九〇〇年のパリ万国博覧会を記念して開催された第一回国際宗教史会議の極東宗教部会における九月五日の報告がもとになっている。会議の報告論文集は一九〇二年に刊行された。そこには『宗教史研究』第四三号の論文がそのまま掲載されている。Édouard Chavannes, “Le dieu du sol dans l'ancienne religion chinoise”, *Revue de l'histoire des religions*, XLIII, Paris, 1901, pp.125–146; id., “Le dieu du sol dans l'ancienne religion chinoise”, *Actes du premier Congrès International d'Histoire des Religions*, 2e partie, séance des sections, fasc. I, Paris, 1902, pp.27–48.

本書に訳出したのは、一九一〇年にギメ東洋美術館研究叢書の第二一冊として刊行された『泰山――中国人の信仰に関する試論』の補遺をなす論文「古代中国の土地神」である。一九〇一年の最初の論文とくらべると構成をかなり変えてある。新たな知見を加え、一九〇七年の中国再訪のおりの観察も盛りこんでいる（このことは本書の解説を参照されたい）。全体の分量は四倍以上となり、引用文献を大量に補充して完璧を期したのである。Chavannes, "Le dieu du sol dans la Chine antique", *Le T'ai chan: Essai de monographie d'un culte chinois*, Annales du Musée Guimet, Bibliothèque d'études, XXI, Ernest Leroux, Paris, 1910, pp.437–525.

題名に「土地神」の語が用いられているが、これは漢語の「社」に該当するフランス語がないため意訳したのであろう。本文中でも一貫して「土地神」の語が用いられているが、いずれも「社」を意味している。本訳書では「社」の語を用い、邦題もそれにふさわしいものとした。

（2）『礼記』「郊特牲」に「社所以神地之道也」とある（クヴルール訳、第一巻五八七頁）。すなわち「社は大地の力を神格化したものである」という。以下、欧文訳があるものは該当する頁数を示した。これは［ヨーロッパ人の］読者に参照の便をはかるためで、そこに掲載された訳文はここでは用いていない。

［2］『礼記正義』第十一「郊特牲」十三経注疏整理委員会編、北京大学出版社、二〇〇〇年、九一七頁「社所以神地之道也」（社は大地を神とあがめる道である。）

「クヴルール訳」とあるのは、イエズス会の宣教師セラファン・クヴルールが一八九九年に刊行した『礼記』の原文ならびにフランス語訳である。該当箇所は「社をまつるのは大地の恵みに感謝するためである」と訳されている。Séraphin Couvreur, *Li ki, ou Mémoires sur les bienséances et les cérémonies*, I, Imprimerie de la Mission Catholique, Ho kien fou, 1899, p.587.

（3）　中霤が社にあたることは『礼記』「郊特牲」の記述にあきらかである。そこには「家主中霤。而国主社」とある（第一巻五八七頁）。すなわち「家の主《あるじ》は中霤のもとで祭祀をつかさどる。国の主は社の祭壇で祭祀をつかさどる」という。中霤と呼ばれる明かり採りの窓は復《あなぐら》や穴《むろ》のようなきわめて古い住居にあった。

［3］『礼記正義』第十一「郊特牲」八一九頁「家主中霤。而国主社」（家は中霤を根本とし、国は社を根本とする。）

中霤は霤《あまだれ》が落ちる天井の窓。復は穴を掘って住居としたものと『集韻』にある。穴ぐらのような住居では天井に窓をあけて明かりを採った。そこは住居の中心であるから、家の神をまつるところとしたのである。後漢の蔡邕の『独断』によれば、中霤の神は住居のなかにおり、土の活力があふれだす六月に、儒教の位牌に相当する主《しゅ》を窓の下に置いて、これをまつったという。

『集韻』巻九「入声上」欽定四庫全書三五一九巻、七紙表「[復]穴地以居」（地を穴《うが》って住居とする。）

『独断』巻上「五祀之別名」叢書集成簡編、台湾商務印書館、一九六五年、九頁「中霤。季夏之月。土気始盛。其祀中霤。霤神在室。祀中霤。設主于牖下也」（中霤は季夏の月［陰暦六月］に土気がさかんになりはじめるころ、これをまつった。中霤の神は室内におるので、これをまつるには主を牖《まど》の下に置くのである。）

（4）　朱熹は后土の祭について問われて次のように答えた（馬端臨『文献通考』巻八十六）。「即古人中霤之祭。而今之所謂土地」とある［シャヴァンヌは参照した刊本を示してない］。すなわち「昔の人が中霤をまつったのは、今の人が土地の神をまつるのに等しい」という。近世の説話のなかで家にひそむ精霊すなわち土地神がみずから中霤と名乗っている（ウィジェ『近世中国の民俗』一七九頁）。いずれも古代の中霤が社と同じものだったことを証する。

［4］『文献通考』巻八十六「郊社考」上海師範大学古籍研究所他編、中華書局、二〇一一年、二六三一頁「問后土氏之祭。朱子曰。」即古人中霤之祭。而今之所謂土地者」（［后土の祭について問われ、朱子は答えた。］「これはすなわち昔の人の中霤の祭にあたる。今の人が土地と呼ぶ［社の神の］祭のことだ」と。）

イエズス会の宣教師レオン・ウィジェは一九〇九年刊行の『近世中国の民俗』のなかで、清の袁枚が『子不語』に記す土地神の話を訳出した。中国の南、貴州の尹という男が寿命をとりちがえられ、その家の土地神に助けを求めた。土地神が高位の神に訴える場面がある（ここには「神」とあるだけだが、ウィジェは城隍神と解している）。そのとき土地神はみずから中霤と名乗ったという。Léon Wieger, *Folklore chinois moderne*, Imprimerie de la Mission Catholique, Ho kien fou, 1909, p.179.

『子不語』巻十「獅子大王」上海古籍出版社、一九八六年、二八九頁「土神趨而前跪奏。此中有疑。是小神令其伸冤為。神問何疑。曰某為渠家中霤。毎一人始生。即准東嶽文書知会」（土地の神は進み出て御前にひざまずいて語った。「これには疑わしい点があるので、小神［である私］に冤罪をはらさせていただきたい」と。神は問うた。「どんな疑いか」と。［土地神は］答えた。「それがしはこの者の家の中霤をつとめており、家にひとり生まれるごとに東嶽［泰山府君］からの文書で［寿命が］告知されます」と。）

（5）『礼記』「郊特牲」に「取財於地」とある（第一巻五八七頁）。すなわち「大地からあらゆる富がもたらされる」という。また『礼記』「礼運」に「礼行於社。而百貨可極焉」とある（第一巻五二七頁）。すなわち「儀式にしたがい大地をまつることで、ゆたかな物産が得られる」という。ここでは社が天をまつる郊と対照されている。したがってこれは社の神ではなく大地をまつることをいうのだろう。

［5］『礼記正義』第十一「郊特牲」九一七頁「取財於地。取法於天」（大地から生きる糧をいただき、天から世の道理をいただく。）

『礼記正義』第九「礼運」八二三頁「礼行於郊。而百神受職焉。礼行於社。而百貨可極焉」（郊の祭が礼にかなうなら神々は職分を尽くし、社の祭が礼にかなうなら物産は満ちあふれよう。）

（6）広東では家々の壁に土地ごとの神の名を記した文字をかかげてある。「門口土地接引財神」というのをよく見かけるが、これは「家に富を運んでくださる土地の神」のことである。

［6］広東地方の土地関係の神々のなかに一家の門口を守る「門口土地神」があり、土地を守る「接引福神」や財産を守る「門口土地財神」があるという。商家がまつる「地主財神」もあって、いずれもその名を記した字牌が家の門口にかかげてある。以下を参照。窪徳忠「中国の土地公と沖縄の土帝君」『史苑』第三七巻二号、一九七七年、一七頁。

（7）里社が社の最小の単位である。家の神である中霤が土地神にあたるとしても、厳密には社とは言えない。里よりも小さな規模の集団が社を持とうとしても、二十五家ひとまとまりのところにしか社の設置は認められていない。『漢書』巻二十七に「前三四年［建昭五年］に兗州の長官浩賞が社を私的に設置するのを禁じた」とある［参照した刊本は示してないが、後述する『史記』と同じく一八八八年上海図書集成印書局刊行の乾隆版復印本であろう。以下、二十四史いずれも同様］。三世紀末の臣瓚はこれに注して、「古い規則によれば、二十五家でひとつの社をなしたが、ときに十家ないし五家でその土地の社をつくる者がいた。これはおおやけの社ではない」とした。

［7］『漢書』巻二十七中之下「五行志中之下」点校本二十四史、中華書局、一九六二年、一四一三頁「建昭五年。兗州刺史浩賞禁民私所自立社。臣瓚曰。旧制二十五家為一社。而民或十家五家共為田社。是私社」（［元帝の］建昭五年、兗州の刺史浩賞は民が私的に社を設けることを禁じた。［注に］臣瓚が言うには、かつての制度では二十五家でひとつの社を有したが、十家もしくは五家でその地の社を有する民もいた。これは私的な社である。）

（8）『礼記』「月令」に「択元日。命民社」とある（第一巻三四一頁）。

［8］『礼記正義』第六「月令」五五二頁「択元日。命民社」（［天子は］吉日を選び、民に命じて社をまつらせた。）

（9）『礼記』「郊特牲」に「唯為社事単出里」とある（第一巻五八七頁）。

［9］『礼記正義』第十一「郊特牲」九一八頁「唯為社事単出里」（社で行事があるときは里の民が総出で手伝った。）

（10）『漢書』巻四十に「里中社。平為宰。分肉甚均」とある（五紙裏）。

［10］『漢書』巻四十「陳平伝」二〇三九頁「里中社。平為宰。分肉甚均」（里の社で［陳］平が祭をつかさどる役となり、［供えものの］肉の分配をすこぶる公平におこなった。）

同様の記事が『史記』にある。『史記』巻五十六「陳丞相世家」点校本二十四史修訂本、中華書局、二〇一三年、二四八〇頁「里中社。平為宰。分肉食甚均」（里の社で［陳］平が祭をつかさどる役となり、食肉の分配をすこぶる公平におこなった。）陳平の活動は訳注［176］をも参照。

（11）『史記』巻四十七の注釈『史記索隠』に「古者二十五家為里。里則各立社。則書社者。書其社之人名於籍」とある（八紙裏［参照した刊本はシャヴァンヌが『史記訳注』に使用したのと同じ乾隆版『欽定史記』復印本であろう。一八八八年に上海図書集成印書局から刊行された］）。すなわち「昔は二十五家族でひとつの里を形成していた。それぞれの里に社が設けられた。書社という言葉がある。社に属する人の名を名簿に書き出したのでそう呼ぶ」という。

［11］『史記』巻四十七「孔子世家」二三二八頁「［索隠］古者二十五家為里。里則各立社。則書社者。書其社之人名於籍」（［唐の司馬貞『史記索隠』に言う。］昔は二十五家で里とし、里ごとに社を設けた。これを書社というのは、社に属する人の名を戸籍に記載したためである。）

（12）『史記』巻四十七に「王将以書社地七百里封孔子」とある（八紙裏）。

［12］『史記』巻四十七「孔子世家」二三二八頁「［昭］王将以書社地七百里封孔子」（［楚の昭］王は七百の書社［二万七千五百戸］をかかえる土地の領主に孔子を任じようとした。）

（13）『周礼』「州長」に「以歳時祭祀州社」とある（ビオ訳、第一巻二四八頁）。ここでは四季のそれぞれに祭祀をおこなったと述べているが、注釈書の多くは春と秋の祭祀だけに言及したものと解している。

［13］『周礼注疏』巻十二「地官州長」十三経注疏整理委員会編、北京大学出版社、二〇〇〇年、三五四頁「若以歳時祭祀州社。則属其民而読灋亦如之」（季節ごとに州社で祭祀をおこない、そのとき民を集めて法典を読み聞かせることも同様におこなう。）

「ビオ訳」とあるのは、フランスの中国学者エドゥアール・ビオが一八五一年に刊行した『周礼』の原文ならびにフランス語訳である。該当箇所は「春と秋に州長は民を集め、祭祀の作法にしたがって州社で弓を射る」と訳されている。Édouard Biot, *Le Tcheou-li, ou Rites des Tcheou*, I, Imprimerie nationale, Paris, 1851, p.248.

（14）漢代の県は［フランス語に］ふさわしい訳語がない。［周代の］州にあたる行政区分は漢代には県ではなく郡に相当する。

［14］　秦は周代の行政区分を廃して郡県制を敷いた。漢の高祖は郡を分けて新郡とし、別に諸侯の国を置いている。この郡国制は後漢になると郡県的な地方統治に移行した。

『漢書』巻二十八下「地理志下」一六三九頁「本秦京師為内史。分天下作三十六郡。漢興以其郡大。稍復開置。又立諸侯王国」（はじめ秦は首都を内史と呼び、天下を区分して三十六郡を置いた。漢が興起すると、郡が広大であったため、次第にまた［郡を］分けて［新たな郡を］置いた。また別に諸侯王の国を立てた。）

『後漢書』志第二十三「郡国志五」三五三三頁「［安帝］所省県漸復分置。至于孝順。凡郡国百五。県邑道侯国千一百八十」（［安帝は］省いた県を徐々にまた分けて置いた。孝順帝の時代になると、すべての郡と国は百五となり、県と邑と道と侯国は千百八十になった。）

（15）『史記』巻二十八に「因令県為公社」とある（七紙裏）。

［15］『史記』巻二十八「封禅書」一六四九頁「立黒帝祠。（中略）因令県為公社」（［高祖二年］黒帝の祠を立てた。（中略）これにちなみ県ごとに公社を設けさせた。）

（16）『史記』巻二十八に「令県常以春三月及時臘。祠社稷以羊豕。民里社各自財以祠」とあり（七紙裏）、『漢書』巻二十五上に「令県常以春二月及臘。祠稷以羊彘。民里社各自裁以祠」とある（七紙表）。文字の相違は相互に補正できる。『史記』に「三月」とあるのを『漢書』が「二月」としたのは適切であろう。「時臘」を「臘」としたのも適切だが、「社稷」を「稷」としたのは適切ではない。

［16］『史記』巻二十八「封禅書」一六五二頁「［高祖十年春。有司請］令県常以春三月及時臘。祠社稷以羊豕。民里社各自財以祠」（［高祖の第十年（前一九七年）の春、役人に命じて］各県でかならず春三月と十二月の時、羊と豚を供えて社稷をまつらせ、民には里社をそれぞれの分担金でまつらせた。）

『漢書』巻二十五上「郊祀志上」一二一二頁「［高祖十年春。有司請］令県常以春二月及臘。祠稷以羊彘。民里社各自裁以祠」（［高祖の第十年の春、役人に命じて］各県でかならず春二月と十二月に、羊と子豚を供えて稷をまつらせ、民には里社をそれぞれの負担でまつらせた。）

（17）后稷の字義は「稷《きび》の君」である。稷はあらゆる収穫物を代表する穀類である。土地の神である社と収穫の神である稷との別は、『隋書』巻七に「凡人非土不生。非穀不食」とあるとおりである。すなわち「大地がなければ人は存在できず、穀類がなければ食べていくことができない」という。これについては後一世紀に書かれた『白虎通』巻三に「人非土不立。非穀不食」とあるのを参照したい。九二年［後漢永元四年］に没した班固の『白虎通』の最良の刊本のひとつは『白虎通疏証』である。一八四二年［清道光二十二年］に陳立が注釈をほどこして刊行した。皇清経解続編の一二六五巻から一二七六巻に収めてある。

［17］『隋書』巻七「礼義志二」中華書局、一九七三年、一四一頁「凡人非土不生。非穀不食」（人はみな土がなければ生きていくことができず、穀物がなければ食べていくことができない。）

『白虎通疏証』巻三「社稷」新編諸子集成、中華書局、一九九四年、八三頁「人非土不立。非穀不食」

（人は土がなければ立つことができず、穀物がなければ食べていくことができない。）

（18）『周礼』「小司徒」に「凡建邦国。立其社稷」とある（第一巻二二九頁）。

［18］『周礼注疏』巻十一「地官小司徒」三三六頁「凡建邦国。立其社稷。［正其畿疆之封］」（すべて諸侯が国を建てるとき、それぞれ社稷を設ける。［そして国の境域のなかでの領地をあきらかにする。］）

ここに記す「畿」については後漢の鄭玄の注に、九畿すなわち国の境域をいうとある。

『周礼注疏』三三六頁「［鄭注］畿九畿」（［鄭玄の注に］畿は九畿をいう。）

（19）『周礼』「大司徒」に「設其社稷之壝。而樹之田主。各以其野之所宜木。遂以名其社与其野」とある（第一巻一九三頁）。社の祭壇に樹木があることについては後述したい。

［19］『周礼注疏』巻十「地官大司徒」二八五頁「設其社稷之壝。而樹之田主。各以其野之所宜木。遂以名其社与其野。［鄭注］壝壇与堳埒也。（中略）所宜木謂若松柏栗也。若以松為社者。則名松社之野。以別方面」（その［土地に］社稷の［土壇となる］壝《い》を築き、「田主」すなわち土地をつかさどる神の樹木とするため、それぞれの土地［の土質］にふさわしい樹木を植えた。そのため社とその地が樹木の名で呼ばれた。［鄭玄の注に言う。］壝とは壇とそれを囲む土堤をいう。（中略）ふさわしい樹木とは松や柏や栗のたぐいをいう。たとえば松を社［の神木］としたなら「松社の地」と名づけ、それで四方のものと区別した。）訳注［61］参照。

（20） 令と長は県に任じられた行政官で、規模に応じて規定されている。

［20］ 秦代に置かれた郡守は、前漢景帝二年（前一五五年）に郡太守に名称が改められた。『漢書』によれば県令は一万戸以上の県を治め、県長は一万戸未満の県を治めた。郡太守は後漢でも継続している。県令と県長も同様だが、『後漢書』は規模の大小を記すのみで戸数の規定は記していない。『漢書』巻十九上「百官公卿表」七四二頁「郡守。秦官掌治其郡。（中略）景帝中二年更名太守」（郡守。秦の官吏でその郡を治めることをつかさどる。（中略）景帝の二年に名称を太守と改めた。）同頁「県令長。皆秦官掌治其県。万戸以上為令。秩千石至六百石。減万戸為長。秩五百石至三百石」（県令と県長。ともに秦の官吏でその県を治めることをつかさどる。一万戸以上の場合は県令とし、秩禄を千石ないし六百石とした。一万戸未満の場合は県長とし、秩禄を五百石ないし三百石とした。）『後漢書』志第二十八「百官志五」三六二一頁「毎郡置太守一人。二千石丞一人」三六二二頁「属官。毎県邑道。大者置令一人千石。其次置長四百石。小者置長三百石」（郡ごとに太守一名を置いて［秩禄を］二千石とし補佐官一名とした。［郡の］属官は県・邑・道ごとに［規模の］大きな場合は県令一名を置いて［秩禄を］千石とし、それにつぐ場合は県長を置いて四百石とし、小さな場合は県長を置いて三百石とした。）

（21） 『後漢書』巻十九に「郡県置社稷。太守令長侍祠。牲用羊豕。唯州所治有社無稷。以其使官。古者師行平。有載社主。不載稷也」とある（［上海図書集成印書局本］四紙表）。

［21］ 『後漢書』志第九「祭祀志下」三二〇〇頁「郡県置社稷。太守令長侍祠。牲用羊豕。唯州所治有社無

稷。以其使官。古者師行平。有載社主。不載稷也」（郡県には社稷を置き、郡太守と県令と県長が祭祀に加わる。羊と豚を犠牲に用いる。ただし州が管轄するところでは社はあるが稷はない。その［担当の］官吏におこなわせる。昔は軍隊が出動するとき、社［のかたどり］の主を［車に］載せた。稷［の主］を載せることはなかった。）

（22）『礼記』「祭法」に「王為群姓立社曰大社。王自為立社曰王社。諸侯為百姓立社曰国社。諸侯自為立社曰侯社。大夫以下成群立社曰置社」とある（第二巻二六五〜二六六頁）。

［22］『礼記正義』第二十三「祭法」一五二〇頁「王為群姓立社曰大社。王自為立社曰王社。諸侯為百姓立社曰国社。諸侯自為立社曰侯社。大夫以下成群立社曰置社」（王があまたの民のために設ける社を大社といい、王が自身のために設ける社を王社という。諸侯が民のために設ける社を国社といい、諸侯が自身のために設ける社を侯社という。大夫以下の者が集団で設ける社を置社という。）

津田左右吉はこの記述について、すでに存在している多くの社に序列をあたえた言説にちがいなく、かならずしも実際の状況を伝えるものではないと判断した（「上代支那人の宗教思想」『満鮮地理歴史研究報告』第六、一九二〇年。再録『津田左右吉全集』第二八巻、岩波書店、一九六六年、二三五頁）。

（23）［「討伐の命をさずかる」の原文の］「政」の語は［「攻め正す」を意味する］「征」と同義であろう。

［23］『独断』に「必于此社授以政」とある。訳注［25］参照。なお、シャヴァンヌは蔡邕の生年を一三三

年（後漢陽嘉二年）とした。『後漢書』巻六十下「蔡邕伝」に光和元年（一七八）に「臣年四十有六」とある（二〇〇二頁）。逆算すれば生年は一三三年となる。ところが同書（二〇〇六頁）に初平三年（一九二）死去のとき「時年六十一」とある。これにしたがえば一三二年（陽嘉元年）となろう。

つづいて言及のある『書経』の記述については本文で後述される（五七頁）。訳注［189］参照。

（24）『独断』の本文にはここに脱落があると思われる。「百姓則二十五家以上」とあるべきではないか。『隋書』巻七に「百姓則二十五家為一社」とあるのを参照したい（［上海図書集成印書局本］八紙裏）。

［24］『独断』の本文は注（25）に引いてある。訂正案は訳注［25］に示す。

『隋書』巻七「礼義志二」一四一頁「百姓則二十五家為一社」（民はすなわち二十五家でひとつの社を有した。）

（25）『独断』に「天子之宗社曰泰社。天子所為群姓立社也。天子之社曰王社。一曰帝社。古者有命将行師。必于此社授以政。（中略）諸侯為百姓立社曰国社。諸侯之社曰侯社。（中略）大夫以下成群立社曰置社。大夫不得特立社。与民族居。百姓已上則共一社。今之里社是也」とある（一七九一年［乾隆五十六年］版漢魏叢書、九紙裏〜十紙表）。

［25］『独断』巻上、八頁「天子之宗社曰泰社。天子所為群姓立社也。天子之社曰王社。一曰帝社。古者有命将行師。必於［原注「于」］此社授以政。（中略）諸侯為百姓立社曰国社。諸侯之社曰侯社。（中略）大

夫以下成群立社曰置社。大夫不得特立社。与民族居。百姓巳〔原注「以」〕上則共一社。今之里社是也」（天子がたっとぶ社を泰社といい、天子があまたの民のために設けた社である。天子〔自身のため〕の社を王社といい、あるいは帝社という。昔は軍隊の出動が命じられるとき、かならずこの社において軍律をさずかった。（中略）諸侯が民のために社を設けるのを国社といい、諸侯〔自身のため〕の社を侯社という。（中略）大夫以下の者が集団で社を設けるのを置社という。大夫は独立の社を設けることはできない。民の集まっているところにともに社を設けた。民は〔一定の戸数〕以上でひとつの社を共同で有する。今言うところの里社がそれである。）

シャヴァンヌは冒頭に「天子之宗社」とあるのを宗廟と解しているが、これは無理ではないか。また、末尾の一節「百姓以上則共一社。今之里社是也」は解しがたく、シャヴァンヌの提案にしたがえば、「百姓則二十五家以上共一社。今之里社是也」となろう。それならば、「民はすなわち二十五家以上でひとつの社を共同で有する。今言うところの里社がそれである」と解することができる。福井重雅は「百家以上になった場合にはともに一社を立てる」と解した（福井重雅編『訳注　西京雑記・独断』東方書店、二〇〇〇年、二四八頁）。

(26)　杜佑の『通典』巻四十五に「王為群姓立社曰大社。於庫門内立之」とある（八紙裏〔参照した刊本は示してない〕）。すなわち「王が多くの民をかえりみて設ける社を大社と呼ぶ。それは「庫」と呼ばれる門の内側に位置する」という。庫門は天子の宮殿の第三の中庭に通じる門である。

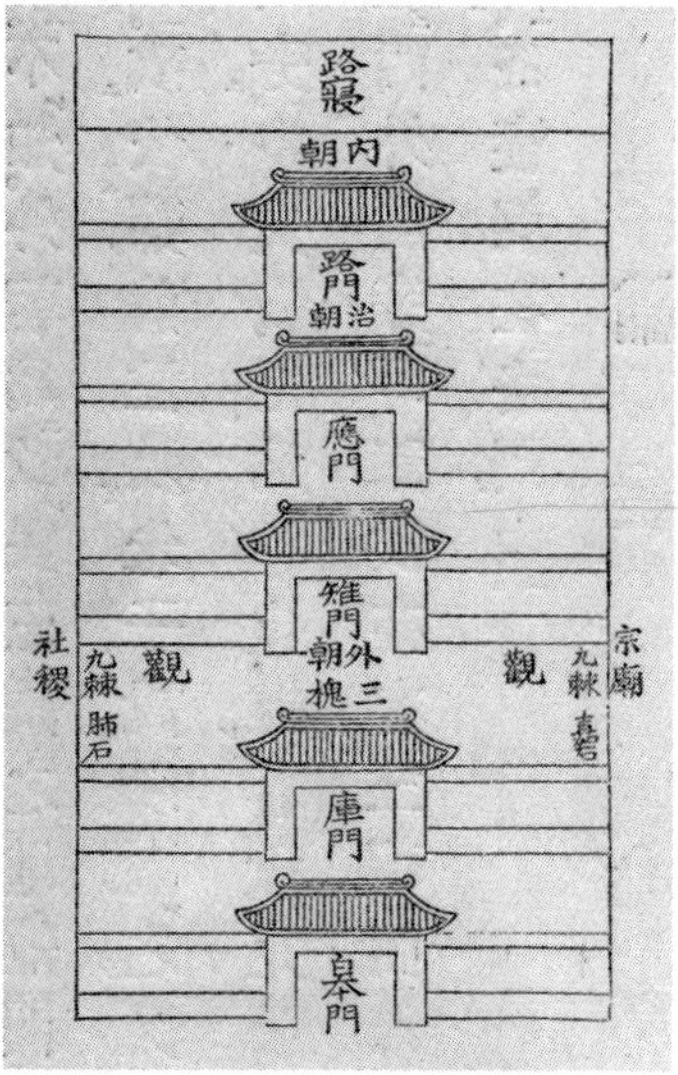

「礼器図」巻一「天子五門三朝」

〔26〕『通典』巻四十五「社稷」中華書局、一九八八年、一二六三頁「王為群姓立社曰大社。於庫門内西立之〔原注「内立之」〕」（王があまたの民のために設ける社を大社という。〔王宮内の〕庫門の内の西側にこれを設けた。）

　庫門については『礼記』に王宮の外門である皐門についで記してある。天子の五門とは皐門・庫門・雉門・応門・路門であると注にいう。『欽定礼記義疏』附録の「礼器図」にそれを記載して図示したものがある。

『礼記正義』第十四「明堂位」一〇九七頁「庫門天子皐門。〔注云〕天子五門。皐庫雉応路」（庫門は天子〔の王宮〕の皐門につぐ。〔注に言う。〕天子の五門とは皐・庫・雉・応・路の各門である。）

『欽定礼記義疏』附録「礼器図」巻一「天子五門三朝」欽定四庫全書経部、二十五紙表「王宮之外門五。一曰皐門。二曰庫門。三曰雉門。四曰応門。五曰路門」（王宮の外側の門は五つある。一は皐門、二は庫門、三は雉門、四は応門、五は路門という。）

（27）『通典』巻四十五に「王自為立社曰王社。於籍田立之」とある（八紙裏）。すなわち「王が自身をかえりみて設ける社を王社と呼ぶ。それは君主がたがやす聖なる田に置かれた」という。

［27］『通典』巻四十五「社稷」一二六三頁「王自為立社曰王社。於籍田立之」（王が自身のために社を設けるのを王社という。［王が］たがやす田にこれを設けた。）

籍田は社稷にそなえる穀物を収穫するために天子がたがやす田をいう。『詩経』「載芟」の序に籍田で耕作をおこない社稷に祈願する春の儀式が述べてある。

『毛詩正義』周頌「載芟」十三経注疏整理委員会編、北京大学出版社、二〇〇〇年、一五九一頁「載芟。春籍田而祈社稷也」（はじめて草を刈り、春に田をたがやして社稷に祈る。）

（28）二種の社が併存したことはずっと疑問視されてきた。二三七年［魏景初元年］から翌年までのあいだに皇帝の社である帝社が設けられたが、このことが一部の学者の反論をまねいた。『通典』巻四十五に「並立二社。一神二位。同時倶祭。於事為重。於礼為黷」とある（一二紙裏）。すなわち「ふたつの社を設けることは、同じ神を異なる場所にまつり、同じ時に祭祀をおこなうことになる。それは行為のくりかえしであり儀式の混乱をまねく」という。二八八年［西晋太康九年］にも同じ問題が起きて長い議論がくりかえされた（『晋書』巻十九、［上海図書集成印書局本］六紙裏〜七紙表）。いずれにしても古代には天子と諸侯がそれぞれ二種の社を有したことはまちがいない。

［28］『通典』巻四十五「社稷」一二六七頁「並立二社。一神二位。同時倶祭。於事為重。於礼為黷」（ふた

つの社がならび立つというのは、ひとりの神を二か所に据えて同時に双方をまつることである。これはひとつのことを重ねておこなうのだから礼を乱すことになる。）

『晋書』巻十九「礼志上」中華書局、一九七四年、五九一頁「晋初仍魏。無所増損。至太康九年。改建宗廟。而社稷壇与廟倶徙。乃詔曰。社実一神。其幷二社之祀」（［西］晋のはじめは魏［の制度］にしたがい、増設したり廃止したものはなかった。太康九年に新たに祖先の廟が設けられ、ここにいたって社稷の祭壇と宗廟［の制度］がともに改められた。そこで［武帝は］詔《みことのり》して言う。「社はひとりの神がもとであり、それをふたつの社にならべてまつるのである」と。）

これ以降、二社の問題について古典文献の記述や注釈をふまえた議論が延々とつづけられ、最後は右の武帝の詔に示された二社の道理にしたがうべきことで決着した。つづく東晋の元帝の建武元年（三一七）には、洛陽にならって新しい首都の建康に太社と帝社の二社と一稷が設けられるにいたった。

『晋書』巻十九「礼志上」五九三頁「［摯虞奏以為］世祖武皇帝躬発明詔。定二社之義。以為永制。宜定新礼。従二社。詔従之。至元帝建武元年。又依洛京立二社一稷。其太社之祝曰。（中略）其帝社之祝曰。（後略）」（［摯虞の奏上に言う。］「世祖武帝みずから明晰な詔を発して二社の本義を示した。ながらく制度として定着させるために、新たな礼制を定めて二社［の本義］にしたがうべきである」と。詔がくだり［摯虞の奏上が］裁可された。元帝の建武元年にいたり、また洛陽の都にならって［建康に］ふたつの社とひとつの稷が設置された。そのうちの太社の祝［祈禱官］は言う。（中略）そのうちの帝社の祝［祈禱官］は言う。（後略））

(29) すでに見てきた社の制度はひとつの原則であって、実態はここでもくいちがっている。前漢王朝に官立の社はあったが官立の稷はなかった。『漢書』巻二十五下に「有官社。未立官稷」とあるとおりである（九紙裏）。西暦三〇〇年ごろ臣瓚がこれについて述べている。官社は天子自身の王社に該当し、紀元後九年［始建国元年］に王莽は官稷を官社にならべようとしたが、後漢王朝はこれを廃したという。このことは『晋書』巻十九の記述にあきらかである。すなわち「前漢には官立の社すなわち王社は設けられたが、官立の稷はなかった。王莽は官稷を設けたが、のちに廃された。［後］漢と魏には大社に対応する稷があったが、官社に対応する稷はない。だからつねにふたつの社とひとつの稷があったことになる」という。梁王朝の時代［五〇二～五五七年］もそれは変わりなかった。『隋書』巻七は次のように言う。「梁王朝の社稷は先祖の廟の西側に置かれた。いずれももとは東晋王朝の元帝が建武元年［三一七］に設けたものである。全部で三つの祭壇があったことになる。すなわち太社と帝社と太稷の三壇である」と。この記述は六世紀に太社とそれに対応する太稷が漢代と変わらずにあったことを伝えている。かたや帝社は単独であったが、この時代には太社と太稷と同じ場所に置かれていた。帝社は天子がたがやす田［籍田］にはなかったことが知られる。

［29］『漢書』巻二十五下「郊祀志下」一二六九頁「［已］有官社。未立官稷。臣瓚曰。高帝除秦社稷。立漢社稷。礼所謂太社也。時又立官社。配以夏禹。所謂王社也。見漢祀令。而未立官稷。至此始立之。世祖中興。不立官稷。相承至今也」（［すでに］官立の社はあるが、まだ官立の稷は設けられていない。［注に］臣瓚が言うには、［前漢の］高祖は秦の社稷を廃し、漢の社稷を設けた。『礼記』に言うところの太社である。そのときさら

に官立の社を設け、夏王朝の禹王をこれに配した。言うところの王社である。『漢祀令』に記されている。しかしまだ官立の稷は設けなかった。ここにいたって［王莽が］はじめてこれを設けた。世祖が［漢王朝を］再興したとき官立の稷は設けなかった。それが受け継がれて今にいたっているという。

臣瓚についてシャヴァンヌは別のところでこれを三世紀末の人とした（注（7）(132) 参照）。顔師古は『漢書集注』の序において臣瓚を氏姓不詳とし、西晋（二六五〜三一六年）初期の人ではないかと述べている。以下を参照。吉川忠夫「顔師古の『漢書』注」『東方学報』京都五一輯、一九七九年。再録『六朝精神史研究』同朋舎出版、一九八四年、三一七頁。

『漢書』「叙例」中華書局前掲書、一頁「有臣瓚者。莫知氏族。考其時代。亦在晋初」（臣瓚という人がいる。氏姓はわからない。その時代を考えてみると、晋代のはじめにいた人であろう。）

『晋書』巻十九「礼志上」五九一頁「前漢但置官社而無官稷。王莽置官稷。後復省。故漢至魏但太社有稷。而官社無稷。故常二社一稷也」（前漢王朝は官社を置いただけで官稷は置かなかった。王莽は官稷を置いたが、のちに［後漢王朝は］ふたたびこれを廃した。したがって［後］漢から魏にいたるまで太社だけに［対応する］稷がある。かたや官社には［対応する］稷がない。したがってつねに二社と一稷があったことになる。）

『隋書』巻七「礼義志二」一四一頁「梁社稷在太廟西。其初蓋晋元帝建武元年所創。有太社。帝社。太稷。凡三壇」（梁王朝の社稷は太廟の西にあった。そのもとは思うに東晋の元帝が建武元年に創建したもので、太社と帝社と太稷、全部で三つの祭壇があった。）

前漢の高祖は秦の社稷を廃したのち民のために太社と太稷を設けた。さらに自身のための王社にあたる官社を設けてこれに禹王を配したが、官稷は設けなかった。あわせて二社一稷をまつったのである。新の王莽は新たに官社に対応する官稷を設けてこれに后稷を配した。二社二稷をまつったのである。後漢の世祖は前漢の故事にならって二社一稷に復した。この制度に関する議論は紛糾し、古文学派は二社二稷を主張し、今文学派は二社一稷を主張した。後者の主張は『白虎通』にあきらかである。以下を参照。渡邊義浩主編『全譯後漢書』第五冊、汲古書院、二〇一二年、一八六頁。

二　社の祭壇（上）

（30）『白虎通』巻三に「土地広博。不可偏敬也。五穀衆多。不可一一祭也。故封土立社。示有土也。稷五穀之長。故立稷而祭之也」とある（一紙表）。すなわち「土地はゆたかに広がっており、そこかしこでそれをたたえることはできない。五穀は数多く、それぞれに供えものをすることはできない。そこで土墳を築き［まつるべき］大地であることを示すため社を建てた。稷《きび》は穀類の第一のものである。そこで供えものをするため稷《しょく》を建てた」という。

［30］『白虎通疏証』巻三「社稷」八三頁「土地広博。不可偏敬也。五穀衆多。不可一一祭也。故封土立社。示有土也。稷五穀之長。故立稷而祭之也」（土地は広大であり、あまねく敬うことはできない。五穀はあまたあり、ひとつひとつをまつることはできない。それだから土を盛って社を設け、土の［神の］いますことを示した。稷《きび》は五穀の長であるから、稷《しょく》を設けてこれをまつった。）

　この文章は訳注［17］に引いた一節（「人非土不立。非穀不食」）につづくものである。同じ一節を含む

『隋書』もこれにつづけて、土地と五穀の祭祀を各地でおこなうため社稷を設置したと述べている。

『隋書』巻七「礼義志二」一四一頁「土穀不可偏祭。故立社稷以主祀」（土地と穀物の祭祀をあまねくおこなうことはできないので、社稷を設けてもっぱらこれをまつった。）

（31）『書経』「泰誓上」十条に「類于上帝。宜于冢土」とある（レッグ『中国古典』第三巻第二冊二八七頁）。

［31］『尚書正義』巻十一「泰誓上」十三経注疏整理委員会編、北京大学出版社、二〇〇〇年、三二四頁「類于上帝。宜于冢土」（上帝に［天をまつる］類の祭をおこない、土盛りの社に［出陣を祝う］宜の祭をおこなう。）

『礼記』も天子の出陣にあたり類と宜の祭祀が執行されたことを述べる。訳注［164］参照。

『礼記正義』第五「王制」四三一頁「天子将出征。類乎上帝。宜乎社」（天子が今しも出陣するとき、上帝に類の祭をおこない、社で宜の祭をおこなう。）

「レッグ『中国古典』第三巻」とあるのは、イギリスの中国学者ジェームズ・レッグが一八六五年に刊行した『書経』の原文ならびに英訳である。該当箇所は「神に特別な供えをささげ、大地にふさわしい奉仕をはたす」と訳されている。James Legge, *The Chinese Classics*, III/2, The Shoo King, or the Book of Chow, Trübner, London, 1865, p.287.

（32）『詩経』大雅第一、頌歌第三に「迺立冢土。戎醜攸行」とある（レッグ『中国古典』第四巻第二冊四四〇頁）。

［32］『毛詩正義』大雅文王之什「緜」十三経注疏整理委員会編、北京大学出版社、二〇〇〇年、一一六〇頁「迺立冢土。戎醜攸行。冢大。戎大。醜衆也。冢土大社也」（そうして土盛りの社を築いた。多くの者がここに向かう。［注に言う。］冢は大、戎は大、醜は衆。冢土は大社をいう。）

「レッグ『中国古典』第四巻」とあるのは、レッグが一八七一年に刊行した『詩経』の原文ならびに英訳である。該当箇所は「人々は土地の神霊の祭壇を築いた。あらゆる活動がここから生じるであろう」と訳されている。Legge, *The Chinese Classics*, IV/2, The She King, or the Book of Poetry, Trübner, London, 1871, p.440.

（33）蔡邕（一三三～一九二年）の『独断』に「天子社稷土壇方広五丈。諸侯半之」とある（漢魏叢書、一〇紙表）。同じく杜佑の『通典』巻四十五に引く『春秋大義』に「天子社壇博五丈。諸侯半之」とある（九紙裏）。『隋書』巻三十二は『春秋立義』の書名をあげ、六世紀初頭の崔霊恩の著としている（七紙表）。『通典』に引く『春秋大義』とはこの書物のことではないか。『通典』にはさらに「天子之社。則以五色土各依方色為壇。広五丈。諸侯則但用当方之色為壇」とある（九紙裏）。すなわち「天子の社については、方角に応じてふりわけた五色の土で祭壇をつくった。土の色は方角のそれぞれに対応する。祭壇の大きさは五十歩四方である。諸侯の社については、領地の方角にあてはまる色の土を選んで祭壇をつくった」という。宋代（九六〇～一二七八［九］年）にはこの規格が踏襲されていた。『宋史』巻百二に「太社の祭壇の大きさは五十歩四方、高さは五歩である。五色の土でつくられている。稷の祭壇はその西にあり、同じ規模である」とある（[上海図書集成印書局本]一紙表）。

［33］『独断』巻上、九頁「天子社稷。土壇方広五丈。諸侯半之」（天子の社稷は一辺五丈の方形の土壇で、諸侯の社稷はその半分の大きさである。）

『通典』巻四十五「社稷」中華書局、一九八八年、一二六四頁「天子之社。則以五色土各依方色為壇。広五丈。春秋大義曰。天子社壇博五丈。諸侯半之。諸侯則但用当方之色為壇」（天子の社は五色の土をそれぞれの方角［四方中央］の色にしたがい土壇を築いた。一辺五丈の大きさである。［注に］『春秋大義』によれば、天子の社の土壇は［一辺］五丈の大きさで、諸侯の社はその半分の大きさという。諸侯の社はすなわち該当する色［の土］を用いて土壇を築いた。）

『隋書』巻三十二「経籍志一」九二九頁「春秋左氏伝立義十巻崔霊恩撰」（『春秋左氏伝立義』十巻、崔霊恩の撰述である。）

なお、原注は『隋書』「経籍志」を「巻四十六」としているが誤記であろう。『旧唐書』と『新唐書』にも同じ記事がある（『旧唐書』巻四十六「経籍志上」中華書局、一九七五年、一九七八頁「春秋立義十巻崔霊恩撰」。『新唐書』巻四十六「藝文志一」中華書局、一九七五年、一四三八頁「崔礼恩立義十巻」）。

崔霊恩の伝は『梁書』「儒林伝」に見え、著書に『左氏経伝義』二十二巻、『左氏条例』十巻などがある。ここには『春秋立義』の記載はない。

『梁書』巻四十八「儒林伝」中華書局、一九七三年、六七六頁「崔霊恩。清河東武城人也。（中略）桂州刺史卒官。霊恩集注毛詩二十二巻。集注周礼四十巻。制三礼義宗四十七巻。左氏経伝義二十二巻。左氏条

例十巻。公羊穀梁文句義十巻」（崔霊恩は清河郡東武城県［現山東省武城県］の人である。（中略）桂州刺史をもって官を終える。『集注毛詩』二十二巻、『集注周礼』四十巻、『制三礼義宗』四十七巻、『左氏経伝義』二十二巻、『左氏条例』十巻、『公羊穀梁文句義』十巻を著した。）

『宋史』巻百二「礼志五」中華書局、一九七七年、二四八三頁「太社壇広五丈高五尺。五色土為之。稷壇在西。如其制」（太社の土壇の大きさは一辺五丈、高さ五尺である。五色の土でこれを築いてある。稷の祭壇はその西にあり、同じ規定にもとづいている。）

（34）『春秋大伝』は佚書である。『漢書』「藝文志」にも見えない。

［34］陳立は『史記』所載の「春秋大伝」を『白虎通』所載の「春秋伝」と同一と解する。『白虎通』の記事は訳注［36］参照。

（35）この文章は周代の版図のうち中央に位置する封土をさすのだろう。漢代にはこれに言及するものはない。そうすると『春秋大伝』の記述は周代の歴史的な状況に対応すると考えられる。

［35］次注に引く「春秋大伝」からの引用は東西南北の封土について述べたあと、「封於上方者取黄土」としている。シャヴァンヌはこれを「最上の領地をさずかる者は黄色い土を受け取る」と解した。周王室と同姓の諸侯が治めたところは国都の近くに位置する。このことは漢代の書物には言及されておらず、たとえば『史記集解』が引く後漢末の張晏の文には、諸侯を封ずるときはその領地の方角の色の土を附与するとだけある。

『史記』巻六十「三王世家」二五五三頁「小子閎。受茲青社。［集解］張晏曰。王者以五色土為太社。封四方諸侯。各以其方色土与之」（［皇帝は命じた。］「小子閎よ。この青い社土を受けよ」と。［『史記集解』に］張晏は言う。王は五色の土で太社を造る。四方に諸侯の領地をさずけるときは、それぞれの方角の色の土をこれにあたえる。）

（36）『史記』巻六十に「諸侯王始封者。必受土於天子之社。帰立之以為国社。以歳時祠之。春秋大伝曰。天子之国有泰社。東方青。南方赤。西方白。北方黒。上方黄。故将封於東方者取青土。封於南方者取赤土。封於西方者取白土。封於北方者取黒土。封於上方者取黄土。各取其色物。裹以白茅。封以為社。此始受封於天子者也。此之為主土。主土者。立社而奉之也」とある（四紙裏）。

［36］『史記』巻六十「三王世家」二五五八頁「諸侯王始封者。必受土於天子之社。帰立之以為国社。以歳時祠之。春秋大伝曰。天子之国有泰社。東方青。南方赤。西方白。北方黒。上方黄。故将封於東方者取青土。封於南方者取赤土。封於西方者取白土。封於北方者取黒土。封於上方者取黄土。各取其色物。裹以白茅。封以為社。此始受封於天子者也。此之為主土。主土者。立社而奉之也」（諸侯の王がはじめて領地をたまわるとき、かならず天子の社から土をいただき、領地におもむくとその土を敷いて国社を築き、ふさわしい時節にこれをまつった。『春秋大伝』に言う。「天子のもとに泰社がある。東側は青い土、南側は赤い土、西側は白い土、北側は黒い土、上部は黄色い土である。そのため東に領地をたまわる者は青、南に領地をたまわる者は赤、西に領地をたまわる者は白、北に領地をたまわる者は黒、中央に領地をたまわる

者は黄色い土をいただく。それぞれの色の土をいただいて白い茅で包み、［領地に］その土を盛って社を築く。こうしてはじめて天子から領地をたまわる。これこそが主《もと》となる土である。この主となる土によって社を設け、人々がこれを奉じたのである。）

後漢の班固の『白虎通』は次のように言う。

『白虎通疏証』巻三「社稷」九一頁「其壇大如何。春秋文義曰。天子之社稷広五丈。諸侯半之。其色如何。春秋伝曰。天子有大社也。東方青色。南方赤色。西方白色。北方黒色。上冒以黄土。故将封東方諸侯。取青土。苴以白茅。各取其面為封社。明土謹敬潔清也。［疏証］文義通典作大義。案漢志亦無春秋大義。未知出何書。（中略）史記三王世家載春秋大伝。（中略）則此之春秋伝。即史記所引之大伝也」（［王の社の］その土壇の大きさはどれほどか。『春秋文義』に言う。「天子の社稷は一辺五丈の大きさで、諸侯の社稷はその半分の大きさである」と。土壇の色はどのようか。『春秋伝』に言う。「天子は大社を有している。［土壇の］東側は青色［の土］、南側は赤色［の土］、西側は白色［の土］、北側は黒色［の土］、上部は黄色の土をかぶせてある。そのため東に領地をたまわる諸侯は青い土をいただき、それを白い茅で包む。それぞれ［大社の］側面から土をいただいて［諸侯の］社を築く。その土が謹んで敬うべき清浄なものであることをあきらかにするのである」と。［陳立は『白虎通疏証』に言う。］『春秋文義』を『通典』は『春秋大義』とする。『漢書』「藝文志」を参照しても『春秋大義』の記載はない。どのような書物か未詳である。『史記』「三王世家」は『春秋大伝』を載せている。（中略）すなわちこれが『春秋伝』であり、したがって『史記』の引用する『春秋大伝』がこれである。）

陳立はここに見える「春秋文義」を『通典』が「春秋大義」と記すものと解した。ただし『漢書』「藝文志」には「春秋大義」の名は見えず、ともに不詳としている。記載内容から判断するかぎり、『白虎通』所載の「春秋文義」と『通典』所載の「春秋大義」は同一であり、『白虎通』所載の「春秋伝」と『史記』所載の「春秋大伝」は同一ではないか。すべて佚書であり、正史の「藝文志」や「経籍志」には記載がない。

(37)『史記』巻六十に「維六年四月乙巳。皇帝使御史大夫湯廟立子閎為斉王。曰於戯小子閎。受茲青社。朕承祖考。維稽古建爾国家。封于東土」とある（三紙表）。

[37]『史記』巻六十「三王世家」二一五五三頁「維六年四月乙巳。皇帝使御史大夫湯廟立子閎為斉王。曰於戯小子閎。受茲青社。朕承祖考。維稽古建爾国家。封于東土」（このとき元狩六年［前一一七年］四月乙巳［二十八日］、皇帝は御史大夫の湯に命じ、宗廟において皇子閎を斉王に立てさせ、そして言う。「さあ、小子閎よ、この青い社土を受けよ。朕は父祖を受けつぎ、ここに往古にならってそなたの国を建て、東の土地に領地をさずけよう」と。）

(38)これは郷亭と呼ばれる。この語は『後漢書』巻三十八［志第二十八］の列侯に関する記事に見える。そこには「功績の大なる者は領地として県をたまわり、小なる者は郷もしくは亭をたまわった」とある（五紙表）。すなわち郷と亭は県の下に置かれた行政区分であった。

[38]『後漢書』志第二十八「百官志五」三六三〇頁「列侯。所食県為侯国。（中略）功大者食県。小者食郷亭」（列侯は食邑［領地］とされた県をその侯国とする。（中略）功績の大きい者は県を食邑とし、小さい

者は郷か亭を食邑とする。）

（39）『独断』に「天子大社。以五色土為壇。皇子封為王者。受天子之社土。以所封之方色。東方受青。南方受赤。他如其方色。苴以白茅授之。各以其所封之方色帰国。以立社。故謂之受茅土。漢興以皇子封為王者得茅土。其他功臣及郷亭他姓公侯。各以其戸数租入為限。不受茅土。亦不立社也」とある（二五紙表）。これを『初学記』（皇清経解続編、一二三〇巻一三紙裏）に引く『漢旧事』の一節と比較したい。

［39］『独断』巻下、二三頁「天子大社。以五色土為壇。皇子封為王者。受天子之社土。以所封之方色。東方受青。南方受赤。他如其方色。苴以白茅授之。各以其所封之方色帰国。以立社。故謂之受茅土。漢興以皇子封為王者得茅土。其他功臣及郷亭他姓公侯。各以其戸数租入為限。不受茅土。亦不立社也」（天子の大社は五色の土で壇を築く。皇子で王に封じられる者は、天子の社から土をたまわる。領地としてさずかる方角の色［の土］であり、東方［の領地］であれば青、南方であれば赤、ほかはその方角の色［の土］であり、白い茅に包んでこれをいただく。それぞれが領地としてさずかる方角の色［の土］で、その国におもむいて社を設けた。それだからこれを「茅の土をたまわる」というのである。漢王朝が成立してから、皇子で王に封じられる者［だけ］が茅の土をたまわった。そのほかの功績のあった臣下および郷亭を領地とする王族以外の氏姓の公爵や侯爵は、それぞれの戸数に見合った税収を得るのみで、茅の土をたまわることはなく、社もまた設けなかった。）

『初学記』中華書局、一九六二年、三二五頁「漢旧事曰。天子大社。以五色土為壇。封諸侯者。取其方

面土。苴以白茅授之。各以其方色。以立社於其国。故謂之受茅土」（『漢旧事』に言う。「天子の大社は五色の土で壇を築く。領地をさずかる諸侯はその方角の土を取って、白い茅に包んでこれをいただく。それぞれの方角の色［の土］でその国の社を設けた。それだからこれを「茅の土をたまわる」という」と。）

（40）このことは『漢官解詁』からの引用によって確認できる（平津館叢書、一〇紙裏）。

［40］『漢官解詁』「列侯」中国史学基本典籍叢刊、中華書局、一九九〇年、二二頁「諸王受封。皆受茅土。帰立社稷。本朝為宮室。自有制度。至於列侯帰国者。不受茅土。不立宮室」（諸侯の王は領地をさずかると、みな茅土をたまわり［領地に］おもむいて社稷を設けた。漢王朝は王宮を建て、自家の制度をさだめた。列侯に挙げられ領地とする国におもむく者は、茅土をたまわることがなく［社稷を設けず］、宮殿を建てることもなかった。）

（41）『隋書』巻九に「諸王五等開国及郷男恭拝。以其封国所在方。取社壇方面土。包以白茅。内青箱中。函方五寸。以青塗飾。封授之。以為社」とある（二紙表）。隋代以降は記録が十分でない。しかし唐代には封土［領地］の授与は依然として「社の土によって」おこなわれていたであろう。宋代には太社の土壇は五色の土で築かれている（『宋史』巻百二、一紙表）。ただし、これが封土の授与に用いられたかどうかはわからない。

［41］『隋書』巻九「礼義志四」一七五頁「諸王五等開国及郷男恭拝。以其封国所在方。取社壇方面土。包以白茅。内青箱中。函方五寸。以青塗飾。封授之。以為社」（諸侯の王、五等爵位の建国の功臣および郷

党の男爵はうやうやしく拝礼したのち、それぞれ領地とする国の方角にあわせて社の土壇の方角の土をいただく。白い茅にそれを包み、五寸立方の青い箱におさめ、青く塗り固めて装飾をほどこす。領地にこれをさずかって社を設けるのである。）

『宋史』巻百二「礼志五」二四八三頁「太社壇広五丈高五尺。五色土為之」（太社の土壇は一辺五丈、高さ五尺で、五色の土でつくられていた。）

(42)『周書』第四十八に「封人社壝。諸侯受命於周。乃建大社于国中。其壝東青土。南赤土。西白土。北驪土。中央亹以黄土。将建諸侯鑿取其方一面之土。燾以黄土。苴以白茅。以為社之封。故曰受列土於周室」とある。『周書』もしくは『逸周書』は漢魏叢書に収めてあるが、ほかにも版本が数種ある。

〔42〕『逸周書』第四十八「作雒解」四部備用史部、中華書局、一九八九年、四〇頁「封人社壝。諸侯受命於周。乃建大社于国中。其壝東青土。南赤土。西白土。北驪土。中央亹以黄土。将建諸侯鑿取其方一面之土。燾以黄土。苴以白茅。以為社之封。故曰受列土於周室」（「国を守る官吏である」封人は社に土盛りし、諸侯は周の王室から「そこで」命を受けた。すなわち国の中央に大社を設け、その土盛りの東側は青い土、南側は赤い土、西側は白い土、北側は黒い土、中央は黄色い土をかぶせてあった。諸侯が「国を」建てるときは「土盛りの」その方角をうがって土を取り、黄色い土で覆い、白い茅で包んで、社の封土「授与のしるし」とした。それだから周の王室より封土「領地」を分かち受けると称する。）

（43）［『書経』「禹貢」に］「厥貢惟五色土」とある［第三巻一〇五頁］。
［43］『尚書正義』巻六「禹貢」一七一頁「厥貢惟五色土」（その献上品は五色の土である。）

『史記』巻二「夏本紀」七一頁「［徐州］貢維土五色。［正義］太康地記云。城陽姑幕有五色土。封諸侯。錫之茅土。用為社。此土即禹貢徐州土也」（［徐州の］献上品は五色の土である。［『史記正義』は言う。］『太康地記』に「城陽国の姑幕県［現山東省諸城県］は五色の土を産し、諸侯が領地をたまわるとき、これを茅の土としてさずかり、社を設けるのに用いた。この土がすなわち［『書経』の］「禹貢」に記された徐州の土である」という。）

（44）［孔安国『尚書正義』に］「王者封五色土為社。建諸侯則各割其方土与之。使立社。燾以黄土。苴以白茅。茅取其潔。黄取其王者覆四方」とある［参照した刊本は示してない］。
［44］『尚書正義』巻六「禹貢」一七一頁「王者封五色土為社。建諸侯則各割其方土与之。使立社。燾以黄土。苴以白茅。茅取其潔。黄取其王者覆四方」（王は五色の土を用いて社を設けた。諸侯［の国］を建てるときはその方角の土を割いてあたえ、［それぞれの国で］社を設けるのに使わせた。［その土を］黄色い土で覆い、白い茅で包んだ。茅はそれが潔白であることにちなみ、黄色は王が東西南北に君臨することにちなむ。）


つづく本文に『説文』の「封」字の解釈が出てくる。原著はこの引用について注を示していないため、ここで補いたい。

『説文』十三篇下「封」上海古籍出版社、一九八八年、六八七頁「封。爵諸侯之土也。从之土。从寸。

寸守其制度也。（中略）籒文封。从丰土」（封とは諸侯に爵位をさずけることを意味する土であり、「封の字は」「土」にしたがう。「寸」にしたがうのはその制度を守ることを意味する。（中略）籒文［大篆］の封の字は［草の生いしげりを意味する］「丰」と「土」にしたがう。）

同じく本文に「草と土によって」および「枝と芝によって」とあるのは、封土授与を意味する慣用句として中世のヨーロッパで頻繁に用いられた表現である。以下に用例が示してある。Du Cange, *Glossarium mediae et infimae latinitatis*, IV, nova ed. Léopold Favre, Librairie des Sciences et des Arts, Paris, 1938, col.411b: "investitura per herbam et terram; per ramum et cespitem".

三　社の祭壇（下）

(45)『後漢書』巻十九に「建武二年。立太社稷于雒陽。……無屋。有牆門而已」とある（三紙裏）。

［45］『後漢書』志第九「祭祀志下」三二〇〇頁「建武二年。立太社稷于雒陽。［在宗廟之右。方壇］無屋。有牆門而已」（建武二年に雒陽に太社と稷を立てた。［宗廟の右側に位置し、方壇で］屋根はなく、囲いと門があるだけだった。）

(46)『書経』「序」に「湯既勝夏。欲遷其社。不可。作夏社。疑至。臣扈」とある（第三巻四〜五頁）。すなわち「湯王が夏王朝を滅ぼしたとき、その社を奪おうとしてなし得なかった。「夏社」と「疑至」と「臣扈」（以上は散佚した『書経』の三篇である）はこのとき書かれた」という。

［46］『尚書正義』巻八「湯誓」二三〇頁「湯既勝夏。欲遷其社。不可。作夏社。疑至。臣扈。［孔安国伝］言夏社不可遷之義。疑至及臣扈。三篇皆亡」（湯王は夏王朝を破ったのち、その社を移そうとしたがはたせなかった。「夏社」と「疑至」と「臣扈」は［このとき］書かれた。［孔安国は注に］言う。夏王朝の社を移せなかった次第を記す［「夏社」と］「疑至」と「臣扈」の三篇はいずれも伝わらない。）

原注に引かれた「序」について、レッグは孔子撰とされる「序」を『書経』の独立の一篇と見なした(Legge, *The Chinese Classics*, *op. cit.*, III, pp.4-5)。シャヴァンヌはこれがもともと『書経』の一篇としてあったものとは考えない。司馬遷の時代にはおそらくそうであったろう。これがほぼ現在の通説とされている。この問題については以下を参照。Chavannes, *Les mémoires historiques de Se-ma Ts'ien*, I, Ernest Leroux, Paris, 1895, p.cxxxv; 岩村忍訳『司馬遷と史記』新潮社、一九七四年、一二八頁。

(47)『竹書紀年』に「始屋夏社」とある（レッグ『中国古典』第三巻第一冊一二九頁）。すなわち「はじめに夏王朝の社を屋内に封じた」という。

［47］『竹書紀年』巻上「殷商成湯」四部備用史部、中華書局、一九八九年、一〇頁「十八年癸亥王即位居亳。始屋夏社」（十八年癸亥［前一五四五年］に湯王が即位し亳に居を定めた。はじめに夏王朝の社を屋根で覆った。）

「レッグ『中国古典』第三巻」とあるのは、レッグが一八六五年に刊行した『竹書紀年』の原文ならびに英訳である。該当箇所は「王は［即位して］最初に、夏の王家が献じた土地の精霊の祭壇を屋根で覆った」と訳されている。James Legge, *The Chinese Classics*, III/1, The Annals of the Bamboo Books, Trübner,

London, 1865, p.129.
つづく本文にタルクィニウス・スペルブスの名が出てくる。ローマ王政時代の最後の王（前五三五～五〇九年在位）で、ローマのカピトーリーヌスの丘にユーピテルの神殿を築いた。ティトゥス・リーウィウスの『ローマ建国史』によれば、神々の祠が撤去されたなかでテルミヌスの座だけは動かすことができなかったという。Titus Livius, *Ab urbe condita libri*, I/55, V/54; Désiré Nisard, *Œuvres de Tite-Live*, I, Firmin Didot, Paris, 1869, p.49, 268.

(48)『礼記』「郊特牲」に「天子大社。必受霜露風雨。以達天地之気也。是故喪国之社。屋之不受天陽也。薄社北牖。使陰明也」とある（第一巻五八六～五八七頁）。

［48］『礼記正義』第十一「郊特牲」九一七頁「天子大社。必受霜露風雨。以達天地之気也。是故喪国之社。屋之不受天陽也。薄社北牖。使陰明也」（天子の大社は［屋根で覆わず］霜や露や風や雨がじかにかかる。天の気と地の気が通じあうようにしたのである。それだから滅亡した国の社は屋根で覆って、天の陽の気を受けられないようにした。［殷の国都の］薄の社は北側に窓をうがち、陰の気にさらされるようにしてある。）

(49)『周礼』「喪祝」に「喪祝……掌勝国邑之社稷之祝号」とある（第二巻九九頁）。

［49］『周礼注疏』巻二十六「春官喪祝」八〇四頁「喪祝掌大喪勧防之事。（中略）掌勝国邑之社稷之祝号。以祭祀禱祠焉。［鄭注］勝国邑所誅討者。社稷者若亳社是矣。存之者重神也。蓋奄其上而桟其下。為北牖」（喪祝

は大喪のおりに［柩車の］進行と防御をつかさどる。（中略）攻め滅ぼされた国の社稷に祈り唱えることをつかさどり、祭祀と祈禱をおこなった。［鄭玄の注に言う。］勝国邑とは攻め滅ぼされた国をいう。その社稷とは［殷王朝の］亳社のようなものをいう。これを残しておくのは社の神を重んずるからである。社の上を覆い隠し、その下に木材を敷きわたし、北側に窓をうがった。）

（50）『周礼』「士師」に「士師……若祭勝国之社稷。則為之尸」とある（第二巻三三二～三三三頁）。

［50］『周礼注疏』巻三十五「秋官士師」一〇八五頁「士師之職。掌国之五禁之灋以左右刑罰。（中略）若祭勝国之社稷。則為之尸。［鄭注］以刑官為尸。略之也。周謂亡殷之社為亳社」（士師の職は国家の五つの禁令をつかさどり、刑罰を補佐する役をになう。（中略）もしも攻め滅ぼされた国の社稷をまつるときは［供えものを受ける］かたしろとなる。［鄭玄の注に言う。］刑罰にたずさわる役人をかたしろに立てるのは略儀である。周王朝は滅んだ殷の社を亳社と呼んだ。）

（51）『周礼』「媒氏」に「凡男女之陰訟聴之于勝国之社」とある（第一巻三〇八～三〇九頁）。

［51］『周礼注疏』巻十四「地官媒氏」四三一頁「媒氏掌万民之判。（中略）凡男女之陰訟。聴之于勝国之社。［鄭注］陰訟争中冓之事以触法者。勝国亡国也。亡国之社。奄其上而栈其下。使無所通」（媒氏はあまたの民の婚姻をつかさどる。（中略）およそ男女間の性にかかわる訴訟は、攻め滅ぼされた国の社においてこれを聴聞する。［鄭玄の注に言う。］陰訟とは閨房の争いごとで法に触れるものをいう。勝国とは［攻められて］

滅亡した国をいう。滅亡した国の社は、その上を［屋根で］覆い隠し、その下に木材を敷きわたし、［気の］通じるところをなくした。）

（52）『独断』に「亡国之社。古者天子亦取亡国之社以分諸侯。使為社。以自儆戒。屋之。掩（別本は「奄」とする）其上使不得通天。柴其下使不得通地。自於天地絶也。面北向陰。示滅亡也」とある（一〇紙表）。

［52］『独断』巻上、八頁「亡国之社。古者天子亦取亡国之社。以分諸侯。使為社。以自儆戒。屋之奄［原注「掩」］其上。使不得通天。柴其下使不得通地。自於天地絶也。面北向陰。示滅亡也」（滅亡した国の社については、昔は天子が滅亡した国の社を接収し、諸侯に分けあたえてそれぞれの社とさせた。それによってみずからを戒めるためである。社の上を屋根で覆い、天［の気］と通じさせないようにし、その下をふさいで地［の気］と通じさせないようにした。こうしておのずから天と地と隔絶させたのである。北側をあけて陰の気に向かわせたのは、滅亡したものであることを示すためである。）

（53）『春秋公羊伝』［以下『公羊伝』と略称する］哀公四年［前四九一年］に「其言災何。亡国之社蓋揜之。揜其上而柴其下」とある［『公羊義疏』皇清経解続編、一二六一巻一七紙表］。

［53］『春秋公羊伝注疏』（以下『公羊伝注疏』と略称する）哀公四年、十三経注疏整理委員会編、北京大学出版社、二〇〇〇年、六八九頁「六月辛丑。蒲社災。蒲社者何。亡国之社也。社者封也。其言災何。亡国之社蓋揜之。揜其上而柴其下。何以書。記災也」（六月辛丑に薄社が罹災した。薄社とは何かといえば、

それは滅亡した国の社である。その社は封じこめられていた。その災害について言うのはなぜか。滅亡した国の社はこれに屋根をかぶせてその上を覆い、土台に柴垣を据えた。そのために罹災したという事実を記録するためである。）

（54）『春秋穀梁伝』［以下『穀梁伝』と略称する］哀公四年［前四九一年］に「亡国之社以為廟屏。戒也。其屋亡国之社。不得達上也」とある［参照した刊本は示してない］。

［54］『春秋穀梁伝注疏』（以下『穀梁伝注疏』と略称する）哀公四年、十三経注疏整理委員会編、北京大学出版社、二〇〇〇年、三八七頁「六月辛丑。亳社災。亳社者亳之社也。亳亡国也。亡国之社以為廟屏。戒也。其屋亡国之社。不得達上也」（六月辛丑に亳社が罹災した。亳社とは［殷の国都の］亳の社である。亳は滅亡した国である。滅亡した国の社は宗廟の防壁に用いて戒め［のしるし］とした。滅亡した国の社には屋根をかけ、上に［ある天の気に］達することがないようにした。）

（55）『春秋左伝』［以下『左伝』と略称する］閔公二年［前六六〇年］に「在公之右。間于両社」とある（レッグ『中国古典』第五巻一二九頁）。

［55］『春秋左伝正義』（以下『左伝正義』と略称する）閔公二年、十三経注疏整理委員会編、北京大学出版社、二〇〇〇年、三五三頁「成季之将生也。（中略）卜之。曰男也。其名曰友。在公之右。間于両社。為公室輔。季氏亡。則魯不昌」（［公子］成季が誕生するときだった。（中略）卜者が占って言う。「男子でその名を友という。大公の右［にいる執政］となり、［魯国の社と亳社の］ふたつの社のあいだで、公室を

輔佐する者となろう。季氏が滅びれば魯はさかえなくなる」と。）

「レッグ『中国古典』第五巻」とあるのは、レッグが一八六五年に刊行した『左伝』の原文ならびに英訳である。該当箇所は「その場所は大公の右、土地のふたつの祭壇のあいだに位置するだろう」と訳されている。James Legge, *The Chinese Classics*, V/1, The Ch'un ts'ew with the Tso chuen, Trübner, London, 1865, p.129.

（56）『左伝』襄公三十年［前五四三年］の記事である（五五六頁）。

［56］『左伝正義』襄公三十年、一二八三頁「或叫於宋大廟。曰譆譆出出。鳥鳴於亳社。如曰譆譆。甲午宋大災。宋伯姫卒。侍姆也」（宋の国の大廟で何者かの叫ぶ声がした。「ああ、ああ、出たい、出たい」という声だった。亳社で鳥が鳴いた。「ああ、ああ」と叫んだように聞こえた。［五月］甲午の日、宋の国で大火があり、宋の伯姫が焼死した。付き添いの女官［が助けに来るの］を待っていたためである。）注（181）参照。

（57）司馬遷の『史記』巻三十三に「魯有天子礼楽者。以褒周公之徳也」とある（三紙裏）。

［57］『史記』巻三十三「魯周公世家」一八三四頁「成王乃命魯得郊祭文王。魯有天子礼楽者。以褒周公之徳也」（［周の］成王は魯に命をくだし、郊の祭をおこなうことと文王を［祖として］まつることをゆるした。魯に天子の礼法と音楽が伝わったのは、周公の遺徳をたたえたからである。）

(58)『白虎通』巻三に「王者諸侯必有誡社者何。示有存亡也。明為善者得之。為悪者失之」とある(三紙表)。

[58]『白虎通疏証』巻三「社稷」八六頁「王者諸侯必有誡社者何。示有存亡也。明為善者得之。為悪者失之」(王と諸侯のもとにかならず誡社があるのはなぜか。存続と滅亡[の大義]があることを示すためである。善政をおこなった者は存続し、悪政をおこなった者は滅亡したことをあきらかにしたのである。)

(59)杜佑『通典』巻四十五の記事である(八紙裏)。

[59]『通典』巻四十五「社稷」一二六三頁「周制天子立三社。祭法云。王為群姓立社曰大社。於庫門内西立之。王自為立社曰王社。於籍田立之。亡国之社曰亳社。廟門之外立之。諸侯立三社。祭法云。諸侯為百姓立社曰国社。於皐門之西立之。自為立社曰侯社。亦於籍田中立之。亳社」(周の制度では天子は三つの社を設けた。『礼記』「祭法」に「王があまたの民のために設ける社を大社という」とある。[天子五門のうち]庫門の内の西側にこれを設けた。[「祭法」に]「王が自身のために設ける社を王社という」とある。[王がたがやす田である]籍田にこれを設けた。滅亡した国の社を亳社という。宗廟の門の外側にこれを設けた。諸侯は三つの社を設けた。「祭法」に「諸侯が民のために設ける社を国社という」とある。[天子五門のうち]皐門の西側にこれを設けた。[「祭法」に]「[諸侯が]自身のために設ける社を侯社という」とある。これまた籍田のなかに設け、さらに亳社を設けた。)

(60)『漢書』巻九十九上に「古者畔逆之国既以誅討。……四牆其社。覆上桟下。示不得通。弁社諸侯。出門見之。著以為戒。……及崇社宜如亳社以賜諸侯。用永監戒」とある（一四紙裏）。

［60］『漢書』巻九十九上「王莽伝上」四〇八四頁「［臣聞］古者畔逆之国。既以誅討。則其宮室以為汙池。（中略）四牆其社。覆上栈下。示不得通。弁社諸侯。出門見之。著以為戒。（中略）及崇社宜如亳社。以賜諸侯。用永監戒」（昔は叛逆をくわだてた国が誅伐されると、すぐさまその宮殿の地は汚水の池にされた。（中略）その社は四方を塀で囲い、上を屋根で覆い下に木材を敷きわたし、［天地の気と］通じることができないようにさせた。諸侯に社を分かち、門を出ればこれを見られるようにし、あらわな戒め［のしるし］とした。（中略）さらに［王莽に叛逆をくわだてた］劉崇の侯社は亳社のように諸侯に下賜され、ながらくみせしめにして戒めるべきものとされた。）

ただし亡国といえども子孫は根絶させない。先祖の祭祀がとだえると祖霊は厲鬼《れいき》に変じて祟りをなす。その恐怖は甚大であり、祭祀をつづける子孫の存続は不可欠だった。『左伝』僖公三十一年の条に、鬼神はその親族にあらざれば「祀りを歆《う》けず」とある。先祖をまつるのは血のつながった子孫でなければならない。これを血食という。先祖の霊が血のしたたる生け贄を食することを意味する。前漢の高祖は秦に叛逆して敗死した陳勝のために血食を継続させている。『史記』「陳渉世家」に記事がある。亡国の社を存続させたのはこうした鬼神観に由来するところもあるだろう。

『左伝正義』僖公三十一年、五三九頁「鬼神非其族類。不歆其祀」（［先祖の］霊は自分の子孫からでなければ、その祭祀を受けいれない。）

『史記』巻四十八「陳渉世家」二三六四頁「高祖時為陳渉置守冢三十家碭。至今血食」（［漢の］高祖の時代に陳渉のために三十家の墓守を碭《とう》に置いた。今に至るまで祭祀がつづいている。）

四　社の樹木

（61）劉芳については『魏書』巻五十五を参照（［上海図書集成印書局本］六紙表～裏）。

［61］北魏の太常卿劉芳（四五二～五一二年）は、社に樹木を植えることについて世宗宣武帝（四九九～五一五年在位）に上疏した。そこに典籍からの引用がいくつもあり、本文にしばしば引用されている。全文は以下のとおりである。

『魏書』巻五十五「劉芳伝」中華書局、一九七四年、一二二五～二六頁「芳以社稷無樹。又上疏曰。依合朔儀注。日有変。以朱糸為縄。以繞係社樹三匝。而今無樹。又周礼司徒職云。設其社稷之壝。而樹之田主。各以其社之所宜木。鄭玄注云。所宜木。謂若松柏栗也。此其一証也。又小司徒封人職云。掌設王之社壝。為畿封而樹之。鄭玄注云。不言稷者。王主於社。稷。社之細也。此其二証也。又論語曰。哀公問社於宰我。宰我対曰。夏后氏以松。殷人以柏。周人以栗。是乃土地之所宜也。此其三証也。又白虎通云。社稷所以有樹何也。尊而識之也。使民望即見敬之。又所以表功也。案此正解所以有樹之義。了不論有之与無也。此其四証也。此云社稷所以有樹何。然則稷亦有樹明矣也。又五経通義云。天子太社王社。諸侯国社侯社。制度奈何。曰社皆有垣無屋。樹其中以木。有木者土。主生万物。万物莫善於木。故樹木也。此其五証也。此最其丁寧備解有樹之意也。又五経要義云。社必樹之以木。周礼司徒職曰。班社而樹之。各以土地所生。尚書逸篇曰。太社惟松。東社惟柏。南社惟栗。西社惟栗。北社惟槐。此其六証也。此又太社及四方皆有樹別之明拠也。又見諸家礼図。社稷図皆画為樹。唯誡社。誡稷無樹。此其七証也。雖弁有樹之拠。猶未正所

植之木。案論語称。夏后氏以松。殷人以柏。周人以栗。便是世代不同。而尚書逸篇則云。太社惟松。東社惟柏。南社惟栗。西社惟栗。北社惟槐。如此。便以一代之中。而五社各異也。愚以為宜植以松。何以言之。逸書云。太社惟松。今者植松。不慮失礼。惟稷無成証。乃社之細。蓋亦不離松也。世宗従之」（劉芳は社稷に樹木が植えられていないことについて、また上疏して言う。『合朔儀注』によれば、「太陽に異変［日蝕］があるとき、朱色の糸で縄を作り、社の樹木のまわりを三周めぐりつなげた」とある［注（106）に引用されている］。しかし今そうした樹木はない。また『周礼』「司徒職［大司徒］」に言う。「その［土地に］社稷の土壇を築き、田主すなわち土地をつかさどる神の樹木とするため、それぞれの土地［の土質］にふさわしい樹木を植えた」と［注（19）に引用］。鄭玄の注に言う。「土地にふさわしい樹木というのは、松や柏や栗のような樹木をいう」と［訳注［19］に引用］。これがその第一の明証である。また『周礼』「小司徒［地官司徒］」の封人職の項に言う。「王の社に土壇を築くことをつかさどる。境に土盛りしてそこに樹木を植える」と。鄭玄の注に言う。「稷について言及しないのは、王は社をつかさどり、稷は社の細則にすぎないからである」と［本文も注もシャヴァンヌの引用はない］。これがその第二の明証である。また『論語』［「八佾」］に言う。「［魯の］哀公が社［の樹木］について［孔子門下の］宰我に質問した。宰我は答えて言う。『夏王朝の君子は［社に］松を植えた。殷王朝の人々は柏を植えた。周王朝の人々は栗を植えた』」と［注（68）に引用］。これはすなわち土地［の土質］にふさわしいものを選んだのである。これがその第三の明証である。また『白虎通』［「社稷」］に言う。「社稷に樹木がある理由は何か。それを尊び知らしめるためである。樹木は民が遠くからでも見ることができ、そうして崇敬できるようにする。さらに社の功績を顕彰するためである」と［注（75）にシャヴァンヌの訳文掲載］。この文章をかえりみると樹木がある理由の正しさが了解でき、もはや論ずるまでもないことがわかる。これがその第四の明証である。ここに「社稷に樹木がある理由は何か」とあり、それならば稷にもまた樹木があることも［その理由は］明白となる。また『五経通義』に言う。「天子の太社と王社、諸侯の国社と侯社［の形式］にかかわる制度はどのようにさだめられているのか。それはすなわち、社はいずれも囲いをめぐらせていたが、屋根で覆われてはいない。その中央に樹木を植えてある。樹木があるのは、土があらゆる生きものの命をつかさどり、あらゆる生きもののなかで樹木よりも大きなものはない。それだから樹木を植えたのだ」と［注（77）にシャヴァンヌの訳文掲載］。これがその第五の明証である。この説明がもっとも的確に社に樹木のある意義を説きあかしている。また『五経要義』に言う。「社にかならず樹木をもってこれを植える」と［シャヴァンヌの引用なし］。『周礼』の司徒職の項に言う。「社ごとに分けてこれを植える。それぞれの土地に生育する樹木とする」と［現行本の『周礼』にこのままの文はない。シャヴァンヌの引用なし］。『尚書逸篇』に言う。「太社にはこれ松、東の社にはこれ柏、南の社にはこれ栗、西の社にはこれ栗、北の社にはこれ槐《えんじゅ》［を植える］」と［注（67）に引用］。これがその第六の明証である。この文章もまた、太社および四方の社にそれぞれ別々の樹木があったことのあきらかな根拠となる。また諸家の『礼図』を見ると、社稷の図にはいずれも樹木が描いてある。ただ誡社と誡稷のみは樹木が［描かれて］ない［注（79）に引用］。これがその第七の明証である。ここまで［社に］樹木があったことをあきらかにしてきたが、なおいまだ植えるべき樹木を正しく見さだめてはいない。『論語』をかえりみると、「夏王朝の君子は［社に］松を植えた。殷王朝の人々は柏を植えた。周王朝の人々は栗を植えた」とたたえている。つまりこれは世代ごとに［選定を］たがえたのである。しかし『尚書逸篇』は「太社にはこれ松、東の社にはこれ柏、南の社にはこれ栗、西の社にはこれ栗、北の社にはこれ槐［を植える］」とした。つまりこれは一代の範囲のことである。しかし五つの社それぞれに［規模が］異なる。［臣は］愚かにも思うに、松の木を植えるのがよいのではないか。なぜそのように言うかといえば、『［尚書］逸書』に「太社にはこれ松」とある。今、松を植えることで礼を失うのを憂えることがない。ただし稷には明証となるものがないが、これは社の細則に属すからである。思うにまた松でたがうことはなかろう」と。世宗はこの上奏を聴許した。）

（62）［『説文』に］「各樹其土所宜木」とある［参照した刊本は示してない］。

［62］『説文解字注』第一篇上「示部」上海古籍出版社、一九八八年、八頁「社。地主也。从示土。春秋伝曰。共工之子句龍為社神。周礼二十五家為社。各樹其土所宜木」（社とは大地の主をいう。［偏は］示と［旁は］土にしたがう。『左伝』［昭公二十九年］に、共工の子の句龍を社の神にしたとある。『周礼』に二十五家で社を設けたとある［現行本には言及がない。あるいは「周代の礼制」の意か］。それぞれの社でその土地にふさわしい木を植えた。）

（63）四面を斜堤とし、土手のように築いた土壇を意味する。

［63］成都市近郊の羊子山遺跡から方形三段の土壇が出土しており、周代末から春秋前期の社の遺構かと推定された。上段へ向かって面積が縮小するので、斜堤ではないがそれに近い形状を示すと見てよい。類似する方形の土壇は四川省や浙江省からも出土している。以下を参照。樋口隆康「社稷の起源」『橿原考古

学研究所論集』第一四、二〇〇三年、二頁。

（64）『周礼』「大司徒」にある［注（19）に原文が引いてある］。本文で後述するとおり、前二〇〇年頃に豊《ほう》という村の社は枌楡《ふんゆ》と呼ばれていた。白い楡《にれ》のことで、社そのものが木の名で呼ばれたのである。それればかりか社のある地区まで同じ名で呼ばれた。これは『周礼』の記事にもとづいている。今なお［清朝末期の］中国では廟の名で呼ばれる地区が少なくない。

［64］訳注［19］参照。

（65）『書経』の失われた篇は「尚書逸篇」の名で呼ばれる。孔子の旧宅から出たという『書経』の古い本文［古文尚書］に属するものと考えられている（皇清経解続編、一二六七巻五紙裏参照）。

［65］皇清経解続編所収『白虎通疏証』は「尚書逸篇」に注して言う。「此孔壁古文也。孔壁古文雖見於漢時。両京諸儒但習其文字句読而已。故馬氏云絶無師説。鄭康成于今文二十九篇。古文十六篇外。皆注曰亡」（これは孔氏旧宅の壁の［なかから出てきた］古い文である。孔宅壁中の古い文は漢の時代に世に現れ、長安と洛陽の儒者たちがその文字と文章をひたすら習得しようとしたが解読するにとどまった。それだから馬融は手本とすべき解説がどこにもないとした。鄭玄は今に伝わる文二十九篇と［新たに出てきた］古い文十六篇のほかすべてに注釈をほどこし、これを亡失したものとした。）

この古文尚書は前漢武帝の時代に孔子の旧宅から発見され、当時知られていた二十九篇の『尚書』より十六篇多く、孔家の子孫である孔安国によって朝廷に献上されたという。これは『漢書』「藝文志」が記すところである。『史記』「儒林列伝」は孔家に伝えられた古い『尚書』と記すのみで、これを孔安国が当時通行していた文字に直したとする。後漢の王充の『論衡』は孔宅壁中からの発見を記し、これを読むことのできる学者がおらず、禁中の秘書にしたとする。この古文尚書はのちに失われ、現在は伝わらない。後漢の馬融と鄭玄がこれに注釈をほどこしたことは『旧唐書』と『新唐書』に記録されているが、いずれも現存しない。

『史記』巻百二十一「儒林列伝」三七七〇頁「孔氏有古文尚書。而安国以今文読之。因以起其家。逸書得十余篇。蓋尚書滋多於是矣」（孔子の家には古い文［文字］の『尚書』があったが、孔安国はこれを今の文［文字］で読み、それによって家学を立てた。散逸した書物から十篇あまりを集めたので、思うに『尚書』［の篇数が］いよいよ多くなったのはこれによる。）

『論衡校釈』巻二十八「正説篇」新編諸子集成、中華書局、一九九〇年、一一二一頁「至孝景帝時。魯共王壊孔子教授堂以為殿。得百篇尚書於牆壁中。武帝使使者取視。莫能読者。遂秘於中。外不得見」（景帝の時代に、魯の共王が孔子の家の講義室を壊して宮殿にしようとしたところ、土壁のなかから『尚書』百篇を見つけた。武帝は使者を遣わして視察させたが、読むことのできる者がいなかった。そこで宮中に秘蔵させ、外部から閲覧できなくした。）

『漢書』巻三十「藝文志」一七〇六頁「古文尚書者。出孔子壁中。武帝末。魯共王壊孔子宅。欲以広其宮。而得古文尚書及礼記論語孝経。凡数十篇。皆古字也。（中略）孔安国者孔子後也。悉得其書。以考二十九篇。得多十六篇。安国献之」（古文尚書は孔子の［旧宅の］壁のなかから出てきた。武帝の末年に魯の共王が孔子の旧宅を壊して、宮殿を拡張しようとしたところ、古い文の『尚書』と『礼記』『論語』『孝経』あわせて数十篇を見つけた。いずれも古い文字で書かれていた。（中略）孔安国は孔子の後裔である。この『尚書』をすべて入手し、考究したところ［伝存していた］二十九篇より十六篇多かった。孔安国はこれを［朝廷に］献上した。）

『旧唐書』巻四十六「経籍志上」一九六九頁「［古文尚書］又十巻馬融注」「又九巻鄭玄注」

『新唐書』巻五十七「藝文志一」一四二七頁「［古文尚書］馬融伝十巻」「鄭玄注古文尚書九巻」

(66)『白虎通』にある（五紙裏）。この引用は劉芳の上疏にも見える。

［66］『白虎通疏証』巻三「社稷」八九頁「社稷所以有樹何。尊而識之。使民望即見敬之。又所以表功也」（社稷に樹木がある理由は何か。それを尊び知らしめるためである。樹木は民が遠くからでも見ることができ、そうして崇敬できるようにする。さらに社の功績を顕彰するためである。）訳注［61］参照。これは劉芳の上疏のうち第四の明証にあたる。

(67)『白虎通』「社稷」に「尚書逸篇曰。大社唯松。東社唯柏。南社唯梓。西社唯栗。北社唯槐」とある（五紙裏）。この一節はどのように解釈すべきか。中央の一社と四方の四社の五つについて言うのか。天子の大社が中央の一社であるとしても、四方の社となると特定できない。

［67］『白虎通疏証』巻三「社稷」九〇頁「尚書逸篇曰。大社唯松。東社唯柏。南社唯梓。西社唯栗。北社唯槐」（『尚書逸篇』に言う。「大社にはこれ松、東の社にはこれ柏、南の社にはこれ梓、西の社にはこれ

栗、北の社にはこれ槐［を植える］」と。）訳注［61］参照。

（68）『論語』「八佾」に「哀公問社於宰我。宰我対曰。夏后氏以松。殷人以柏。周人以栗。曰使民戦栗」とある（レッグ『中国古典』第一巻二六頁）。すなわち「［魯の］哀公が社［の樹木］について［孔子門下の］宰我に質問した。宰我は答えて言う。「夏王朝の君主のもとでは松を用いた。殷王朝のもとでは柏を用いた。周王朝のもとでは栗を用いた。社は人を慄《おのの》かせる。栗の名がそれを思い出させるのだ」」という。

社の崇拝においてこれらの木がどんな役割をはたしたのか。宰我の答えは要領を得ない。ここではふたつの解釈にしぼってみたい。ひとつは劉芳の解釈である。夏と殷と周のそれぞれの社に松と柏と栗を［神木として］植えたという。もうひとつは後世の学者が固執した解釈である。社の主を作るためにこれらの木材を用いたという。私としては劉芳の解釈を支持したい。本文で後述するとおり、古代からずっと社の主は木材ではなく石材で作ったと考えられるからである。

［68］『論語注疏』第三「八佾」十三経注疏整理委員会編、北京大学出版社、二〇〇〇年、四五頁「哀公問社於宰我。宰我対曰。夏后氏以松。殷人以柏。周人以栗。曰使民戦栗」（哀公が社［の樹木］について宰我に質問した。宰我は答えて言う。「夏王朝の君子は松を選んだ。殷王朝の人々は柏を選んだ。周王朝の人々は栗を選んだ。民を戦慄［栗と慄は同音］させるためだと言われている」と。）訳注［61］参照。劉芳の上疏のうち第三の明証にあたる。

本文で述べてあるとおり、社は罪人を罰する場であり、訴訟を聞いて裁きをあたえる場であった。そこが民の恐れる場とされたのは十分な理由がある。

「レッグ『中国古典』第一巻」とあるのは、レッグが一八六一年に刊行した『論語』の原文ならびに英訳である。該当箇所は「哀公は宰我に土地の精霊の祭壇について問うた。宰我は答えて言う。「夏の君主は松を用いた。殷の人は柏を用いた。周の人は栗を用いたが、それは民を恐れさせるためである」」と訳されている。James Legge, *The Chinese Classics*, I, Confucian Analects, the Great Learning, and the Doctrine of the Mean, Trübner, London, 1861, p.26.

(69)　『荘子』「人間世」に「櫟無用則為社」とある（レッグ『東方聖典』第三九巻二一七頁）。

[69]　現行本『荘子』にこのままの文はない。以下がそれに該当するのではないか。

『荘子集釈』内篇「人間世」新編諸子集成、中華書局、一九八二年、一七〇頁「匠石之斉。至乎曲轅。見櫟社樹。（中略）弟子曰。趣取無用。則為社何邪」（大工の石《せき》が斉の国に行き、曲轅に至って櫟の社の木を見た。（中略）弟子が言った。「みずから用無しでいようと望んでいるのに、社［の神木］になったのはなぜか」と。）

「レッグ『東方聖典』第三九巻」とあるのは、レッグが一八九一年に刊行した『荘子』の英訳である。当該箇所は「［櫟の木は］無用であることを受けいれ、それでもなお土地の精霊のための祭壇の役目をはたそうとするのか」と訳されている。Legge, *The Texts of Tāoism*, The Sacred Books of the East, XXXIX, The Writings of Kwang-sze, Clarendon Press, Oxford, 1891, p.217.

(70)『淮南子』「説林訓」に「侮人之鬼者。過社而揺其枝」とある［参照した刊本は示してない］。

［70］『淮南鴻烈集解』巻十七「説林訓」新編諸子集成、中華書局、二〇一三年、七一二頁「過府而負手者。希不有盗心。故侮人之鬼者。過社而揺其枝」（倉庫の脇を通りすぎるとき手をうしろに組む者に、盗心がないことはめったにない。それだから人の鬼《き》［霊魂］をあなどる者は、社の脇を通りすぎるとき木の枝を揺さぶったりするのだ。）シャヴァンヌが本文で示した解釈はこれとは異なる。

(71)『韓非子』第三十四に「対曰。最患社鼠矣。公曰。何患社鼠哉。対曰。君亦見夫為社者乎。樹木而塗之。鼠穿其間。掘穴託其中。熏之則恐焚木。灌之則恐塗陁。此社鼠之所以不得也」とある（一一紙裏［参照した刊本は示してない］）。

［71］『韓非子集解』第三十四「外儲説右上」新編諸子集成、中華書局、二〇一三年、三四九頁「桓公問管仲曰。治国最奚患。対曰。最患社鼠矣。公曰。何患社鼠哉。対曰。君亦見夫為社者乎。樹木而塗之。鼠穿其間。掘穴託其中。燻［原注「熏」］之則恐焚木。灌之則恐塗陁。此社鼠之所以不得也」（桓公は管仲に問うて言う。「国を治めるうえで何がもっとも心配か」と。［管仲は］答えて言う。「もっとも心配なのは社のネズミである」と。桓公は言う。「社のネズミのどこが心配なのか」と。［管仲は］答えて言う。「社がどのようにできているか、君主もご覧になられたろう。木を植え［泥土で］社を塗り固めてある。ネズミがその隙間をこぼち、穴を掘ってそのなかに巣くった。ネズミをいぶし出そうとすると木を焼く恐れがある。水を注いで追い出そうとすると塗り固めた泥がくずれる恐れがある。そのため社に巣くうネズミは捕らえることができないのだ」と。）

(72)『史記』巻二十八に「高祖初起禱豊枌楡社」とある（七紙表）。のちに隋王朝の初代皇帝［高祖楊堅］も劉邦にならって、故郷の社にみずから供えものをささげた（『隋書』巻一）。
［72］『史記』巻二十八「封禅書」一六四九頁「高祖初起。禱豊枌楡社」（高祖がはじめて挙兵するとき、豊の村の枌楡の社で祈禱した。）

『隋書』巻一「高祖紀上」二五頁「［開皇七年］十一月甲午。幸馮翊。親祠故社」（［開皇七年（五八七年）］十一月甲午の日、［楊堅は］馮翊《ひょうよく》に行幸し、親しく故郷の社をまつった。）
(73)『漢書』巻二十七中之下に「昌邑王国社有枯樹復生枝葉」とある（三紙表）。
［73］『漢書』巻二十七「五行志中之下」一四一二頁「［昭帝時。上林苑中大柳樹断仆地。一朝起立。生枝葉。（中略）又］昌邑王国社有枯樹。復生枝葉」（昭帝のとき［長安の］上林苑にある巨大な柳の木が切られて地面に倒れたが、翌朝に立って枝葉を生じた。（中略）また昌邑王の国社に枯れた木があったが。ふたたび枝葉を生じた。）
(74)『漢書』巻二十七中之下に「建昭五年。……山陽橐茅郷社有大槐樹。吏伐断之。其夜樹復立其故処」とある（三紙裏）。
［74］『漢書』巻二十七「五行志中之下」一四一三頁「建昭五年。（中略）山陽橐茅郷社有大槐樹。吏伐断之。其夜樹復立其故処」（［元帝の］建昭五年［前三四年］のことである。（中略）山陽郡の橐《たく》県茅郷《ぼうきょう》の社に大

きな槐の木があり、役人がこれを切り倒したところ、その夜のうちに木はまたもとの場所に立った。）

（75）『白虎通』に「なぜ社稷に木があるのか。崇拝すべき社の神を人々に知らしめるためである。木は遠くからでも見ることができ、拝むことができる。そのうえに［王朝とともにある］社の神のかがやかしい歩みを示している」とある（五紙表〜裏）。

［75］訳注［66］参照。

（76）杜佑は『通典』巻四十五に天子の社と諸侯の社に関する漢代の慣行を記している。いずれの社にも木が植えてあり、その場所がわかるようになっていたという（九紙裏）。

［76］『通典』巻四十五「社稷」一二六四頁「天子之社。則以五色土各依方色為壇広五丈。諸侯則但用当方之色為壇。皆立樹以表其処。又別為主以象其神」（天子の社はすなわち五色の土をそれぞれの方角の色にあてて各辺五丈の壇を築いた。諸侯の社は「それぞれの領地の方角に」該当する色［の土］を用いて壇を築いた。いずれもそこに樹木を立ててその場所を標示した。またこれとは別に主をつくって社の神のかたどりとした。）主については本書の第五章で述べられる。

（77）この説明は劉向（前八〇［七九］〜前九［八］年）の『五経通義』の一節から理解できる。劉芳の上疏にそれが引いてある。すなわち「天子の太社と王社、諸侯の国社と侯社はどのような形式を示したのか。いずれの社も囲いをめぐらせていたが、建物で覆われてはおらず、中央に木が植えてあった。大地はすべての生きものに命をあたえる。そのなかで木よりも見事なものはない。社に木が植えられたのはそのように説明できる」とある。『五経通義』については『旧唐書』巻四十六を参照（八紙裏）。

[77]『魏書』巻五十五「劉芳伝」一二二六頁「天子太社王社。諸侯国社侯社。制度奈何。曰社皆有垣無屋。樹其中以木。有木者土。主生万物。万物莫善於木。故樹木也」（天子の太社と王社、諸侯の国社と侯社［の形式］にかかわる制度はどのようにさだめられているのか。それはすなわち、社はいずれも囲いをめぐらせていたが、屋根で覆われてはいない。その中央に樹木を植えてある。樹木があるのは、土があらゆる生きものの命をつかさどり、あらゆる生きもののなかで樹木よりも大きなものはない。それだから樹木を植えたのである。）訳注［61］参照。劉芳の上疏のうち第五の明証にあたる。

『旧唐書』巻四十六「経籍志上」一九八二頁「五経通義九巻劉向撰」（『五経通義』九巻、劉向撰述。）

（78）こうした樹木の写真を以下に掲載した。シャヴァンヌ『華北古美術調査』第二巻第二冊、四八二図版頁、図一一五九番。

[78] Édouard Chavannes, *Mission archéologique dans la Chine septentrionale*, II/2, Paris, Ernest Leroux, 1909, pl.CCCCLXXXII, no.1159.

樹木は遠い古代においては社の実体であり、土地の神そのものであったことをシャヴァンヌは主張する。この主張は古代の文献を博捜して導き出されたものだが、一九〇七年の華北調査旅行のおりに現地での観察によってそれは確信にいたったと思われる。それはただ古代の遺物としてそうであったというだけではない。中国人の宗教的心性のなかに今も生きつづけている。そのことを実際の場において感得したのではないか。本書の解説を参照されたい。

(79)『魏書』巻五十五に「見諸家礼図。社稷図皆画為樹。唯誠社誠稷無樹」とある（六紙裏）。

［79］『魏書』巻五十五「劉芳伝」一二二六頁「見諸家礼図。社稷図皆画為樹。唯誠社誠稷無樹」（諸家の『礼図』を見ると、社稷の図にはいずれも樹木が描いてある。ただ誠社と誠稷のみは樹木が「描かれて」ない。）訳注［61］参照。劉芳の上疏のうち第七の明証にある。

(80)『墨子』「明鬼」に「昔者虞夏商周三代之聖王。其始建国営都日。必択国之正壇。置以為宗廟。必択木之脩茂者立以為菆位」とある（六紙裏）。

［80］『墨子閒詁』第三十一「明鬼下」新編諸子集成、中華書局、二〇〇一年、二三三～二三四頁

華北の樹木崇拝
（Chavannes, *Mission archéologique*, II/2, pl.CCCCLXXXII, no.1159）

「昔者虞夏商周三代之聖王。其始建国営都日。必択国之正壇。置以為宗廟。必択木之脩茂者。立以為菆位。〔孫詒譲注〕菆与叢同。位当為社。字之誤也。隷書社字。漢魯相韓勅造孔廟礼器碑作社。史晨祠孔廟奏銘作社。因譌而為位。急就篇祠祀社稷叢臘奉。叢一本作菆。顔師古曰。叢謂草木岑蔚之所。因立神祠。即此所謂択木之脩茂者。立以為菆社也」（その昔、虞王朝と夏・殷・周の三王朝のそれぞれの偉大な王がはじめて国を建てて都城を造営するときには、かならず国の中央にある壇場を選び、そこに〔先祖の〕宗廟を置いた。また、かならず樹木が生い茂っているところを選び、そこに叢林の社を建てた。〔孫詒譲の注に言う。〕「菆」は「叢」と同じである。「位」とあるのは「社」に正すべきであり、これは字の誤りである。隷書の「社」字は「漢魯相韓勅造孔廟礼器碑」〔「礼器碑」〕に出る字を「社」とし、「史晨祠孔廟奏銘」〔「史晨碑」〕に出る字も「社」とする。それが誤り伝えられて「位」となった。『急就篇』に「社稷を祀る叢は〔神を〕もてなしたてまつる」とあるが、この「叢」字を「菆」とする本文もある。顔師古は言う。「叢は草木の深く茂るところを言う。それだから神の祠を立てたのである」と。すなわちこれが言うところの「樹木が生い茂っているところを選び、そこに叢林の社を建てた」の意である。）

『急就篇』巻四、叢書集成簡編、台湾商務印書館、一九六五年、二八四頁「祠祀社稷叢臘奉。叢一作菆。音同。〔顔師古注〕叢謂草木岑尉〔蔚〕之所。因立神祠也。（中略）一曰。叢者合聚諸神。而祭之也」（社稷を祀る叢は「神を」もてなしたてまつる。この「叢」字を「菆」とする本文もあり、音は同じである。〔顔師古の注に言う。〕叢は草木の深く茂るところを言う。それだから神の祠を立てたのである。（中略）あるいは「叢」は神々がつどいあうところなので、これをまつったともいう。）

（81）　前二三五年に没した呂不韋の『呂氏春秋』第九に「天大旱。五年不収。湯乃以身禱於桑林。曰余一人有罪。無及万夫。万夫有罪。在余一人。無以一人之不敏。使上帝鬼神傷民之命。於是翦其髪。𨟖其手。以身為犠牲。用祈福於上帝。民乃甚説。雨乃大至」とある（四紙裏）。

裴松之が四二九年（劉宋元嘉六年）に撰述した『三国志』「蜀書」巻十二の注釈は［「呂氏春秋曰」として］この一節を引いている（一紙裏）。文字にいくつか異同がある。『国語』は「余一人有罪。無以万夫。万夫有罪。在余一人」と記し、湯王の宣誓の一部とした。『書経』の一篇である「湯誓」にこの文は含まれていない。『国語』がそのように理解したのは少なくともこの一節の古さを証しており、『書経』のうち失われた本文に含まれていた可能性も考えさせる。『論語』第二十にも記載がある。それほど時代をさかのぼるものではなかろう。文字に異同があり、『白虎通』「三軍」に「皇天上帝」とあるのが、『論語』では「皇皇后帝」となっている。『墨子』にも記載がある。文章はやや冗漫である（第三巻一一六～一一七頁参照）。

［81］『呂氏春秋校釈』巻二十三「季秋紀第九」学林出版社、一九八四年、二三〇頁「天大旱。五年不収。湯乃以身禱於桑林。曰余一人有罪。無及万夫。万夫有罪。在余一人。無以一人之不敏。使上帝鬼神傷民之命。於是翦其髪。磨［原注「𨟖」］其手。以身為犠牲。用祈福於上帝。民乃甚説。雨乃大至」（［湯王が夏王朝を破って天下を治めたのち］天は大変な旱魃をもたらし、五年にわたり不作がつづいた。そこで湯王はみずから桑林におもむき祈って言う。「自分ひとりに罪があるなら、万民に［罰を］およぼさぬように。万民に罪があるなら、自分ひとりに［罰が］くだるように。自分ひとりの至らなさのために、上帝は鬼神に命じて民の命を損なわせることのないように」と。そこで髪を切り、手を傷つけ、わが身を犠牲として、

上帝にさいわいを祈った。民はすこぶる感じ、雨が大いに降った。）

『三国志』蜀書巻十二「郤正伝」中華書局、一九五九年、一〇三八頁（文字に異同がある箇所のみ示す。）「[裴松之注]呂氏春秋曰。（中略）而天下大旱。三年不収（中略）余一人有罪。無及万方。万方有罪。在余一人。（中略）湯於是剪其髪。攦其爪。（中略）民乃甚悦。雨乃大至」（「[裴松之の注に言う。」『呂氏春秋』に言う。（中略）「天下に大変な旱魃があり。三年にわたり不作がつづいた。（中略）「自分ひとりに罪があるなら、あらゆる方面に［罰を］およぼさぬように。あらゆる方面［の人々］に罪があるなら、自分ひとりに［罰が］くだるように」と。（中略）湯王はそこで髪を切り、爪をはいだ。（中略）民はすこぶる喜び、雨が大いに降った。）

『国語』巻一「周語上」四部備用史部第四四冊、中華書局、一九八九年、九頁「在湯誓曰。余一人有罪。無以万夫。万夫有罪。在余一人」（「湯誓」にあり［次のように］言う。「自分ひとりに罪があるなら、万民をその代わりとしないように。万民に罪があるなら、［その罪は］自分ひとりの上にある」と。）

シャヴァンヌの指摘するとおり現行本『書経』「湯誓」にはこの文がない。ただし偽古文「湯誥」に類似する文がある。

『尚書正義』巻八「湯誥」二四〇頁「其爾万方有罪。在予一人。予一人有罪。無以爾万方」（あらゆる方面のあなたがたに罪があるなら、［その罪は］自分ひとりの上にある。自分ひとりに罪があるなら、あらゆる方面のあなたがたをその代わりとしないように。）

『論語注疏』第二十「堯曰」三〇二頁「敢昭告于皇皇后帝。（中略）朕躬有罪。罪以万方。万方有罪。罪在朕躬」（謹んであきらかに皇皇后帝に告げ申しあげる。（中略）「自分の身に罪があるなら、罪［の報い］

をあらゆる方面［の人々］が代わりとなることがないように。あらゆる方面［の人々］に罪があるなら、自分の身に［背負うべき］罪があるように」と。）

『白虎通疏証』巻五「三軍」二〇四頁（［故論語曰。］敢昭告于皇天上帝」（［そこで『論語』に言う。］謹んであきらかに皇天上帝に告げ申しあげる。）

『墨子間詁』第十六「兼愛篇下」一二二頁「湯説即亦猶是也。（中略）告於上天后曰。今天大旱。即当朕身履。（中略）万方有罪。即当朕身。朕身有罪。無及万方」（［兼愛を説くのは］湯説もまた同様である。（中略）「上天后に告げ申しあげる。今、天が大変な旱魃をもたらすのは、それはまさしく自分の身がまねいたことである。（中略）あらゆる方面［の人々］に罪があるなら、自分の身に［背負うべき］罪があるように。自分の身に罪があるなら、罪［の報い］をあらゆる方面［の人々］におよぼすことがないように」と。）

（82）『三国志』蜀書巻十二の裴松之の注に「天下大旱。三年不収」とある（一紙裏）。すなわち「国に大きな旱魃があった。三年のあいだ収穫がなかった」という。

［82］『三国志』蜀書巻十二「郤正伝」一〇三八頁「［裴松之注］呂氏春秋曰。（中略）而天下大旱。三年不収」（［裴松之の注に言う。］『呂氏春秋』に言う。（中略）天下に大変な旱魃があり。三年にわたり不作がつづいた。）訳注［81］参照。

（83）裴松之は「万夫」ではなく「万方」と記す。『論語』と『墨子』も同様である。『国語』には

「万夫」とあり、こちらが原文を伝えるものと考えられる。

［83］『三国志』蜀書巻十二「郤正伝」一〇三八頁「[裴松之注]余一人有罪。無及万方。万方有罪。在余一人」（[裴松之の注に言う。]自分ひとりの罪であるなら、あらゆる方面に［罰を］およぼさぬように。あらゆる方面の［人々の］罪であるなら、［その罪は］自分ひとりの上にある。）

『論語』『墨子』『国語』の記事は訳注［81］参照。

（84）「酈其手」は字義どおりには「手を切り落とす」ことを意味する。裴松之は「攦其爪」と記した。「爪をはがす」ことを意味する。髪や爪をささげることはその人を犠牲とすることにつながる。『史記』巻三十三では、周公はおさない成王の身代わりになるため爪を裁ち切って黄河に投げこんでいる。『呉越春秋』巻四は、呉王闔廬の時代（前五〇〇年頃）の話を伝える。刀鍛冶が剣の鋳造に窮し、妻とともに髪を切り、爪を裁ってかまどに投げ入れたという（三紙表）。それは炎にみずからを投じたにひとしい。こうした行為を鋳造の完成にいたる最終手段とする伝統があった。

［84］『三国志』蜀書巻十二「郤正伝」一〇三八頁「[裴松之注]湯於是剪其髪。攦其爪」（[裴松之の注に言う。]湯王はそこで髪を切り、爪をはいだ。）訳注［81］参照。

『史記』巻三十三「魯周公世家」一八三〇頁「[成王少時病。]周公乃自揃其蚤沈之河」（[成王がおさないとき病にかかった。]周公はそこでみずから爪を裁ち、黄河に沈めた。）

『呉越春秋』巻四「闔閭内伝」四部備用史部第四四冊、中華書局、一九八九年、一三頁「[闔廬]請干将

鋳作名剣二枚。干将者呉人也。（中略）作剣三月不成。（中略）於是干将妻乃断髪剪爪投於炉中。使童女童男三百人。鼓橐装炭。遂以成剣」（［呉王闔廬は］干将に優れた剣を二振り鋳造させることにした。干将は呉の国の人である。（中略）ところが剣を鋳造すること三か月におよんだが成功しない。（中略）ここにいたって干将とその妻は髪を切り爪を裁って炉のなかに投げ入れた。男女の召使い三百人を使って、ふいごを動かし炭をくべ、ついに剣は完成した。）

（85）『左伝』襄公《じょうこう》十年［前五六三年］の条に「桑林」のことが出ている。これは湯王の殷王朝の末裔である宋公の宮廷で奏でられた音楽の名である。おそらくは湯王がかつて桑林でみずからを犠牲としたことを追憶する作品であろう。孔穎達が［『春秋左伝正義』において］『書伝』から引用した記事はそれに注意をうながしたものである。すなわち「湯伐桀之後大旱七年。史卜曰。当以人為禱。湯乃翦髪断爪。自以為牲而禱於桑林之社。而雨大至。方数千里」とある［参照した刊本は示してない］。『書伝』は孔安国による『書経』注釈ではないか。

［85］『左伝正義』襄公十年、一〇一四頁「宋公享晋侯于楚丘。請以桑林。［正義曰。］唯書伝言。湯伐桀之後。大旱七年。史卜曰。当以人為禱。湯乃翦髪断爪。自以為牲。而禱於桑林之社。而雨大至。方数千里」（宋公は楚丘で晋侯を饗応するに際し［天子の楽である］「桑林」を奏したいと願った。［『春秋左伝正義』に言う。］ここに「書伝」は言う。湯王が［夏王朝の］桀を討伐したのち、大変な旱魃が七年つづいた。史官がトして言うには、人身をささげて祈禱しなければならないと。そこで湯王は髪を切り、爪を裁ち、みずからを犠牲とするため桑林の社におもむいて祈った。すると雨が大いに降って、数千里四方をうるおした。）

（86）デ・ホロート『中国の宗教体系』［第一巻］二一五頁参照。

［86］デ・ホロートによれば、先祖の主に点を打つとき、まず主の頂点に点を打って「天清」と唱える。これを点天という。ついで主の台座に点を打って「地霊」と唱える。これを点地という。ついで主の柱の両脇に点を打って「耳聡」と唱える。これを点耳という。ついで同じ高さの内側に点を打って「目明」と唱える。これを点目という。最後に柱の中央に点を打って「主顕霊」と唱える。「主よ、霊をあらわしたまえ」という意味である。これを点主という。こうして主に先祖の霊がよみがえると人々は信じたのである。

Jan Jacob Maria de Groot, *Religious System of China, Its Ancient Forms, Evolution, History and Present Aspect. Manners, Customs and Social Institutions connected Therewith*, I, E. J. Brill, Leiden, 1892, p.215.

　ここに説かれた点主については、現在も道教の儀式のなかで類似の所作がくりかえされている。人が亡くなってから七日のあいだに修される功徳《くどく》と呼ばれる儀式がある。死者の霊魂を救い出す打城《だじょう》の場面で、道士が死者をかたどった魂身《こんしん》という人形《ひとがた》の目に朱を点じて霊をそそぎこむ。これを開光点眼法《かいこうてんがんほう》と呼ぶ。以下の拙著を参照されたい。『葬儀と日本人――位牌の比較宗教史』ちくま新書、二〇一一年、一〇五頁。

（87）『通典』巻四十五に「皆立樹以表其処。又別為主以象其神」とある（九紙裏）。

［87］『通典』巻四十五「社稷」一二六三頁「皆立樹以表其処。又別為主以象其神」（［天子の社も諸侯の社

も」いずれもそこに樹木を立ててその場所を標示した。またこれとは別に神主を作って社の神のかたどりとした。）訳注［76］参照。

（88）この主張は社の主が木で作られたとする論者からは疑問視されている。しかしその論拠は『論語』の誤った解釈にあると思われる［原注（68）参照］。

［88］訳注［68］参照。

（89）『書経』「甘誓」の鄭玄の注に「蓋用石為之。以石為土類」とある［参照した刊本は示してない］。

［89］『通典』巻四十五「社稷」一二六四頁「［注］尚書甘誓云。不用命戮於社。則天子諸侯軍行皆載社主也。其主。鄭注但云。蓋用石為之。以石為土類故也」（［注に言う。］『尚書』「甘誓」に言う。「命令にしたがわなかった者は社において処罰する」と。すなわち天子も諸侯もともに軍事遠征の際には社の主をたずさえたのである。その主について鄭玄の注に言う。「思うに石を用いて社の主を作るのは、石が土に属するものだからである」と。）

（90）崔霊恩『三礼義宗』に「社之神用石。以土地所主最為実」とある。この文は王溥『唐会要』巻二十二に引用されている（二紙表）。

［90］『唐会要』巻二十二「社稷」上海古籍出版社、一九九一年、四九〇頁「神龍元年五月。詔于東都建置

太社。礼部尚書祝欽明問礼官博士曰。周礼田主各用所宜之木。今太社主用石。何也。（中略）崔霊恩三礼義宗曰。社之神用石。以土地所主最為実。故用石也」（神龍元年［七〇五年］五月、詔《みことのり》して東都［洛陽］に天子の太社を設置する。礼部尚書の祝欽明が礼官・博士らに問うて言う。『周礼』「田主」に、「それぞれの土地にふさわしい木を用いる」とあるが、今、太社の主に石を用いるのはなぜか」と。（中略）［礼官は建議して言う。］「崔霊恩の『三礼義宗』に言う。「社の神に石を用いる。土地がつかさどるところで［石が］もっとも堅実なものとなる」と。それだから石を用いるのである」と。）

(91) 『魏書』巻百八之二に「天平四年四月。七帝神主既遷於太廟。太社石主将遷於社宮」とある（六紙裏）。

［91］『魏書』巻百八之二「礼志四之二」二七七二頁「天平四年四月。七帝神主既遷於太廟。太社石主将遷於社宮」（天平四年［五三七年］四月、七人の皇帝の神主［すなわち先祖の主］をすでに［天子の］太廟に移した。太社の石の主も社の宮に移すべきである。）

(92) 王溥『唐会要』巻二十二に「其社主請准五数長五尺。准陰之二数方二尺。刻其上以象物生。方其下以象地体。埋其半。以根在土中而本末均也」とある（二紙裏）。

［92］『唐会要』巻二十二「社稷」四九〇頁「蓋以五是土数。故壇方五丈。其社主請准五数。長五尺。准陰之二数。方二尺。刻其上以象物生。方其下以象地体。埋其半。以根在土中。而本末均也」（五という数は［五行の］土に配当された数である。したがって［天子の太社の］土壇は五丈四方とする。その社の主も

五という数にのっとり長さ五尺とする。陰の気の数である二にのっとり幅二尺とする。その上部は生あるものにかたどって細く刻み、その下部は大地にかたどって四角くする。その半分は地面に埋める。［植物の］根は土のなかにあるから、その本《もと》［である土中の部分］と末《すえ》［である地上の部分］を等しくする。）

（93）『宋史』巻百二に「社以石為主。形如鐘。長五尺。方二尺。剡其上。培其半」とある（一紙表）。

［93］『宋史』巻百二「礼志五」二四八三頁「社以石為主。形如鐘。長五尺。方二尺。剡其上。培其半」（社に石で主を作り、形を鐘のようにする。長さ五尺、幅二尺で、その上部を細くし、その半分を地面に埋める。）漢代から宋代に至る主の形態の変遷については以下を参照。吾妻重二「木主について――朱子学まで」『福井文雅博士古稀記念論集　アジア文化の思想と儀礼』春秋社、二〇〇五年、一四四～一五五頁。

六　社と日蝕

（94）『礼記』「月令」は春二月［仲春］と秋八月［仲秋］に社へ供えものをささげることをさだめている。『白虎通』は社稷の供えものを年に二度ささげるのはなぜかという問いに答えて「春求秋報之義也」とした（一紙裏）。すなわち「春は社稷に願い求め、秋は社稷に感謝する意味でおこなう」という。毎年十二月におこなわれた社の祭についてはいくつもの記録がある。社が象徴する陰の気は冬至で絶頂となる。そのためこの祭がおこなわれたのだろう。

［94］『白虎通疏証』巻三「社稷」八四頁「［歳再祭之何。］春求秋報之義也。故月令仲春之月。択元日。命民社。仲秋之月。択元日。命民社。盧云。今月令無。仲秋之月択元日命民社之文。而御覧五百三十二引礼記月令。仲春仲秋皆有之」（［年に二度、社稷をまつるのはなぜか。］春に［社稷に］希求し、秋に報謝するのがその理由である。それだから［『礼記』］「月令」に「仲春の月に吉日を選び、民に命じて社をまつらせる。仲秋の月に吉日を選び、民に命じて社をまつらせる」とある。［注に］盧文弨が言うには、現在の「月令」には「仲秋の月に吉日を選び、民に命じて社をまつらせる」という文はない。しかし『太平御覧』巻五百三十二に引用された『礼記』「月令」には、仲春の条と仲秋の条のいずれにもこの文がある。）

（95）『礼記』「郊特牲」に「社祭土而主陰気也」とある。すなわち「社の祭壇で人々はそれぞれの土地に供えものをささげた。社の神は陰の気をつかさどる」という。孔穎達はこれに注して「土是陰気之主。故云而主陰気也」とする。すなわち「土は陰の気をつかさどるものである。したがってここでは「社の神は陰の気をつかさどる」と述べた」という。レッグ（『東方聖典』第二七巻四二四頁）もクヴルール（『礼記』フランス語訳、第一巻五八六頁）も古来の注釈を参照しつつ［『礼記』に記された］主の語を銘板と解したが、ここでは［これを「主《つかさど》るもの」とした］孔穎達の解釈を取りたい。

［95］『礼記正義』第十一「郊特牲」九一七頁「社祭土。而主陰気也。［孔穎達疏］土是陰気之主。故云而主陰気也」（社は土地［の神］をまつる。それは陰の気をつかさどる。［孔穎達の疏に言う。］土はこれこそ陰の気をつかさどるものである。それだから「［社は］陰の気をつかさどる」としたのである。）

「レッグ『東方聖典』第二七巻」とあるのは、レッグが一八八五年に刊行した『礼記』の英訳である。該当箇所は「社で土地の神霊をまつり、陰の力のこもった銘板をまつる」と訳されている。クヴルールのフランス語訳の該当箇所は「社で土地の守護神をまつり、陰の気の銘板をそなえる」と訳されている。いずれもここに出てくる主の語を銘板と解したのである。Legge, *The Texts of Confucianism*, The Sacred Books of the East, XXVII, Clarendon Press, Oxford, 1885, p.424; Couvreur, *op. cit.*, I, 1899, p.586.

(96)　『春秋』荘公二十五年［前六六九年］と文公十五年［前六一二年］に「鼓用牲于社」とある（一〇八頁、二六八頁）。すなわち「社で鼓を打ち犠牲をささげた」という。これだけの文章ではその意味を捉えがたいが、『左伝』の注釈はかえってこれをわかりにくくしている。前五二五年［昭公十七年］の別の日蝕について『左伝』は魯公の宮廷における議論を伝えている。そのときおこなわれた儀式の正当性を論じたものだが、官僚のひとりは、日蝕の際の儀式は正月朔《ついたち》に適用される規定しかなく、六月朔の事例に適用すべきでないとしている。さかのぼって前六六九年［荘公二十五年］の日蝕について『左伝』は儀式の手順を批判している。社で鼓を打つのは天子の特権であり、魯公はじめ諸侯は社に幣帛をささげたあと自身の宮廷で鼓を打つのが礼にかなうという。その是非を問うことはできないまでも『左伝』が伝える事実をここでは重んじたい。［『春秋』のもとの文にあるとおり］前六六九年［荘公二十五年］と前六一二年［文公十五年］の日蝕のとき社で鼓が打たれ犠牲がささげられた。私たちが求めているのはこの事実に関する説明である。

［96］『左伝正義』荘公二十五年、三二二頁「夏六月辛未朔。日有食之。鼓用牲于社。非常也。唯正月之朔。慝未作。日有食之。於是乎用幣于社。伐鼓于朝」（夏六月辛未の朔に日蝕が起きた。社で鼓を打ち犠牲をささげた。これはいつものやり方ではない。ただ正月の朔だけは、まだ陰の気がきざしていないのに［陰が陽を侵す］日蝕が起きたなら、そのときは［諸侯は］社に幣帛をささげ、［各自の］朝廷で鼓を打つのである。）

『左伝正義』文公十五年、六四三頁「六月辛未朔。日有食之。鼓用牲于社。非礼也。日有食之。天子不挙。伐鼓于社。諸侯用幣于社。伐鼓于朝。（中略）古之道也」（六月辛未の朔に日蝕が起きた。社で鼓を打ち犠牲をささげた。これは礼にかなっていない。日蝕が起きたなら、天子は膳を減らし、社で鼓を打つ。諸侯は社に幣帛をささげ、［各自の］朝廷で鼓を打つ。（中略）これが古来の常道である。）

『左伝正義』昭公十七年、一五六四頁「夏六月甲戌朔。日有食之。祝史請所用幣。昭子曰。日有食之。天子不挙。伐鼓於社。諸侯用幣於社。伐鼓於朝。礼也。平子禦之曰。止也。唯正月朔。慝未作。日有食之。於是乎有伐鼓用幣。礼也。其余則否」（夏六月甲戌の朔に日蝕が起きた。祈禱の役人が日蝕のとき用いる幣帛を要請すると叔孫昭子は言った。「日蝕が起きたなら、天子は膳を減らし、社で鼓を打つ。諸侯は社に幣帛をささげ、［各自の］朝廷で鼓を打つ。これが礼にかなっている」と。季平子はそれを押しとどめて言った。「やめるがよい。ただ正月の朔だけは、まだ陰の気がきざしていないのに日蝕が起きたなら、そのときは［社に］幣帛をささげて鼓を打つ。これが礼にかなっている。他の月にそのようなことはしないのだ」と。）

(97)［「善処を強く求める」の原文の］「求」の語はここでは「責求」すなわち「誰かに何かを強く求める」ことを意味する。日蝕が起きるのは陰の気にとって分を超えた事態である。そのとき人がなし得ることは、陰の気におのが務めをかえりみて善処を要請するのみである。

［97］『公羊伝注疏』荘公二十五年、二〇〇頁「［何休解詁］求。責求也」（［何休『春秋公羊解詁』に言う。］求とは「強く求める」ことである。）

(98)［「社を取り巻いた」の原文の］「営」の語はここでは「縈《めぐらす》」と同義である。六七六年［唐儀鳳元年］に完成した劉昭の『後漢書』注釈には「縈」字で引用されている（一紙表）。

［98］『後漢書』志第四「礼義志上」三一〇一頁「［劉昭注］公羊伝曰。日有食之。鼓用牲于社。求乎陰之道也。以朱糸縈社。或曰脅之。或曰為闇。恐人犯之。故縈之也」（［劉昭の注に言う。］『公羊伝』には「日蝕が起きたとき、社で鼓を打ち犠牲をささげる」とある。これは陰の気に要請するための方策である。朱色の糸を社にめぐらせることについて、ある人はこれを「社をおどす」と言い、ある人は「闇をおさめる」と言う。［日蝕で闇になったとき］社を損なう者がいるのを警戒して、そのため糸を社にめぐらせるのだという。）

(99)『公羊伝』荘公二十五年［前六六九年］に「日食則曷為鼓用牲于社。求乎陰之道也。以朱糸営社。或曰。脇之。或曰。為闇。恐人犯之。故営之」とある（二紙表〜裏）。

［99］『公羊伝注疏』荘公二十五年、二〇〇頁「日食則曷為鼓用牲于社。求乎陰之道也。以朱糸営社。或曰

脅［原注「脇」］之。或曰為闇。恐人犯之。故営之」（日蝕が起きたとき、なぜ社で鼓を打ち犠牲をささげるのか。［それは］陰の気に要請する方策である。朱色の糸を社にめぐらせることについて、あるいはこれを「社をおどす」と言い、あるいは「闇をおさめる」と言う。［日蝕で闇になったとき］社を損なう者がいるのを警戒し、そのため糸を社にめぐらせるのだという。）

シャヴァンヌが引用した皇清経解続編『公羊伝』には「脇之」とあるが、現行本はじめ諸本は「脅之」とする。訳注［102］も同様。

(100) 何休、字は邵公。一二九年［後漢永建四年］に生まれ、一八二年［光和五年］に没した。『後漢書』巻七十九下を参照（六紙表〜裏）。引用の文は『公羊伝』荘公二十五年［前六六九年］の条に見える（二紙裏）。

［100］『後漢書』巻七十九下「儒林列伝下」二五八二頁「何休字邵公。（中略）太傅陳蕃辟之。与参政事。蕃敗休坐廃錮。乃作春秋公羊解詁。（中略）以春秋駁漢事六百余条。妙得公羊本意」（何休、字は邵公という。（中略）太傅陳蕃に召し出され国政に参与したが、党錮の禁で陳蕃が敗れて連座した。そこで『春秋公羊解詁』を著した。（中略）『春秋』にもとづいて漢の現状を六百条あまりにわたって批判し、『公羊伝』の意図を明確に把握した。）『公羊伝注疏』荘公二十五年の条については、訳注［102］参照。

(101) 朱糸の儀式が制御という理念にもとづくとする解釈は、鼓の轟音をとどろかす儀式が「強く求める」ことであるのと響きあう。

（102）［『春秋公羊解詁』に］「或曰。脅之。与責求同義。社者土地之主也。月者土地之精也。上繫於天而犯日。故鳴鼓而攻之。脅其本也。朱糸営之。助陽抑陰也。或曰為闇者。社者土地之主也。為日光尽天闇冥。恐人犯歴之。故営尊之。然此説非也。記或伝者。示不欲絶異説爾」とある［二紙裏］。

［102］『公羊伝注疏』荘公二十五年、二〇〇頁「［何休解詁］或曰脅［原注「脅」］之。与責求同義。社者土地之主也。月者土地之精也。上繫於天而犯日。故鳴鼓而攻之。脅［原注「脅」］其本也。朱糸営之。助陽抑陰也。或曰為闇者。社者土地之主尊［原注「主」］也。為日光尽天闇冥。恐人犯歴之。故営尊［原注「故営」］之。然此説非也。記或伝者。示不欲絶異説爾」（［何休『春秋公羊解詁』に言う。］あるいはこれを「社をおどす」と言う。これは「強く求める」のと同じことを意味する。社は土地をつかさどる存在であり、月は土地［の陰の気］の精となった存在である。［陰の気が］上昇して天にとどまり日を侵害するなら、鼓を打ち鳴らしてこれを攻めたて、その大もと［の土地をつかさどる社］をおどさねばならない。朱色の糸を社にめぐらせるのは、陽を助けて陰を抑えるためである。あるいはこれを「闇をおさめる」と言う。社は土地をつかさどる尊ぶべき存在だが、［陰が過剰になると］日の光が尽きて天が暗闇になる。［そのとき］社を損ない入りこむ者がいるのを警戒し、そのため糸を社にめぐらせるのだという。この説はあたらないが、あえてこの言い伝えを記したのは、異論といえども排除を望まないからであろう。）

（103）陰の気を正すにあたり、それにまさる陽の名においておこなったのである。

（104）［『春秋公羊解詁』荘公二十五年（前六六九年）に］「先言鼓後言用牲者。明先以尊者命責之。後以臣子礼接之。所以為順也」とある［一二一二巻二紙裏］。

［104］『公羊伝注疏』荘公二十五年、二〇〇頁「［何休解詁］先言鼓後言用牲者。明先以尊者命責之。後以臣子礼接之。所以為順也」（［何休『春秋公羊解詁』に言う。］まず鼓［を打つこと］について言い、ついで犠牲をささげることについて言うのは、はじめに［陽の気という］尊いものの名において社を正したことはあきらかで、ついで臣民の礼をとって社に応接した。この順序でおこなわれる理由はそこにある。）

本文の「尊者」を陽ではなく社とする解釈もある（渡邊義浩主編『全譯後漢書』第四冊、汲古書院、二〇〇二年、八頁）。ここではシャヴァンヌの解釈にしたがう。

（105）『白虎通』巻六に「日食必救之何。陰侵陽也。鼓用牲于社。社者衆陰之主。以朱糸縈社。鳴鼓攻之。以陽責陰也。故春秋伝曰。日有食之。鼓用牲于社。所以必用牲者。社地別神也。尊之。故不敢虚責也。日食大水則鼓用牲於社。大旱則雩祭求雨。非虚言也。助陽責下。求陰之道也」とある（一四紙表〜裏）。

［105］『白虎通疏証』巻六「災変」二七二頁「日食必救之何。陰侵陽也。鼓用牲于社。社者衆陰之主。以朱糸縈社。鳴鼓攻之。以陽責陰也。故春秋伝曰。日有食之。鼓用牲于社。所以必用牲者。社地別神也。尊之。故不敢虚責也。日食大水則鼓用牲於社。大旱則雩祭求雨。非荀虚也［原注「非虚言也」］。助陽責下。求陰之道也」（日蝕が起きたとき、かならずこれを救うのはなぜか。それは陰が陽を侵害する事態であり、社

で鼓を打ち犠牲をささげる。社はあらゆる陰をつかさどる存在なので、朱色の糸を社にめぐらし、鼓を打ち鳴らして社を攻めたてた。それは陽の気によって陰の気を正したのである。そのため『春秋』の諸伝は「日蝕が起きたとき、社で鼓を打ち犠牲をささげた」と記した。かならず犠牲をささげる理由は、社が土地の格別な神なので、これを尊んであえていたずらに正そうなどとしないためである。日蝕や豪雨のときは鼓を打って社に犠牲をささげ、旱魃が起きたときは雨乞いの祭をおこなって降雨を願う。いずれもかりそめのいたずらごとではない。陽の気を助けて下界を正すのは、陰に［善処を］求める方策である。）

（106）『魏書』巻五十五は劉芳の［北魏皇帝への］上疏を記す。「依合朔儀注。日有変。以朱糸為縄。以繞係社樹三匝」とある（六紙表）。すなわち「天体現象にかかわる儀式書の注釈［『合朔儀注』］によれば、日蝕が起きたとき、朱色の糸で縄を作り、社のまわりを三度めぐらせた」という。清の陳立は『公羊義疏』に『通義』の文を引用した。そこには「通義云。社有田主。各以其土之所宜木。営者縈其樹也」とある（三紙裏）。すなわち「社には土地ごとにふさわしい木で作られた田の神がある。［縄を］めぐらせたのはこの木であった」という。ここに言う『通義』とは『春秋通義』のことではないか。『宋史』巻二百二によれば、これに該当する書物が三点あるという（八紙表）。一は王哲による十二巻本、二は家安国による二十四巻本、三は十二巻本で、著者の名は記されていない。一八八八年［光緒十四年］上海版『四庫全書総目』はこれを邱葵《きゅうき》の著作とする。このうちどれが『公羊義疏』に引用されたのかは不明だが、いずれにせよ宋代以前の書物であることはまちがいなかろう。

〔106〕『魏書』巻五十五「劉芳伝」一二二五頁「依合朔儀注。日有変。以朱糸為縄。以繞係社樹三匝」(『合朔儀注』によれば、「太陽に異変〔日蝕〕があるとき、朱色の糸で縄を作り、社の樹木のまわりを三周めぐりつなげた」とある。) 訳注〔61〕参照。劉芳の上疏のうち第一の明証にあたる。

『公羊義疏』国学基本叢書、台湾商務印書館、一九六八年、六〇八頁「通義云。社有田主。各以其土之所宜木。営者縈其樹也」(『通義』に言う。「社には土地をつかさどるもの〔田主〕があり、それぞれその土地にふさわしい樹木によっている。〔社を〕囲むときはその樹木〔に縄〕をめぐらせた」と。)

『宋史』巻二百二「藝文志」五〇五八頁「王哲春秋通義十二巻」。五〇五九頁「家安国春秋通義二十四巻」。五〇六一頁「春秋通義十二巻」(王哲の著した『春秋通義』十二巻。家安国の著した『春秋通義』二十四巻。〔著者不詳の〕『春秋通義』十二巻。)

『四庫全書総目提要』六、国学基本叢書、台湾商務印書館、一九六八年、五二八頁「考宋史藝文志。蹇遵品王晳家安国邱葵。皆有春秋通義。其書均佚不伝。蹇氏王氏書各十二巻。家氏書二十四巻。邱氏書二巻。此本僅存一巻。凡四十八条」(『宋史』「藝文志」を参照すると蹇遵品と王晳と家安国と邱葵はみな『春秋通義』を著したというが、どの書も散佚して伝わらない。蹇遵品と王晳の書はそれぞれ十二巻本、家安国の書は二十四巻本とされる。邱葵の書は二巻本であり、そのうちわずかに一巻あわせて四十八条が伝わるのみである。) ここでは王晳以外の十二巻本の著者を邱葵ではなく蹇遵品としている。

(107) 六七六年〔唐儀鳳元年〕に完成した『後漢書』注釈〔李賢注〕に、干宝(四世紀)による『周礼』注釈からの引用がある。そこには「朱糸縈社。社太陰也。朱火色也。糸維属。天子伐鼓於社。責群陰也。諸侯用幣於社。請上公也。伐鼓於朝。退自攻也。此聖人之厭陰之法也」とある（三紙裏。末尾の文に「厭陰」とあるのは［陳立の］『周礼』皇清経解続編による。『後漢書』上海版［上海図書集成印書局本］は「厭勝」とする）。すなわち「朱色の糸で社を取り巻く。社は至上の［原理である］陰の気であり、朱は火の色、糸は「拘束」である。天子が社で鼓を打つのは、むらがり集まる陰の気を正すためである。諸侯が社に幣帛をささげるのは、ふさわしい位格の神に願うためである。諸侯が各自の宮廷で鼓を打つのは、［宮廷に］退いたのちみずからを正すためである。これは聖人が陰の気を屈服させる方法である」という。

　引用の冒頭は社を取り巻く朱糸の意味を明確に述べている。また、ただひとり陰の気に君臨し得る天子だけがこの儀式を執行できることを示し、つづいて諸侯がおこなう儀式について述べている。諸侯が社で鼓を打つことはできない。そこでは幣帛をささげるだけであり、誤ったものを正すことは各自の宮廷でおこなわれた。干宝が示したのは、諸侯がそこでみずからを正すことだった。自然界の秩序を乱したものに対するように、みずからを正したのである。

［107］『後漢書』志第五「礼儀志中」三一二〇頁「干宝曰。朱糸縈社。社太陰也。朱火色也。維離［原注「糸維」］属。天子伐鼓於社。責群陰也。諸侯用幣於社。請上公也。伐鼓於朝。退自攻也。此聖人之厭勝［原注「陰」］之法也」（干宝は言う。「朱色の糸を社にめぐらせる。社は［陰の気より成る］月である。朱は［五行の］火にしたがう色である。糸は［八卦で火と同じく］「離」に属する。天子は社で鼓を打ち、むらがる陰の気を正す。諸侯は社に幣帛をささげ、［高位の官である］上公に願って朝廷で鼓を打ち、退出したのち各自で［陰の気を］攻める。これは聖人が用いる厭勝《ようしょう》［まじない］の方法である」と。）

(108)『周礼』「庭氏」にある（第二巻三九二頁）。〔原書では脚注ではなく本文に注記してある。〕

〔108〕『周礼注疏』巻三十七「秋官庭氏」一一五八頁「庭氏。掌射国中之夭鳥。若不見其鳥獣。則以救日之弓与救月矢射之。〔鄭注〕不見鳥獣。謂夜来鳴呼為怪者。獣狐狼之属。鄭司農云。救日之弓救月之矢。謂日月食所作弓矢。玄謂日月之食。陰陽相勝之変也。於日食則射大陰。月食則射大陽歟」（庭氏は国中の妖鳥を射るのをつかさどる。もしもその鳥獣の姿が見えないときは日を救う弓と月を救う矢でこれを射るのである。〔鄭玄の注に言う。〕「鳥獣の姿が見えないとき」とある。〔鳥は〕夜に飛来して鳴きさけび怪異をなすものをいう。獣は狐や狼のたぐいである。〔後漢の〕鄭司農の注に言う。「日を救う弓と月を救う矢とは、日蝕と月蝕のときに作る弓と矢を言う」と。鄭玄は言う。日蝕は陰が陽に勝ち、月蝕は陽が陰に勝つことで起きる異変である。日蝕のときは〔陰の気よりなる〕月を射る。月蝕のときは〔陽の気よりなる〕太陽を射るのである。）

(109) 五二七年〔北魏孝昌三年〕に没した酈道元の『水経注』巻二にある。『通報』（一九〇五年、五六八頁）に〔フランス語の〕翻訳を掲載した。

〔109〕『水経注疏』巻二「河水篇」江蘇古籍出版社、一九八九年、九七頁「敦煌索勱。字彦義。有才略。刺史毛突表行弐師将軍。将酒泉敦煌兵千人。至楼蘭屯田。起白屋。召鄯善焉耆亀茲三国兵各千。横断注浜河。河断之日。水奮勢激。波陵冒隄。（中略）勱躬禱祀。水猶未減。乃列陣被杖。鼓譟讙叫。且刺且射。大戦三日。水乃廻減」（敦煌の索勱《さくばい》、字は彦義は、才知があり、刺史毛突の引き立てで弐師将軍に任ぜられた。

酒泉と敦煌の兵士千人を率い、楼蘭に至って屯田を開き、仮小屋を建てた。鄯善と焉耆と亀茲の三国の兵士各千人を召集し、注浜河［且末河］の流れをふさごうとした。河をふさぐ日に、水は波立って勢いがはげしく、岸を波うって堤まであふれた。（中略）索勱は身を呈して祈ったが、水はなおも引かない。そこで陣をつらねて武器を執り、鼓を打ち、かまびすしい叫び声をあげ、［河の神に向かって］剣で刺し、あるいは弓で射た。大いに戦うこと三日にして、水はようやくもとのように引いた。）

『水経注』巻二「河水篇」のフランス語訳は以下の論文に補遺として収録してある。Chavannes, "Les pays d'occident d'après le Wei lio", *T'oung pao*, série II, vol.IV, Leiden, 1905, pp.563-571 (Notes additionnelle: la traduction du commentaire du *Choue king*). 該当箇所は次のように訳されている（p.568）。「索勱、呼び名は彦義、敦煌出身の有能な人物で、知事毛突の要請で弐師将軍に就任した。酒泉と敦煌の兵士千人の長となって楼蘭におもむき、殖民地とするため兵舎を建てた。注浜河に堰を築こうとしたが、流れを遮断する日、河の水が猛烈に押しよせ、波が堤防を浸した。（中略）索勱はひとり祈りつづけたが水量は減らない。ついに陣形を整えて戦闘態勢を取り、鼓をひびかせ喚声をあげ、剣で切りつけ弓で射た。三日のあいだ河と戦いをまじえ、ついに水は引いた」とある。

（110）『後漢書』巻十四の注釈［劉昭注］に「決疑要注曰。凡救日食皆著赤幘。以助陽也。日将食。天子素服避正殿。内外厳。日有変。伐鼓。聞音侍臣著赤幘。帯剣。入侍。三台令史已下皆持剣。立其戸前。衛尉卿駆馳繞宮察巡守備。周而復始。日復常。乃皆罷之」とある（一紙表）。ここに引かれた『決疑要注』は三一一年［東晋永嘉五年］に没したとされる摯虞の著作である（『晋書』

巻五十一、五紙表～八紙裏）。摯虞は二八八年［東晋太康九年］の社稷の制度に関する討議でも上奏をおこなっている（『晋書』巻十九、七紙表）。

［110］『後漢書』志第四「礼儀志上」三一〇二頁「［劉昭注］決疑要注曰。凡救日食。皆著赤幘。以助陽也。日将食。天子素服避正殿。内外厳。日有変。伐鼓聞音。侍臣著赤幘。帯剣入侍。三台令史已上［原注「下」］皆持剣。立其戸前。衛尉卿駆馳繞宮。察巡守備。周而復始。日復常。乃皆罷之」（［劉昭の注に言う。］『決疑要注』に次のようにある。「おしなべて日蝕から日を回復させるには、みな［陽の気の色である］赤い頭巾をかぶって陽の気に助力する。今にも日蝕が起きようとするとき、天子は白い着物をまとって正殿から離れ、［朝廷の］内も外もみな厳粛にする。日に変化が起きたとき、鼓を打って音を響かせる。側近の臣下は赤い頭巾をかぶり、剣をたずさえ［天子の御座が置かれた部屋に］参じて待機する。三台令史より上の者は剣を取り、その［部屋の］扉のまえに立つ。［朝廷の警護をつかさどる］衛尉卿は宮殿の周囲を駆けめぐり、守備を点検してひとまわりしたのち、またそれをくりかえす。日がいつもの状態にもどったなら、以上の措置はすべて終了となる。）

『晋書』巻十九「礼志上」五九四頁に「摯虞決疑曰」（摯虞の『決疑』に言う）としてほぼ同文の引用がある。同じく「礼志上」五八二頁にその成立の経緯が述べられ、「虞之決疑注。是其遺事也」（［摯］虞の『決疑注』はこのとき記されたものである）とする。同書巻五十一「摯虞伝」には書名が見えない。『隋書』巻三十三「経籍志二」九七〇頁に「決疑要注一巻摯虞撰」とある。最近の研究に以下のものがある。佐藤達郎「摯虞『決疑要注』をめぐって」『関西学院史学』三八号、二〇一一年、六三～八二頁。

（111）つづく文章から判断するかぎり、日蝕がはじまるまで皇帝は「正殿」すなわち太極殿にとどまっている。日蝕がはじまるとここを退出して「東堂」に移動するという。御座を二脚用意したのはこの移動に備えるためだろう。ひとつは太極殿、もうひとつは東堂に設置された。太極殿の名は唐の長安の宮殿もこれを受けついでいる。朝廷の中心となる建物だが、本文に記された東堂がどのような建物かわからない。

（112）昼用の水時計［漏刻］が示す一刻とは、夜があけてから最初の四分の一時間をいう。この訳文は暫定的だが、日中の時間を計る昼用の漏刻と夜中の時間を計る夜用の漏刻があったにちがいない。『後漢書』巻十五には「夜用の漏刻が終了するまえの五刻」という記述がある（三紙表）。

［112］『後漢書』志第四「礼儀志上」三一〇二頁「立春之日。夜漏未尽五刻。京都百官皆衣青衣」（立春の日、夜用の漏刻の水がまだ尽きない五刻に、都にいるすべての役人はみな青い衣を着用する。）

周代から昼と夜を百刻に分け、漏刻すなわち水時計で時刻を計った。漏刻は昼用と夜用があり、季節に応じて順次に取り替えられる。もっとも古い記録は前漢の劉向の『鴻範伝』にあり、『隋書』「天文志」に引用されている。以下を参照。Joseph Needham, *Science and Civilisation in China*, III, Cambridge University Press, 1959, p.322; 東畑精一・藪内清監訳『中国の科学と文明』第五巻、思索社、一九九一年、一八一頁。

『隋書』巻十九「天文志上」五二六頁「劉向鴻範伝記武帝時所用法云。冬夏二至之間。一百八十余日。昼夜左二十刻」（劉向の『鴻範伝［洪範五行伝］』は武帝の時代の使用法を記して言う。「冬至と夏至をはさんで百八十日あまりずつ、それぞれ昼と夜を二十刻に分けた」と。）

(113) このとき皇帝は正殿すなわち太極殿にいた。

(114) [「頭巾をかぶる」の原文の]「背」の語は理解に苦しむ。訳文に示した解釈が文献学的に確証できるだろうか。

[114] シャヴァンヌが参照した上海図書集成印書局本には「侍臣背赤幘」とあるが、現行の中華書局本二十四史では「侍臣皆赤幘」とある。訳注[121]参照。

(115) この文章もどう理解したらよいのか。皇帝は東堂に移動するため、すでに太極殿を退出したはずである。

(116) 鄴は北斉の首都。[清末]現在の河南省彰徳郡臨漳県にあたる。

[116] 鄴は春秋時代からいくつもの王朝が都を置いた。現在は河北省邯鄲《かんたん》市と河南省安陽《あんよう》市にまたがる。ここでは「鄴令」すなわち鄴都の長官がこの役目をになったことが問われるべきではないか。

(117) 社の祭壇は天に向かって開かれており、まわりに塀がめぐらせてあった。四面に扉口があるという。あるいは柵のたぐいかもしれない。

[117] 訳注[45]参照。『後漢書』「祭祀志」は「牆門」すなわち囲いと門があったと記す。この記述だけで

はシャヴァンヌが記すように「四面に扉口」があったかどうかはわからない。

(118) ここでは社に朱色の糸をめぐらせたと記してある。ただし劉芳の上疏から知られるとおり、六世紀には樹木の崇拝はすでに過去のものとなっていた。したがって古代において朱糸をめぐらせたのが樹木であったという主張はゆるがない。

[118] 訳注[61]参照。

(119) [「平らに置いた板」の原文の]「露版」に太祝令が唱えた祈禱の文を記したのだろう。太史令がその上で「馬を走らせる」とあるのが理解しがたい。このあと露版がおおやけにされるのは、社がこれまでの処遇をよしとしたことを示すためか。

[119] 露版は公布するための文書をいう。露布とひとしい。『後漢書』志第六「礼儀志下」三一四四頁に「弔臣請駅馬露布」（弔意を伝える臣下は駅舎の馬と露布を要請した）とあるのは、公布する露版と伝令の馬を調達する謂である。ここでは公布用の文書を急遽作成することをいうのではないか。

(120) この文章も難解であり、訳文はここでも暫定的なものである。

[120] シャヴァンヌは「走馬露版上。尚書門司疾上之」と読むが、ここは「走馬露版上尚書。門司疾上之」と読むべきではないか。それならば「[文書の発布をになう]尚書に上呈するため[公布用の文書である]露版を急遽作成し、[門番の役人である]門司がただちにこれを届けてたてまつる」と解することができ

るだろう。

(121)『隋書』巻八に「後斉制。日蝕則太極殿西廂東向。堂東廂西向。各設御座。群官公服。昼漏上水一刻。内外皆厳。三門者閉中門。単門者掩之。蝕前三刻。皇帝服通天冠。即御座。直衛如常。不省事。有変聞鼓音則避正殿。就東堂。服白給単衣。侍臣背赤幘。帯剣。升殿侍。諸司各於其所。赤幘持剣出戸向日立。有司各率官属。並行宮内諸門掖門。屯衛太社。鄴令以官属囲社。守四門。以朱糸縄繞繋社壇三匝。太祝令陳辞責社。太史令二人走馬露版上。尚書門司疾上之。又告清都尹。鳴鼓如厳鼓法。日光復円。止。奏解厳」とある(九紙表〜裏)。

[121]『隋書』巻八「礼義志三」一六九頁「後斉制。日蝕則太極殿西廂東向。東堂[原注「堂」]東廂西向。各設御座。群官公服。昼漏上水一刻。内外皆厳。三門者閉中門。単門者掩之。蝕前三刻。皇帝服通天冠。即御座。直衛如常。不省事。有変聞鼓音。則避正殿。就東堂。服白給単衣。侍臣皆[原注「背」]赤幘。帯剣。升殿侍。諸司各於其所。赤幘持剣。出戸向日立。有司各率官属。並行宮内諸門掖門。屯衛太社。鄴令以官属囲社。守四門。以朱糸縄。繞繋社壇三匝。太祝令陳辞責社。太史令二人。走馬露版上尚書。門司疾上之。又告清都尹。鳴鼓如厳鼓法。日光復乃止[原注「円止」]奏解厳」(北斉の制度では、日蝕が起きるとき太極殿の西側の脇部屋に東に向けて[皇帝の]御座をしつらえ、東堂の東側の脇部屋に西に向けて御座をしつらえた。なみいる官吏は公式の衣服を着用し、昼用の漏刻[水時計]の水が一刻を示すと、[朝廷の]内も外もみな厳粛にする。門が三つあればそのうちの中門を閉じ、ひとつであれば門を閉じて覆いをした。日蝕がはじまるまえの三刻に、皇帝は[輿のなかで用いる]通天冠をかぶり御座につく。直

属の護衛をいつものように配備させ、欠けるところのないようにする。日に変化が起きたとき鼓の音を響かせ、正殿から離れて東堂におもむく。白襟のひとえの衣をまとう。側近の臣下はみな赤い頭巾をかぶり、剣をたずさえ昇殿して待機する。もろもろの役人はそれぞれの部署で赤い頭巾をかぶり剣を取る。［各部署の］扉から外に出て日に向かって立つ。役人は各自の部下をひきいて、ともども宮殿内の正門やその脇の門を見まわり、［皇帝の］太社に集まってこれを護衛する。鄴都の長官は部下とともに社を包囲し、［東西南北の］四つの門の守備にあたる。朱色の糸で縄を作り、社の祭壇につないで三周めぐらす。［祭祀をになう］太祝令は言葉をつらねて社を正す。［天文をになう］太史令二名は［文書の発布をになう］尚書に上呈するため［公布用の文書である］露版を急遽作成し、［門番の役人である］門司がただちにこれを届けてたてまつる。また［首都の行政をになう］清都尹に告げて［警戒時に］厳粛に鼓を打つようにしてその音を響かせる。日の光がもとにもどり、そして［すべての措置が］終了して厳命の解除が［皇帝に］奏上される。）

同文が『通典』巻七十八「軍礼」（二一一九頁）に見える。

ここに清都尹とあるのは漢代以降の京兆尹（都知事）に相当する。

『漢書』巻十九上「百官公卿表上」七三六頁「内史。周官秦因之。掌治京師。景帝二年分置左右内史。右内史武帝太初元年更名京兆尹」（内史は周の官で秦もこれを継いだ。首都を治めることをつかさどる。景帝の二年にこれを分けて左右の内史を設置した。右内史は武帝の太初元年［前一〇四年］に名を改めて京兆尹とした。）

七　社と大雨および旱魃

（122）『春秋』荘公二十五年に「秋大水。鼓用牲于社于門」とある（一〇九頁）。

［122］つづく本文に「『左伝』はこれについて論評しない」とあるが、以下のとおり記事がある。

『左伝正義』荘公二十五年、三二三頁「秋大水。鼓用牲于社于門。亦非常也。凡天災。有幣無牲。非日月之眚不鼓」（秋に大雨が降った。社と城門で鼓を打ち犠牲をささげた。これまたいつもの礼にかなっていない。おしなべて［日蝕・月蝕・大水などの］天災が起きたとき幣帛はささげるが犠牲はささげない。日と月の災禍［日蝕と月蝕］でなければ鼓を打たない。）

『公羊伝注疏』荘公二十五年、二〇〇頁「秋大水。鼓用牲于社于門。其言于社于門何。于社礼也。于門非礼也」（秋に大雨が降った。社と城門で鼓を打ち犠牲をささげた。社と城門でおこなったことについてはどうか。社でおこなうことは礼にかなっている。城門でおこなうことは礼にかなっていない。）

（123）五祀における井から行への交替は漢代の「月令」編者によると考えられる。それでもこの書物の権威は相当なもので、五祀の祭祀はこれ以降おおむね井から行に替わった。本来は五祀は住居でまつられるものだから、道の神である行は含まれていなかった。これについては［南宋の］馬端臨『文献通考』巻八十六を参照（十二紙裏）。

［123］『文献通考』巻八十六「郊社考」二六四〇頁「泰静云。今月令謂行為井。是以時俗。或廃行而祀井。

魏武興復旧祀。而祭門戸井竈中霤。凡五祀焉」（泰静の注に言う。「現在『月令』は井に替えて行とする。これはその時代の世俗の風習に応じたことである。［旧来どおり］行を廃して井をまつる者もある。魏武［曹操］は旧来の祭祀を復興させ、門と戸と井と竈と中霤をまつり、このすべてを五祀とした」と。）

『礼記正義』第六「月令」五二四頁以下「［孟冬之月］其祀行。（中略）［仲冬之月］其祀行。（中略）［季冬之月］其祀行」（［孟冬の月十月］そのとき行をまつる。（中略）［仲冬の月十一月］そのとき行をまつる。（中略）［季冬の月十二月］そのとき行をまつる。）

(124)　前二世紀の［董仲舒の］『春秋繁露』「求雨」がこの見解を支持している。［旱魃が起きた］春に降雨を祈願したとき、家々で戸をまつったという（皇清経解続編、八八〇巻、三紙表）。夏に竈を、年のなかばに中霤を、秋に門を、冬に井をまつる。ただし冬の祭祀は降雨を祈願するためではなかろう。人々は住居の神々に雨が降るのを訴えただけではない。雨がやむように訴えることもした。社の神にさまざまなことを訴えてきたのもそれと同じである。人々が社に対して強く求めたことが『春秋』に語られていたが、それはここからも理解できるだろう。
［124］『春秋繁露義証』第七十四「求雨」新編諸子集成、中華書局、一九九二年、四二六頁「春旱求雨。令県邑以水日禱社稷山川。家人祀戸」（春に旱魃があり人々は降雨を願った。各県の村々では［五行の］水の日に社稷と山川の神に祈らせ、家々で戸をまつらせた。）

(125)　『春秋繁露』「止雨」に「雨太多。……以朱糸縈社十周」とある（八紙表）。すなわち「大雨が降りつづくとき、……朱色の糸で社を取り巻くこと十周におよんだ」という。董仲舒はこのとき社に奉献された祈禱文を記録している。そこには社を攻めたてる文言はない。また、雨を止める儀式に朱糸を用いることも記していない。「嗟。天生五穀以養人。今淫雨太多。五穀不和。敬進肥牲清酒。以請社霊。幸為止雨。除民所苦。無使陰滅陽。陰滅陽。不順於天。天之常意。在於利人。人願止雨。敢告於社」とある（八紙表～裏）。すなわち「ああ、天は人を養うために五穀を生じさせたのに、今、度を越して大雨が降りつづき、五穀は生育をさまたげられている。雨をやませ、民を苦しみから救うことを切に願って、敬意をこめて肥えた生け贄と生粋の酒をたてまつり、社に祈る。陰の気が陽の気を損なうことがあってはならない。もしも陰の気が陽の気を損なうならば、それは天の意志に反することになる。つねに変わることのない天の心は、人々に利益をもたらすことではないか。人々は雨がやむことを願っている。そのことをあえて社に告げたい」という。

〔125〕『春秋繁露義証』第七十五「止雨」四三七頁「雨太多。（中略）〔祝曰〕嗟。天生五穀以養人。今淫雨太多。五穀不和。敬進肥牲清酒。以請社霊。幸為止雨。除民所苦。無使陰滅陽。陰滅陽。不順於天。天之常意。在於利人。人願止雨。敢告於社。（中略）以朱糸縈社十周。衣赤衣赤幘。三日罷」（雨が大量に降っている。（中略）〔雨を止めるための祈禱の言葉に言う。〕「ああ、天は五穀を生じて人を養うものでありながら、今、おびただしいまでに雨が大量に降りつづき、五穀の生育は調和を失おうとしている。謹んで肥えた犠牲の獣と精製した酒を進上し、社の神霊に願い求める。さいわいに雨をやませ、民の苦しむところを取り除いてくださるように。陰の気が陽の気を滅ぼすことのないようにと〔願い求める〕。陰の気が陽

の気を滅ぼすことは、天にたがうことになる。天がつねに心を用いるのは、人々に恵みをもたらすことであろう。人々は雨がやむことを望んでいる。あえて社に告げる次第である」と。（中略）朱色の糸で社をめぐらすこと十周におよんだ。［役人は］赤い衣をまとい赤い頭巾をかぶった。三日ののち雨はやんだ。）

（126）一世紀の衛宏の『漢旧儀』が董仲舒の影響を伝えている。平津館叢書に収録された佚文に「五儀元年。儒術奏施行董仲舒請雨事。……五年。始令諸官止雨朱縄縈社撃鼓攻之」とある（七紙表）。すなわち「五儀元年、儒者が雨の祈願に関する董仲舒の説を実地に適用することを提案した。五儀五年にはじめて諸役人に命じて雨をやませるための儀式をおこなわせた。朱色の縄で社を取り巻き、鼓の音で社を攻めたてた」という。この文には不審な点がある。まず「五儀」という年号は存在しない。六七六年［儀鳳元年］の『後漢書』注釈［李賢注］に『漢旧儀』からの引用があり、儀式の執行を「成帝の三年六月」としている（巻十五、二紙表）。これは前三一年にあたるが、年号が記されていないことにも注意したい。引用の末尾に「これ以後、大雨と旱魃がしばしば起きた」とある。衛宏が『漢旧儀』を記したのは一世紀である。同じ世紀に社で朱糸の儀式がおこなわれており、これを以後の災害にもすべて適用させたのか。

［126］『漢旧儀』補遺巻下、中国史学基本典籍叢刊、中華書局、二〇一二年、一〇三頁「五儀元年。儒術奏施行董仲舒請雨事。（中略）五年。始令諸官止雨。朱縄縈社。撃鼓攻之」（五儀元年、儒者が雨の祈願に関する董仲舒の策を実践するよう奏上した。（中略）［五儀］五年、はじめて諸役人に命じて雨をやませるため、朱色の縄を社にめぐらせ、鼓を打って社を攻めたてた。）

『漢旧儀』の名は『隋書』「経籍志」に見える（『隋書』巻三十三「経籍志二」九六九頁「漢旧儀四巻衛敬仲撰」）。

『後漢書』志第五「礼儀志中」三一二〇頁「［劉昭注］漢旧儀曰。成帝三年六月。始命諸官止雨。朱縄反縈社。撃鼓攻之。是後水旱常不和」（［劉昭の注に言う。］『漢旧儀』に次のようにある。「［前漢］成帝の三年［前三一年］六月、はじめて諸役人に命じて雨をやませるため、朱色の縄をいくえにも社にめぐらせ、鼓を打って社を攻めたてた。その後、大雨と旱魃があり［陰陽の気の］調和はいつも乱れた。」）

(127) 『後漢書』巻十五に「反拘朱索社。伐朱鼓」とある（二紙表）。すなわち「朱色の縄で何周にも社を封鎖し、朱色の鼓を打った」という。このとき望まれたのは雨が降ることだった。それがあたかも日蝕のときの儀式のように記されている。旱魃が起きたときは陰の気を抑制するのではなく、むしろ助力を要したはずである。大雨がやむことを祈願する儀式が何かの手違いでここに記されたのではないか。六七六年［儀鳳元年］の『後漢書』注釈［李賢注］に記してあるのもそうした儀式である。

［127］『後漢書』志第五「礼儀志中」三一二〇頁「其旱也。公卿官長以次行雩礼求雨。（中略）反拘朱索社。伐朱鼓」（旱魃が起きたとき、公卿と長官は順番に雨乞いの儀式をおこなって降雨を願った。（中略）いくえにも朱色の縄で社を取り囲み、朱色の鼓を打った。）

(128) 『後漢書』巻十五に「自立春至立夏尽立秋。郡国上雨沢若少。府郡県各掃除社稷」とある

（一紙表）。文中の「府」は親王に領地として附与された行政区のことか。「郡県」は［天子に］直属の封建領地における統治区域をいう。［南宋の］鄭樵の『通志』巻四十二の引用文中に「府」の文字はなく、文意は明瞭である。清の考証学者淩曙の引用文中には「府」字があり、また「若少」を「詣少」とする（『春秋繁露』三紙表）。これは文意が把握しがたい。

［128］『後漢書』志第五「礼儀志中」三一一七頁「自立春至立夏尽立秋。郡国上雨沢若少。郡県［原注「府郡県」］各掃除社稷」（立春から立夏をへて立秋が終わるまで、郡国に雨が潤沢に降るのをよしとして、降雨が少ないときは郡県では社稷を掃き清める。）

『通志』巻四十二「礼略大雩」新興書局、一九六三年「後漢自立春至立夏尽立秋。郡国上雨沢若少。郡県各掃除社稷」（後漢では立春から立夏をへて立秋が終わるまで、郡国に雨が潤沢に降るのをよしとして、降雨が少ないときは郡県では社稷を掃き清めた。）

『春秋繁露義証』第七十四「求雨」四二六頁「淩云。通考。後漢制。自立春至立夏尽立秋。郡国上雨沢。詣少府郡県各掃除社稷」（淩曙は［注に］言う。「『通考』によれば、後漢の制度では、立春から立夏をへて立秋が終わるまで、郡国に雨が潤沢に降るのをよしとして、降雨が少ないときは府郡県では社稷を掃き清めた」と。）

（129）『春秋繁露』「求雨」に「鑿社而通閭外之溝。取五蝦蟇錯置里社之中」とある（四紙裏）。

［129］『春秋繁露義証』第七十四「求雨」四二九頁「鑿社而通閭外之溝。取五蝦蟇。錯置里社之中」（社地をうがち［二十五家の］里の外から水路を通し、五匹の蝦蟇を捕らえて里社のなかに据え置いた。）

シャヴァンヌは原注に皇清経解続編の原文を示しているが、同書の光緒十四年南菁書院本には「鑿社通之於閭外之溝。取五蝦蟇。錯置社之中」とある（四紙裏）。「社」とあるのみで「里社」とは記してない。

(130)『春秋繁露』「精華」に「大旱者陽滅陰也。陽滅陰者。尊圧卑也。固其義也。雖太甚。拝請之而已。無敢有加也。大水者陰滅陽也。陰滅陽者。卑勝尊也。日食亦然。皆下犯上以賤傷貴者。逆節也。故鳴鼓而攻之。朱糸而脅之。為其不義也」とある（八紙表〜裏）。ほぼ同じ文が劉向の『説苑』巻十八に見える（漢魏叢書、六紙表）。これはむしろ当然であって、董仲舒の発言の多くを一世紀後に劉向が採用している。これは『漢書』「五行志」に散見される。

［130］『春秋繁露義証』第五「精華」八六頁「大旱者。陽滅陰也。陽滅陰者。尊厭［原注「圧」］卑也。固其義也。雖大［原注「太」］甚。拝請之而已。敢［原注「無敢」］有加也。大水者。陰滅陽也。陰滅陽者。卑勝尊也。日食亦然。皆下犯上。以賤傷貴者。逆節也。故鳴鼓而攻之。朱糸而脅之。為其不義也」（大旱魃は陽が陰を滅ぼすことで起きる。陽が陰を滅ぼすとは、尊い者が卑しい者を押しつぶすことである。もとよりそれは正しい道理である。それがどんなにはなはだしくとも拝して願い求めるばかりである。そこに何かを加えることなどできようか。大雨は陰が陽を滅ぼすことで起きる。陰が陽を滅ぼすとは、卑しい者が尊い者をしのぐことである。日蝕もまた同様である。いずれも下の者が上の者を侵し、卑賤な者が富貴な者を損なうことである。それは道理にそぐわない。それだから鼓を打ち鳴らしてこれを攻めたて、朱色の糸でこれをおどすのである。それは正しくないことをしているからである。）『説苑校証』巻十八「弁物」中国古典文学基本叢書、中華書局、一九八七年、六〇頁「大旱者。陽気太

盛。以厭於陰。陰厭陽。固陽其塡也。惟塡厭之太甚。使陰不能起也。亦雩祭拝請而已。無敢加也。至於大水及日蝕者。皆陰気太盛。而上滅陽精。以賤乗貴。以卑陵尊。大逆不義。故鳴鼓而摂之。朱糸縈而劫之」（大旱魃は陽の気が大いにさかんになって陰の気を押しつぶすことで起きる。陰が陽に押しつぶされるのは、かならずや陽が満ちあふれているのである。ひたすら満ちあふれてこれを押しつぶすことがはなはだしいと、陰を立たせることができなくしてしまう。また雨乞いの祭をおこない拝礼して請願するばかりで、それ以上に加えるものは何もない。大雨になり日蝕が起きるのは、いずれも陰の気が大いにさかんになって、［地より］上にあがり陽の精気をいたく減少させているのである。賤《いやし》い者が貴い者を乗りこえ、卑しい者が尊い者をしのぐのは、大いに道理にもとり正しくない。それだから鼓を打ち鳴らしてこれを抑えこみ、朱色の糸をめぐらしてこれをおびやかすのである。）

　劉向による董仲舒説の援用については『漢書』「五行志」に次のような例がある。

『漢書』巻二十七下之下「五行志下之下」一四八二頁「桓公三年。七月壬辰朔。日有食之既。董仲舒劉向以為。前事已大。後事将至者又大。則既」（［『春秋』の］桓公三年［前七〇九年］の条に「七月壬辰のついたちに日蝕があり、皆既日蝕であった」とある。董仲舒と劉向が判断したように、以前のことがすでに大ごとで、以後のこと［ここでは桓王の殺害］がまた大ごとになろうとするならば、すなわち皆既日蝕となるだろう。）

（131）デ・ホロートの『廈門《アモイ》の年中行事』にそうした事例が豊富に記してある。

［131］デ・ホロートは清朝末期の廈門で「乞雨」の儀式がおこなわれたことを伝える。町で最大の城隍廟が

その舞台となった。儀式の前日に役人が麻の衣を着て勢揃いし、城隍爺に九拝したのち乞雨の祈願書を火にくべる。当日は早朝から人々が押しかけ廟内は立錐の余地もない。香がたちこめるなかに仏僧や道士も参集している。祭司が乞雨の神呪を唱えたのち、廟から行列がくりだされる。竹で編んだ傘のような帽子をかぶった者があとにしたがう。これは雨を呼ぶためだという。紙でできた一本足の鳥をたずさえていく。これは鷸鴹《しょうよう》と呼ばれ、『孔子家語』に引く俗謡「天将大雨。商羊鼓儛」が典拠とされる。旱魃の鬼の人形をかつぐ者もいる。人々は「祈求甘雨」と記した旗をかかげ「皇天呵。乞雨呵」と唱えながら海へ向かう。浜辺で旱魃の鬼を打ちこわして海に沈め、それから行列は廟に帰還する。鷸鴹を城隍爺の像にそなえて儀式は終了したという。Jan Jacob Maria de Groot, *Les fêtes annuellement célébrées à Emoui (Amoy), Étude concernant la religion populaire des Chinois*, I, Annales du Musée Guimet, XI, Ernest Leroux, Paris, 1886, pp.68–72.

（132）『後漢書』巻十五に「日夏至。禁挙大火。止炭。鼓鋳消石冶皆絶止。至立秋如古事」とある（二紙裏）。『漢書』巻七は前八一年［始元六年］の条に「夏旱。大雩。不得挙火」と伝える（二紙裏）。すなわち「夏に旱魃があった。雨を降らせるために大祭を催し、火を起こすことが禁じられた」という。三世紀末に臣瓚はこれに注して「不得挙火。抑陽助陰也」とした。すなわち「火を起こすことが禁じられたのは、陽の気を抑え、陰の気を助けるためである」という。

［132］『後漢書』志第五「礼儀志中」三一二二頁「日夏至。禁挙大火。止炭鼓鋳。消石冶皆絶止。至立秋如故事［原注「古事」］」（夏至の日になると、大きな火を起こすことを禁じ、炭で金鼓を鋳造することもや

めさせ、硝石で冶金をすることもすべて厳重に禁じた。立秋にいたってもとのとおりにもどした。）

『漢書』巻七「昭帝紀」二二四頁「［始元六年］夏旱。大雩。不得挙火。［注］臣瓚曰。不得挙火。抑陽助陰也」（夏に旱魃があり、大々的に雨乞いをした。火を起こすことが許可されなかった。［注に］臣瓚は言う。「火を起こすことが許可されなかったのは、陽の気を抑制して陰の気に助力するためである」と。）

（133）『後漢書』巻十五に「是日浚井改水。日冬至。鑽燧改火云」とある（二紙裏）。この「鑽燧改火」の文言は『論語』第十七にも見えるが、『周礼』「司爟」の記事に引きずられて煩瑣な解釈がなされてきた（ビオ『周礼訳注』第二巻一九五頁の注参照）。レッグの訳注にもその一端がうかがえる（『中国古典』第一巻一九二頁）。『論語』のなかで［孔子の対話者である］宰我は、喪の期間が一年で十分だという考えを表明している。自然界の循環は一年を周期とし、新しい収穫がもたらされるのも、新しい火に改められるのも一年ごとだという。『後漢書』が記すとおり、冬至の日に［燧《ひうち》を用いて］新しい火を起こしたのである。

［133］『後漢書』志第五「礼儀志中」三一二二頁「是日浚井改水。日冬至。鑽燧改火云」（［夏至の］この日に井戸をさらって水を新しくする。冬至の日に燧をきりもみして火を新しくするという。）

『論語注疏』第十七「陽貨」二七五頁「宰我問。三年之喪。期已久矣。（中略）旧穀既没。新穀既升。鑽燧改火。期可已矣」（宰我が［孔子に］質問した。［父母のために］三年の喪に服するというが、一年で終えれば十分ではないか。（中略）古い穀物がすでになくなり、新しい穀物がすでに実るのも、燧をきりもみして火を新しくするのも、一年で終えるべきことである」と。）

『周礼注疏』巻三十「夏官司爟」九三五頁「司爟。掌行火之政令。四時変国火。以救時疾。〔鄭注云〕行猶用也。変猶易也。鄭司農説以鄹子曰。春取楡柳之火。夏取棗杏之火。季夏取桑柘之火。秋取柞楢之火。冬取槐檀之火。季春出火。民咸従之。季秋内火。民亦如之。〔鄭注云〕火所以用陶冶。民随国而為之。（中略）火星未出而出火。後有災」（司爟は火〔の交換〕をおこなう政務をつかさどる。四季ごとに国家の火を変え、時節〔の気の変化〕による疾病を救う。〔鄭玄の注に言う。〕「火を「おこなう」とは「用いる」ことである。国家の火を「変える」とは「改める」ことである。鄭司農はこれを説明するのに鄹子〔鄒衍〕の言葉を用いて言う。春は楡柳《ゆりゅう》の火を取る。夏は棗杏《そうきょう》の火を取る。季夏は桑柘《そうしゃ》の火を取る。秋は柞楢《さくゆう》の火を取る。冬は槐《かい》檀《たん》の火を取る」と。春の季《すえ》〔三月〕に火を起こせば民はみなこれにしたがう。秋の季《すえ》〔九月〕に火を納めれば民もまたそのようにする。〔鄭玄の注に言う。〕「火はこれを用いて陶器を焼き金属を鋳る手段である。民は国〔の指示〕にしたがってこれをおこなう。（中略）〔二十八宿の〕心宿の星がまだ見えない時節に火を外で用いれば、後々災厄があろう」と。）

Biot, *Le Tcheou-li, op. cit.*, II, p.195, n.5「鄭衆〔鄭司農〕の注に言う。「〔春には〕楡《にれ》と柳から火を得る。夏には棗《なつめ》と杏《あんず》の木から火を得る。晩夏には桑と柘《つげ》の木から火を得る。秋には柞《ははそ》と楢《なら》の若木から火を得る。冬には槐と車を作る檀《まゆみ》の木から火を得る」と。鄭玄の注はこの〔後段の〕文章を火を用いて陶器を焼くことに結びつけた。この仕事は季節によって〔火の〕扱いが異なることに注意をうながす。春の末に人は暑さを感じだすので火を外に出す。秋の末には寒さに震えだすので火を〔内に〕もどして用いるのである。〔宋代の〕王昭禹は『周礼詳解』に言う。「火は食物の煮炊きに用いるが、四季の秩序にかなった調整をしないと不均衡が生じる。火〔の交換〕をおこなう手段を変えれば調和が保たれ、民が〔季節ごとの〕病にかかるのを緩和できる」と」

王昭禹撰『周礼詳解』巻二十六「夏官司爟」文淵閣影印版『欽定四庫全書』七紙表「則納其気於外烹飪以為養。則納其気於内逆而用之。則強弱相勝。（中略）於四時皆有癘。以火生於木其気性従之。故四時各取其所宜木。以変国火焉。而民疾于是乎可救矣」（〔火の〕気を外に向けて制御し食物を煮て人を養い、内に向けて制御し火をとどめて用いる。それによって強勢と劣勢がたがいをしのぐ。（中略）四季それぞれに流行病があり、火を起こす木〔の種類〕によって病の気は順応する。それだから四季に応じてふさわしい木を用いて国の火を交換する。こうすることで民を疾病から救うことができよう。）

(134)『春秋繁露』「止雨」に「雨太多……禁婦人不得行入市」とある（八紙表）。

〔134〕『春秋繁露義証』第七十五「止雨」四三七頁「雨太多。（中略）禁婦人不得行入市」（雨が大量に降った。（中略）婦人に禁じて市場に出入りできないようにした。）

(135)『春秋繁露』「求雨」に「五日禁男子無得行入市」とある（六紙表）。鄭樵（一一〇八〔〇四〕～六六〔六二〕年）の『通志』巻四十二に言う。「武帝元封六年旱。女子及巫。丈夫不入市」とある。すなわち「武帝の元封の第六年〔前一〇五年〕に旱魃があり、女性が祈禱をおこなった。男性はおおやけの場に入れさせなかった」という。六七六年〔儀鳳元年〕の『後漢書』注釈は、この文章を崔豹の『古今注』からの引用とする（巻十五、二紙表）。しかし〔現行の〕漢魏叢書本『古今注』にはこの文章は見えない。

［135］『春秋繁露義証』第七十四「求雨」四三二頁「五日禁男子無得行入市」（五日のあいだ男性に禁じて市場に出入りできないようにした。）

『通志』巻四十二「礼略大雩」新興書局、一九六三年、五六二頁「武帝元封六年旱。女子及巫。丈夫不入市」（［前漢］武帝の元封六年［前一〇五年］に旱魃が起きた。女性は祈禱者とともにいた。成人男性を市場に出入りさせなかった。）

『後漢書』志第五「礼儀志中」三一二〇頁「［劉昭注］古今注曰。武帝元封六年五月旱。女及巫丈夫不入市也」（［劉昭の注に言う。］『古今注』に言う。「武帝の元封六年五月に旱魃が起きた。女性は祈禱者とともにいた。成人男性を市場に出入りさせなかった」と。）

（136）『極東研究院紀要』第四号掲載の論文「「九九消寒之図」考」を参照。

［136］シャヴァンヌの論文は明弘治元年（一四八八年）銘の「九九消寒之図」に関するもので、図中に記された冬至後の「九一」から陽春にいたる「九九」までの七言絶句を読み解き、春のおとずれを待ち望む市井の人々の思いを詩句のなかにさぐっている。Chavannes, "Les neuf neuvaines de la diminution du froid", *Bulletin de l'École française d'Extrême-Orient*, IV, Hanoï, 1904, pp.66-74.

この習俗については明の崇禎八年（一六三五年）刊行の『帝京景物略』に記事がある。

『帝京景物略』巻二「春場」北京古籍出版社、二〇〇一年、二九頁。「［十一月冬至日］日冬至。画素梅一枝。為弁八十有一。日染一弁。弁尽而九九出。則春深矣。曰九九消寒図」（［十一月の冬至の日］日が冬至になると白い梅を一枝描く。花弁を八十一枚とし、日ごとに一枚の花弁を色で染める。花弁が尽きて九九「八十一枚の花」があらわれると、そのとき春が深まる。これを九九消寒図という。）

この記事は光緒三十二年（一九〇六年）刊行の『燕京歳時記』も十一月「九九消寒図」の条に引いている（『燕京歳時記』筆記続編、広文書局、一九六九年、一二五頁）。

(137)　牛を叩く儀式は東アジアの広い地域で見られる。ミルンは寧波《ニンポー》でその儀式に立ち会った（『中国情報誌』一三号、一三八〜一三九頁）。グルナールはカシュガル［中国領トゥルキスタン］で経験している（デュトレイユ・ドゥ・ラン『中央アジア調査行』第一巻、九五〜九六頁）。ディゲは安南《アンナン》でこれを見ている（『安南の民』二五〇〜二五三頁）。この儀式は牛を叩く鞭牛《べんぎゅう》あるいは春を叩く鞭春《べんしゅん》と呼ばれ、春をもたらす［陽の気の］活力を高めるためにおこなわれた。古い時代にはおそらく生きた牛を用いたのだろうが、記録に現れる段階では土の牛になっている。中国の暦にはたいてい春の牛が登場する。牛を叩くのは柳の枝を持った精霊で芒神《ぼうしん》と呼ばれる。これは『礼記』「月令」に記された春の神句芒《こうぼう》にちがいない。

［137］　ロンドン宣教協会の宣教師ウィリアム・ミルンは一八四二年末から翌年夏まで寧波に滞在し、その見聞を記録した。二月三日の立春の朝、役人がそろって町の東門におもむく。中国人は春は東から来ると信じているからだという（西洋人にとって春は西風の神ゼピュロスがもたらすとされた）。芒神と呼ばれる春の神がまつられ、紙でできた牛を叩いて春の訪れをせきたてる。これは鞭春と呼ばれ、耕作のはじまりを告げる行事とされる。William Milne, "Notes of a Seven Month's Residence in the City of Ningpo, from December 7th 1842, to July 7th 1843", *Chinese Repository*, XIII/3, Hongkong, 1844, pp.138-139.

フランスの地理学者デュトレイユ・ドゥ・ランは一八九一年から中国領トゥルキスタンで調査をおこない、九四年にチベットで没した。遠征に同行したフェルナン・グルナールがその記録を『中央アジア調査行』として刊行した。一行は一八九二年二月三日にカシュガルで立春の祭を見ている。漢人だけでなくモンゴル人やムスリムも参加していた。正装した役人が豪華な輿に乗り、日が昇る方角へ紙でできた牛を運んでいく。耕地に生命の息吹をもたらすものとして、春を告げる神にささげるのだという。役人たちは大仰に紙の牛をもてなし、翌日それを杖で打ちこわす。こうした祭は同じころ中国でもおこなわれていたにちがいなく、古い儀式のなごりであろうとデュトレイユは記している。Jules-Léon Dutreuil de Rhins, *Mission scientifique dans la Haute-Asie*, I, publié par Fernand Grenard, Ernest Leroux, Paris, 1897, pp.95–96.

海軍大佐エドゥアール・ディゲはフランス植民地海兵隊員としてインドシナに駐留し、そのおりの見聞をもとに『安南の民——社会・風俗・宗教』を刊行した。フランス領インドシナでは立春の祭は中国の暦にもとづいておこなわれる。ディゲは一九〇五年の祭を見物した。土でできた巨大な水牛と牛引きの人形が町を練り歩く。水牛の頭と鼻の左側は黒く塗ってあり、角と耳と尾も黒、脚は黄色、残りは赤である。東方を守護する青帝の祭壇までこれをかついでいき、身分のある役人たちがあとにつづいた。土地の長官が祭壇に花と果実をそなえ、香を焚きしめる。そのあと水牛と牛引きの人形は、風水師が占った場所に埋めたという。Édouard Diguet, *Les Annamites, société, coutumes, religions*, Augustin Challamel, Paris, 1906, pp.250–253.

『礼記正義』第六「月令」五二一頁「孟春之月。（中略）其日甲乙。其帝太皞。其神句芒」（孟春の月正月、（中略）それぞれの日［に配当される十干］は甲と乙である。春に上帝を太皞と呼び、春の神を句芒と呼ぶ。）

つづく本文にマンハルト学派についての言及がある。ドイツの民俗学者ヴィルヘルム・マンハルトの主著『森と野のまつり』全二巻のうち、『ゲルマンとその周辺民族の樹木崇拝』と題された第一巻は一八七五年に刊行された。そこにはシャヴァンヌの社の研究につながる見解が示されている。ゲルマンの五月祭で村の広場に立てる「五月の木」は、村を見守る神聖な木であり、春にめばえた植物をはぐくむ土地の精霊をあらわすものだという。

立春の祭、1905年フランス領インドシナ
(Diguet, *Les Annamites*, *op. cit.*, p.251)

Wilhelm Mannhardt, *Walt- und Feldkulte*, Bd.1., *Der Baumkultus der Germanen und ihrer Nachbarstämme, mythologische Untersuchungen*, Gebrüder Borntraeger, Berlin, 1875, S.212.

マンハルトはギリシア・ローマの古典文献から同時代の民俗資料を博捜し、ゲルマンの樹木崇拝の実態をあきらかにした。そのうえで想像力を駆使して歴史のかなたにある神聖な樹木のみなもとにせまろうとする。その範囲はゲルマン語族の周辺地域から古典古代の地中海世界へ、さらに新大陸の民俗事象にまでおよんだ。文化の違いをこえて諸民族の信仰に共通するものをさぐるこころみだが、そこでは個々の文化を成り立たせる歴史的な基盤の差異はほとんどかえりみられなくなる。のちにマンハルト学派と呼ばれた人々への批判もそこに集中した。シャヴァンヌの学説との関連については本書の解説を参照されたい。

八 社と稷

(138) 『左伝』隠公三年［前七二〇年］、襄公十八年［前五五五年］、昭公七年［前五三五年］と十三年［前五二九年］、定公元年［前五〇九年］に「主社稷」とある（一三頁、四七九頁、六一九頁、六五〇頁、七四五頁）。

［138］『左伝正義』隠公三年、八八頁「請子奉之。以主社稷」（この方［殤公与夷］を奉戴し、社稷をつかさどる者［宋国の君主］となすことを請い願う。）

『左伝正義』襄公十八年、一〇九二頁「社稷之主。不可以軽」（社稷をつかさどる者［国の君主たる者］は、軽率に行動すべきではない。）

『左伝正義』昭公七年、一四四六頁「侯主社稷。臨祭祀」（諸侯のひとりたる者は社稷をつかさどり［領国を治め］、先祖の祭祀に臨まねばならない。）訳注［174］参照。

『左伝正義』昭公十三年、一五一八頁「請神択於五人者。使主社稷」（神々には［共王の子の］五人のうちから選び給いて、社稷をつかさどる者［楚国の君主］とされるよう請い願う。）

『左伝正義』定公元年、一七六六頁「若公子宋主社稷。則群臣之願也」（もし公子宋が社稷をつかさどる者［宋国の君主］となるなら、それは群臣の願うところである。）

(139)『左伝』襄公十四年［前五五九年］、昭公二十年［前五二二年］、定公四年［前五〇六年］に「不撫社稷」あるいは「失守社稷」とある（四六五頁、六八二頁、七五七頁）。

［139］『左伝正義』襄公十四年、一〇六一頁「聞君不撫社稷。而越在他竟」（聞くところでは君主が社稷を大切にせず［国を安寧にできず］、祖国を離れて異郷にいるという。）

『左伝正義』昭公二十年、一六〇三頁「亡人不佞。失守社稷。越在草莽」（亡命者の自分は愚かな身で、社稷を守ることも忘れ［国を護りきれず］、祖国を離れて野にくだっている。）

『左伝正義』定公四年、一七九三頁「寡君失守社稷。越在草莽」（わが国の君主は社稷を守ることも忘れ［国を護りきれず］、祖国を離れて野にくだっている。）

(140)『左伝』隠公十一年［前七一二年］に「復奉其社稷」とある（三三頁）。

［140］『左伝正義』隠公十一年、一四四頁「天其以礼悔禍于許。無寧茲。許公復奉其社稷」（天が礼にのっとり許の国にわざわいをもたらしたことを悔いるなら、この土地ばかりでなく、許公はふたたびもとの社稷をたてまつる［祖国を統治する］ことになろう。）

(141)『左伝』隠公十一年［前七一二年］に「定社稷」とある（三三頁）。

［141］『左伝正義』隠公十一年、一四六頁「礼経国家。定社稷序民人」（礼は国家を統治させ、社稷を安定さ

せ［国を安泰にさせ］民に秩序をもたらすものである。）

(142)『左伝』昭公二十五年［前五一七年］に「以社稷之故」とある（七一一頁）。

［142］『左伝正義』昭公二十五年、一六八四頁「君若以社稷之故。私降昵宴。群臣弗敢知」（君主がもしも社稷をかえりみて［国の大事をおもんぱかり］、みずから内々のうたげをひかえるのは、群臣がとやかく言うことではない。）

(143)『左伝』定公八年（前五〇二年）に「辱社稷」とある（七六九頁）。

［143］『左伝正義』定公八年、一八一三頁「寡人辱社稷。其改卜嗣」（自分は社稷をはずかしめた［国の名誉をけがした］。それだから改めて跡継ぎを占って決めてほしい。）

(144)『左伝』宣公十二年（前五九七年）に「社稷之衛」とある（三二一頁）。

［144］『左伝正義』宣公十二年、七五五頁「進思尽忠。退思補過。社稷之衛」（進んでは忠誠を尽くそうとはかり、退いてはあやまちをつぐなおうとはかる。社稷の守護者［国の守り］となる人である。）

(145)『左伝』襄公二十一年（前五五二年）に「社稷之固」とある（四九一頁）。

［145］『左伝正義』襄公二十一年、一一一八頁「謀而鮮過。恵訓不倦者。叔向有焉。社稷之固也」（はかりごとをしてあやまちが少なく、愛情深くみちびいて倦むことがない。叔向とはそういう人物であり、社稷を

堅固なものにする［国を強固にする］者である。）

（146）『左伝』襄公二十五年［前五四八年］に「君民者。豈以陵民。社稷是主。臣君者豈為其口実。社稷是養。故君為社稷死。則死之。為社稷亡。則亡之。若為己死。而為己亡。非其私暱。誰敢任之」とある（五一四頁）。

［146］『左伝正義』襄公二十五年、一一六六頁「君民者。豈以陵民。社稷是主。臣君者。豈為其口実。社稷是養。故君為社稷死。則死之。為社稷亡。則亡之。若為己死。而為己亡。非其私暱。誰敢任之」（民の君主となる者は、民の上に君臨するだけでなく、社稷をつかさどる者である。君主の臣下となる者は、その口を満たすためだけでなく、社稷につかえる者である。それだから君主が社稷のために死ぬなら、すなわち［臣下も］そのために死ぬ。［君主が］社稷のために亡命するなら、すなわち［臣下も］そのために亡命する。もしも［君主が］自分のために死に、あるいは自分のために亡命するなら、内々の側近でもなければ誰があえて君主に身をゆだねようか。）

（147）二二一～二二三頁参照。

（148）『漢書』巻一上に「令民除秦社稷。立漢社稷」とある（十紙表）。

［148］『漢書』巻一上「高帝紀上」三三頁「［高祖二年］令民除秦社稷。立漢社稷」（［高祖の第二年］民に命じて秦の社稷を廃させ、漢の社稷を立てさせた。）

（149）『孟子』第七下に「犠牲既成。粢盛既潔。祭祀以時。然而旱乾水溢。則変置社稷」とある［参照した刊本は示してない］。

〔149〕『孟子注疏』第七下「尽心章句下」四五六頁「諸侯危社稷。則変置。犠牲既成。粢盛既潔。祭祀以時。然而旱乾水溢。則変置社稷」（諸侯が社稷を危うくするなら、ただちに［君主を］置き換える。［社稷にそなえる］犠牲が十分にととのい、器に盛った穀物が十分に清らかで、祭祀も時節にかなっており、それにもかかわらず旱魃で大地はかわき大雨で水があふれるなら、ただちに社稷を置き換える。）

（150）『国語』は夏王朝が「興る」と記すが、『礼記』等いずれも「衰える」と記す。

〔150〕訳注〔151〕参照。

（151）『国語』「魯語」に「昔烈山氏之有天下也。其子曰柱。能殖百穀百蔬。夏之興也。周棄継之。故祀以為稷。共工氏之伯九有也。其子曰后土。能平九土。故祀以為社」とある。『礼記』「祭法」の文は文字に異同がある（第二巻二六八～二六九頁）。『漢書』巻二十五上（一紙裏）および『後漢書』巻十九（四紙表）参照。

〔151〕『国語』巻四「魯語上」三三頁「昔烈山氏之有天下也。其子曰柱。能殖百穀百蔬。夏之興也。周棄継之。故祀以為稷。共工氏之伯九有也。其子曰后土。能平九土。故祀以為社」（昔、烈山氏［神農］が天下を治める者となった。その子を柱という。あまたの穀物と野菜をたくみに植えた。夏王朝が興起すると、

周の［先祖である］棄がこれを継いだ。そこで柱をまつって［穀物の神である］稷とした。共工氏が九州［中国全土］の長となった。その子を后土という。九州の土地をたくみに平定した。そこで后土をまつって［土地の神である］社とした。）

『礼記正義』第二十三「祭法」一五二四頁「厲山氏之有天下也。其子曰農。能殖百穀。夏之衰也。周棄継之。故祀以為稷。共工氏之覇九州也。其子曰后土。能平九州。故祀以為社」（厲山氏［神農］が天下を治める者となった。その子を農という。あまたの穀物をたくみに植えた。夏王朝が衰えると、周の棄がこれを継いだ。そこで農をまつって稷とした。共工氏が九州の覇者となった。その子を后土という。九州をたくみに平定した。そこで后土をまつって社とした。）

『漢書』巻二十五上「郊祀志上」一一九一頁「自共工氏覇九州。其子曰句龍。能平水土。死為社祠。有烈山氏王天下。其子曰柱。能殖百穀。死為稷祠。故郊祀社稷。所従来尚矣」（共工氏が九州の覇者となってのちである。その子を句龍という。海川と土地をたくみに平定した。没後にまつって社とした。烈山氏が天下の王となった。その子を柱という。あまたの穀物をたくみに植えた。没後にまつって稷とした。それだから社と稷を神とまつるのは、由来するところがひさしいのである。）

『後漢書』志第九「祭祀志下」三二〇〇頁「礼記及国語皆謂。共工氏之子曰句龍。為后土官。能平九土。故祀以為社。烈山氏之子曰柱。能殖百穀疏。自夏以上祀以為稷。至殷以柱久遠。而堯時棄為后稷。亦植百穀。故廃柱。祀棄為稷。大司農鄭玄説。古者官有大功。則配食其神。故句龍配食於社。棄配食於稷」（『礼記』および『国語』はいずれも言う。「共工氏の子を句龍という。后土の官となり、九州の土地をたくみに平定した。それだからまつって社とした。烈山氏の子を柱という。あまたの穀物と野菜をたくみに植えた。夏王朝までは柱をまつって稷とした。殷王朝になって柱が遠い過去の者となり、堯の時代に棄が后稷となって、またあまたの穀物を植えたので、そこで柱を廃し、棄をまつって稷とした」と。大司農と鄭玄は説いて言う。「昔は官吏となって大いに功績があれば、神［の祠］にあわせて供えものをした。それだから句龍を社にあわせて供えものをし、棄を稷にあわせて供えものをした」と。）

人を社にまつることについてはシャヴァンヌよりも前にデ・ホロートの指摘がある。清朝晩期の厦門やその周辺の村々では土地の始祖や古老を社において神とあがめている。あらゆる社のかしらである大地の神もまた遠い古代の人物に由来することはまちがいない。それが句龍であり、その崇拝は今もなお都市の城隍神の崇拝へと姿を変えて息づいている。デ・ホロートはそのように考えた。de Groot, *Les fêtes, op. cit.*, II, pp. 663–665.

(152)『左伝』昭公二十九年［前五一三年］に「共工氏有子曰句龍。為后土……后土為社。稷田正也。有烈山氏之子曰柱。為稷。自夏以上祀之。周棄亦為稷。自商以来祀之」とある（七三一頁）。［152］『左伝正義』昭公二十九年、一七三九頁「社稷五祀。誰氏之五官也。（中略）共工氏有子曰句龍。為后土。（中略）后土為社。稷田正也。有烈山氏之子曰柱。為稷。自夏以上祀之。周棄亦為稷。自商以来祀之」（社稷にまつる五行の神とは、どの帝王の五行の長官であったのか。（中略）共工氏に句龍という子があり、后土となった。（中略）后土は［土地の神である］社となった。［穀物の神である］稷は耕地をつかさどる長官［田正］がなる。烈山氏に柱という子があり、稷となった。夏王朝までは柱をまつったが、周の棄もまた稷となったので、殷王朝からは棄をまつった。）

（153）注（46）参照。

（154）杜佑『通典』巻四十五に「顓頊祀共工氏子勾龍為社。烈山氏之子柱為稷。高辛氏唐虞夏皆因之。殷湯為旱。遷柱而以周棄代之。欲遷勾龍。無可継者。故止」とある（八紙表）。

［154］『通典』巻四十五「社稷」一二六三頁「顓頊祀共工氏子勾龍為社。烈山氏之子柱為稷。高辛氏唐虞夏皆因之。殷湯為旱。遷柱而以周棄代之。欲遷勾龍。無可継者。故止」（顓頊は共工氏の子の句龍をまつって社とした。烈山氏の子の柱を［まつって］稷とした。高辛氏［嚳］と唐［堯］と虞［舜］と夏王朝はいずれもこれを受けついだ。殷の湯王のとき旱魃があった。［湯王は］柱を排斥して周の棄をこれと交替させた。句龍も排斥しようとしたが、跡継ぎとすべき者がおらず、そのためとどまった。）

（155）『通典』巻四十五における議論を参照（九紙表、十紙裏以降）。

［155］『通典』に記された王粛の主張は以下のとおりである。

『通典』巻四十五「社稷」一二六六頁「王粛云。勾龍周棄並為五官。故祀為社稷。按所拠。左氏伝云。勾龍為后土。祀以為社」（王粛は言う。「句龍と周の棄はどちらも五行の長官となった。それだから［神として］まつって社と稷とした」と。その根拠とするところを参照すれば、『左伝』に「句龍を后土とし、まつって社とした」とある。）

（156）『通典』巻四十五に引く鄭玄の注に「社稷者土穀之神。勾龍后稷以配食也」とある（十紙裏）。すなわち「社と稷は土地の神と穀物の神である。人々は句龍と后稷に［土地の神と穀物の神にあわせて］食物をささげた」という。

［156］『通典』巻四十五「社稷」一二六六頁「鄭玄注。社稷者土穀之神。勾龍后稷以配食也」（鄭玄の注に言う。「社と稷は土地と穀物の神である。句龍と后稷を［社と稷の］神にあわせて供えものをした」と。）

ここでの論点は「配食」の語義についてであろう。配食とは神の祠にあわせて供えものをささげる対象とすることであって、シャヴァンヌはこれを神そのものとして崇拝するのではないと考えた。理屈はそのとおりだと思う。ただしこれが「合祀」の意味を含むのであれば、実際には神としてまつるのとほとんど同義と考えられるのではないか。

九　刑罰をくだす社

（157）『史記』巻三十三に「周公把大鉞。召公把小鉞。以夾武王。衅社。告紂之罪于天及殷民」とある（一紙表）。すなわち「周公は大きな斧を手にし、召公は小さな斧を手にし、武王の両脇に立った。武王は社に血を塗り、紂王の罪を天と殷の民に告げ知らせた」という。

［157］『史記』巻三十三「魯周公世家」一八二五頁「破殷入商宮。已殺紂。周公把大鉞。召公把小鉞。以夾武王。衅社。告紂之罪于天及殷民」（［周公は］殷を破って商王朝［殷］の宮殿に潜入し、紂王を殺害し終えた。それから周公は大きな鉞を手にし、召公は小さな鉞を手にし、武王をはさんでならび、［殷の］社

に血を塗って、天と殷の民に紂王の罪過を告げた。）

（158）『春秋』僖公十九年［前六四一年。原注に「前六四〇年」とあるのは誤記か］に「宋公使邾文公。用鄫子于次睢之社。欲以属東夷」とある（一七七頁）。すなわち「宋公が邾《ちゅ》の文公に命じて、［山東の］次睢《じすい》の社で鄫子《しょうし》を生け贄にささげた。そうして東方の蛮族を支配しようとはかった」という。

［158］『左伝正義』僖公十九年、四五一頁「宋公使邾文公。用鄫子于次睢之社。欲以属東夷」（宋公は邾国の文公に命じて、次睢の社で鄫子を［犠牲に］用い、東夷の国々を服従させようとした。）

『穀梁伝』は「社に衈《ちぬ》る」と解している。シャヴァンヌは人身を犠牲に供したものと捉えたが、のちにその解釈をめぐって日本人の学者のあいだで論争がかわされた。本書の解説を参照されたい。

『穀梁伝注疏』僖公十九年、一六一頁「宋公曹人邾人盟于曹南。繒子会盟于邾。己酉邾人執繒子用之。（中略）用之者叩其鼻以衈社也」（宋公と曹国の者と邾国の者は曹国の南で盟約を結んだ。繒子［鄫子］は邾国で会して盟約を結んだが、［六月］己酉の日に邾国の者は繒子を捕らえてこれを［犠牲に］用いた。（中略）［犠牲に］用いる者はその鼻を叩いて社にその血を塗った。）

（159）『左伝』昭公十年［前五三二年］に「献俘始用人於亳社」とある（六二九頁）。

［159］『左伝正義』昭公十年、一四七四頁「平子伐莒取郠。献俘始用人於亳社」（［魯の］季平子は莒《きょ》国を討伐して郠《こう》の町を奪取した。捕虜を献上し、はじめて殷の亳社で人を［犠牲に］用いた。）

(160)『周礼』「大司馬」に「若師有功。則左執律。右秉鉞。以先愷楽。献于社」とある(第二巻一八二〜一八三頁)。

[160]『周礼注疏』巻二十九「夏官大司馬」九一九頁「若師有功。則左執律。右秉鉞。以先愷楽。献于社。[鄭注]献于社。献功于社也。司馬法曰。得意則愷楽。愷歌示喜也」(もし軍隊長に軍功があれば、すなわち左手に調律笛をとり、右手に鉞をとり、先頭に立って凱歌を奏楽し、[戦勝の報告を]社に献上する。[鄭玄の注に言う。]社に献上するとは、社に武功[の報告]を献上するのである。[兵法書の]『司馬法』に言う。「思うところの勝利を得れば、すなわち凱歌を奏楽する。凱歌は喜びを示すものである」と。)

(161)『周礼』「大司馬」に「献禽以祭社」とある(一七一頁)。

[161]『周礼注疏』巻二十九「夏官大司馬」九〇二頁「蒐田有司表貉。誓民鼓遂囲禁。火弊献禽以祭社。[鄭注]田止虞人植旌。衆皆献其所獲禽焉」(田野に狩猟するのに有司[大司徒]は貉祭をおこない、民に誓い鼓を打ったのち禁猟区を囲む。[草焼きの]火が消えてから[獲物の]禽獣を献上して社で祭をする。[鄭玄の注に言う。]田野の狩猟を終えたのち、虞の人は旗を立て、人々はみな獲物としたところの禽獣を[社に]献上した。)

(162)『春秋』荘公二十三年[前六七一年]に「夏公如斉観社」とある[一〇四頁]。すなわち「夏に[宋]公が斉の国に行き、社で(軍隊の閲兵式を)見物した」という。また『春秋』襄公二十四年［前五四九年］に「斉社。蒐軍実。使客観之」とある（五〇八頁）。すなわち「斉の君主は社を祀り、戦闘準備を視察し、客人にそれを見物させた」という。最初の記事について『左伝』は社で閲兵したのは礼にかなっていないと非難した。その理由を考えるうえで『国語』「魯語」の記事が参考になる。魯の君主をひとりの士官［曹劌《そうけい》］がいさめて言う。「夫斉棄太公之法。而観民於社。君為是挙。而往観之。非故業也。何以訓民。土発而社。助時也。収攟而烝。納要也。今斉社而往観旅。非先王之訓也」と。すなわち「斉の君主は先祖の太公がさだめた法規を放棄し、社で民を視察した。わが［魯の］君はそのために発って見物に行った。それは古くからおこなわれていたことに反する。［春に］大地が活動をはじめるとき、季節の動きに助力するため、人々は社に供えものをする（思うに、供えものをするのは作物を育てるのを励ますことだからである）。刈り入れが終わったとき、暮らしに必要なものを蓄えられたことを告げるため、感謝の供えものをする。今、斉の君主が社に供えものをするとき、わが君がそれを観覧に行くのは、昔の君主の教えに反することである」という。この士官の主張は以下の前提にもとづいている。すなわち社に供えものをするのは、春は作物を育てる大地の力を励ますためであり、秋は人々に必要な収穫が蓄えられたことに感謝をささげるためである。そうした感謝の儀式の場で軍事にかかわることに関与すべきではないという。この主張が効力をもつには社の祭が軍事力を誇示する好機とされたことが立証されねばならない。それには『左伝』の二番目の記事が有力な論拠となるだろう。そこには斉の君主が社をまつる機会を利用して楚の客人に閲兵式に参列させたことが記してある。

［162］『左伝正義』荘公二十三年、三一五頁「夏。公如斉観社。非礼也。［杜注］斉因祭社蒐軍実。故公往観之」（夏に荘公が斉国に社［の祭］を見物した。これは礼にかなっていない。［杜預の注に言う。］斉侯は社の祭に際して軍隊と軍備を閲兵した。荘公はその視察に行ったのである。）

『左伝正義』襄公二十四年、一一五五頁「斉侯既伐晋而懼。将欲見楚子。楚子使薳啓彊如斉聘。且請期。斉社。蒐軍実。使客観之」（斉侯はすでに晋国を討伐したものの［報復に］恐れをなし、楚子［康王］と会見しようとした。楚子は薳啓彊《いけいきょう》を斉につかわして訪問させ、会合の期日をうかがわせた。斉侯は［軍中で］社をまつり、軍隊と軍備を閲兵し、客人［薳啓彊］にこれを観覧させた。）

『国語』巻四「魯語上」三一頁「夫斉棄太公之法。而観民於社。君為是挙。而往観之。非故業也。何以訓民。土発而社。助時也。収攟而蒸。納要也。今斉社而往観旅。非先王之訓也」（さて斉侯は［始祖の］太公の教えを捨て、社［の祭］で民を観覧している。［魯の］君主がそのためにことを起こし、これを視察に行くという。これは古来のしきたりになく、どうして民を教えみちびくことができようか。土地［の気］が動き出して社の祭をするのは、時候の動きを助けるためである。収穫を終えて［先祖の廟で］蒸の祭をするのは、必要なものを納めるためである。今、斉侯が社の祭をするのを［魯の君主が］観覧しに行くのは先王の教えではない。）

（163）『爾雅』「釈天」に「起大事。動大衆。必先有事乎社而後出。謂之宜」とある［参照した刊本は示してない］。

［163］『爾雅注疏』第八「釈天」十三経注疏整理委員会編、北京大学出版社、二〇〇〇年、二〇四頁「起大

事。動大衆。必先有事乎社。而後出。謂之宜」（重大なことに取りかかるとき、多くの人々を動かすとき、かならず最初に社で祭祀をおこなう。それから動き出す。この祭祀を宜という。）

（164）『礼記』「王制」の「宜乎社」の一節の注釈［孔穎達疏『礼記正義』］に「令誅罰得宜」とある。

［164］『礼記正義』第五「王制」四三一頁「天子将出征。類乎上帝。宜乎社。造乎禰。［孔穎達疏］宜乎社者。此巡行方事誅殺封割。応載社主也。云宜者。令誅伐［原注「罰」］得宜」（天子が軍隊を出動させようとするとき、上帝に類の祭祀をおこない、社に宜の祭祀をおこない、祖廟に造の祭祀をおこなう。［孔穎達の疏に言う。］社に宜の祭祀をおこなうのは、こうした軍事遠征が［敵国を］征伐し領土を分割することを目的とするものであり、それゆえに［遠征に］社の主を奉戴していく。宜の祭祀とは征伐することが宜《よろ》しきを得るからである。）

（165）『爾雅』「釈天」の邢昺《けいへい》（九三二〜一〇一〇年）の注に「以兵凶戦危。慮有負敗。祭之以求其福宜」とある。

［165］『爾雅注疏』第八「釈天」二〇六頁「而後出謂之宜。［邢昺疏］以兵凶戦危。慮有負敗。祭之以求其福宜。故謂之宜」（［社で祭祀をおこない］それから動き出すのを宜という。［邢昺の疏に言う。］軍隊と武器を動員して戦争するのは危険きわまりなく、惨敗することさえ顧慮せずにはいられない。社で祭祀をおこなって武運を求めるのは「宜しきこと」である。）

十　社と宗廟

(166)『周礼』「小宗伯」に「建国之神位。右社稷。左宗廟」とある（第一巻四四一頁）。すなわち、小宗伯は「国の守護神をふさわしい場所に据える。右に社稷、左に［先祖の廟である］宗廟を据える」という。『礼記』「祭義」を参照（第二巻三一六頁）。孔穎達の『書経』注釈に「礼左宗廟。右社稷。是祖陽而社陰」とある。すなわち「礼にしたがえば左に宗廟を、右に社稷を据える。それは先祖が陽の気につながり、社の神が陰の気につながるからである」という。

［166］『周礼注疏』巻十九「春官小宗伯」五七三頁「小宗伯之職。掌建国之神位。右社稷左宗廟」（小宗伯の職は国を護る神の位置をさだめることをつかさどる。社稷を［宮殿の］右側、宗廟を左側とした。）『礼記正義』第二十四「祭義」一五六九頁「建国之神位。右社稷而左宗廟。［鄭云］周尚左也」（国を護る神の位置をさだめ、社稷を［宮殿の］右側、宗廟を左側とした。［鄭玄の注に言う。］「周王朝は左側を上位とした」と。）

『尚書正義』巻七「甘誓」二一〇頁「用命賞于祖。弗用命戮于社。［孔穎達疏］礼左宗廟。右社稷。是祖陽而社陰。就祖賞。就社殺。親祖厳社之義也」（予の命令にしたがった者は宗廟［の主のもと］で褒賞する。命令にそむいた者は社［の主のもと］で処刑する。［孔穎達の疏に言う。］『礼記』は宗廟を左側、社稷を右側とした。これは先祖［の霊］は陽に属し、社［の神］は陰に属するからである。先祖は褒賞につながり、社［の神］は処刑につながる。先祖は親密で社［の神］は厳格という道理である。）訳注［189］参照。

(167)『左伝』荘公二十八年［前六六六年］に「凡邑有宗廟先君之主曰都」とある（一一五頁）。すなわち「先祖の宗廟と亡くなった君主の主がある町はすべて都と呼ばれる」という。君主の親族［である諸侯］が治める町も都と呼ばれるが、都の定義に不都合はない。社については『晋書』巻十九に［魏の］王粛の言葉が引いてあり、「王者取五色土為大社。封四方諸侯。各割其方色。王者覆四方也。如此大社復為立京都也」とある（七紙表）。すなわち「王は五色の土を取って大社の壇を築いた。王が諸侯に四方の領地をさずけるときは、領地の方角にふさわしい色の土をけずってあたえた。こうして大社が［諸侯の］都を建設するのに用いられた」という。封建諸侯の都では大社から取った土で社が築かれたことが知られる。

［167］『左伝正義』荘公二十八年、三三二頁「築郿非都也。凡邑有宗廟先君之主曰都。無曰邑。邑曰築。都曰城」（［『春秋』には］「郿《び》に築く」とあるがそこは都ではない。おしなべて宗廟と先の君主の主がある邑を都といい、ないところを邑という。邑は「築く」といい、都は「城《きず》く」という。）

『晋書』巻十九「礼志上」五九三頁「王景侯之論王社。王者取五色土為太［原注「大」］社。封四方諸侯。各割其方色。土［原注「王」］者覆四方也。如此太［原注「大」］社復為立京都也」（王粛は王社を論じて言う。「王は五色の土を取って太社を築く。四方に諸侯を封じるとき、それぞれの方角の色［の土］を分けあたえた。その土が四方に行きわたるのである。このように太社［の土］は首都を建設するのに用いられた」と。）

(168)『周礼』「匠人」に「匠人営国左祖右社」とある(第二巻五五六頁)。すなわち「建築官吏が首都を設計するにあたり、左に先祖の宗廟、右に社を置く」という。隋王朝を創始した文帝は即位の翌々日に宗廟と社を設置したと『隋書』巻一にある(六紙表)。また『旧唐書』巻二十六は八二一年[長慶元年]の御前会議における上奏を伝えている。「聖王建社以厚本。立廟以尊祖。所以京邑必有宗社」とある(三紙裏)。すなわち「聖王たる者は社を創立して[国の]根本を結束させ、宗廟を創建して先祖の栄誉をたたえねばならない。だからかならず首都には宗廟と社が置かれた」という。

[168]『周礼注疏』巻四十一「冬官匠人」一三四四頁「匠人営国。方九里傍三門。国中九経九緯。経涂九軌。[原注「方」以下一六字欠]左祖右社。面朝後市」(匠人職が都城を造営するときは、九里四方の各辺に三つの門を設け、縦横九本の道路を通し、九台の車輛が横にならぶほどの大通りとする。[宮殿の]左側に先祖[の宗廟]、右側に社を築き、前面に朝廷、後方に市場を設ける。)

『隋書』巻一「高祖紀上」一三頁「開皇元年二月丙寅。修廟社」([文帝即位後の]開皇元年(五八一年)二月丙寅の日、宗廟と社を造築した。)

『旧唐書』巻二十六「礼儀志六」九八六頁「[工部尚書薛元賞等議。]夫聖王建社以厚本。立廟以尊祖。所以京邑必有宗社」([工部尚書すなわち建設大臣の薛元賞らは討議して言う。]「聖王は社を築いて[国の]重厚な本拠とし、宗廟を建てて先祖を尊崇する。首都にかならず宗廟と社があるのはそうした理由からである」と。)

（169）『礼記』「曾子問」に孔子の言葉がある。すなわち「天子が国内を視察するとき、遷主すなわち［宗廟から］遷《うつ》したばかりの主を清めた車に載せて出発した。由緒正しい行動であることを示したのである。ところが今、天子は宗廟の七基の主を載せて出発しようとする。これは誤りである」という（第一巻四三三～四三四頁）。ここに言う遷主が一基かそれ以上か不明だが、少なくとも次のことは知られよう。すなわち、天子が先祖のひとりもしくは数人の名を記した主を一基もしくは数基たずさえたのは、天子の命令に最高の権威をさずけるものがそのかたわらにあることを示すためだった。社の主については『周礼』「小宗伯」に記事があり、「若大師則帥有司而立軍社。奉主車」とある（第一巻四四九頁）。すなわち「軍事遠征のおりに祭祀補佐官［小宗伯］は祈禱師［大祝］をひきいる。軍隊に社を設置するためである。祭祀補佐官は主を載せた車の指揮を執る」という。先ほどの疑問点の解決にはつながらないが、次のような推測は成り立つだろう。小宗伯は大祝が軍社を設置する儀式を監督し、そのうえで社の主と先祖の主を載せた車の指揮を執ったのではないか。

［169］『礼記正義』第七「曾子問」六八六頁「曾子問曰。古者師行。必以遷廟主行乎。孔子曰。天子巡守。以遷廟主行。載于斉車。言必有尊也。今也取七廟之主以行。則失之矣」（曾子は問うて言う。「昔は軍隊が出動するとき、かならず祖廟に移したばかりの［新たに先祖に加えられた者の］主を奉じて出動したのか」と。孔子は［答えて］言う。「天子が［国内を］巡察するとき、宗廟から移した主を奉じて出動した。それをおごそかな車に載せ、かならず尊崇するものがそこにあることを示した。今では宗廟の七基の主を取り出して出動している。それはすなわち礼を失することである。）

天子は宗廟に七基の主をまつった。現在の天子からさかのぼって七世分で、天子が崩じて新帝が即位すると、順送りに古い主が宗廟に併設された祧《ちょう》に遷される。これを遷廟という。祧には歴代の先祖を統合した主が一基だけ置かれた。天子の遠征に奉戴したのはこの遷廟の主である。周の武王が殷を討伐したときは、先君である文王の主を作り、これを奉戴して進軍した。先君の命を奉じた戦いであることを示したのである。『史記』「周本紀」に記事がある。

『史記』巻四「周本紀」一五六頁「九年。武王上祭于畢。東観兵。至于盟津。為文王木主。載以車中軍。武王自称太子発。言奉文王以伐。不敢自専」（［即位の］九年、武王は［文王の墓がある］畢で先君をまつり、東に兵をひきいて盟津に至った。文王のために木主を作って中軍［主力部隊］の戦車に載せた。武王はみずから「太子が発動する」と称した。文王を奉じて討伐に向かうのであって、自分の専断ではないことを宣言したのである。）

『周礼注疏』巻十九「春官小宗伯」五八一頁「若大師則帥有司而立軍社。奉主車。［鄭注］有司大祝也。王出軍。必先有事於社及遷廟。而以其主行。社主曰軍社。遷主曰祖」（もし大部隊の出動があれば［小宗伯は］有司をしたがえて軍社を設置し、主の車をたてまつる。［鄭玄の注に言う。］有司とは大祝のことである。王が軍隊を出動させるときは、かならず最初に社と遷廟のことにたずさわり、それぞれの主を奉じて行軍する。社主を軍社といい、遷主を祖という。）

（170）前五〇六年［魯の定公四年］に衛の霊公が［楚の］召陵《しょうりょう》の会談に祈禱師［大祝］を連れて行こうとした。『左伝』定公四年に「祝社稷之常隷也。社稷不動。祝不出竟」とある（七五四頁）。

すなわち「祈禱師［大祝］は社稷の奉仕に専従している。社稷が動かないかぎり、領土から外へ出ることは許されない」という。これにつづいて「君以軍行。祓社釁鼓。祝奉以従。於是乎出竟」とある。すなわち「君主が戦闘におもむく際に、社を清めて鼓に血を塗る。祈禱師は社を動かして君主にしたがう。そのときは領土の外に出ることが許される」という。それならば大祝を連れていこうとした霊公の意図は和平のためではなかったと断言できる。

［170］『左伝正義』定公四年、一七七七頁「祝社稷之常隷也。社稷不動。祝不出竟。官之制也。君以軍行。祓社釁鼓。祝奉以従。於是乎出竟」（祝は社稷につねに仕える官吏である。社稷が動かなければ、祝官は国境を出ないのが官吏の制度である。君主が軍隊を出動させるとき、社で祓いをして鼓に［犠牲の］血を塗り、祝官は［社の主を］奉戴して従軍する。このときは国境を出ることになる。）

（171）注（169）参照。

（172）『周礼』「大司馬」に「若師不功。則厭而奉主車」とある（第二巻一八三頁）。すなわち「もし軍隊が敗北したら、大司馬は喪の冠をかぶり、主を載せた車の指揮を執る」という。おなじく『周礼』「肆師」に「凡師不功。則助牽主車」とある（第一巻一八三頁）。すなわち「軍隊が敗北したときはつねに肆師は大司馬を助け、主を載せた車をみちびく」という。

［172］『周礼注疏』巻二十九「夏官大司馬」九二〇頁「若師不功。則厭而奉主車。［注］玄謂厭伏冠也。奉猶送也。送主帰於廟与社」（もしも軍隊に武功がないときは、［冠を］厭《おお》って主を載せた車を護送する。［注に］

鄭玄は言う。「厭う」とは冠を伏せることとである。「奉じる」とはまさに護送するようなものである。主を護送して宗廟と社に帰還することをいう。）

『周礼注疏』巻十九「春官肆師」五九五頁「凡師不功。則助牽主車。［鄭注］助助大司馬也。（中略）謂師無功。肆師助牽之。恐為敵所得」（おしなべて軍隊に武功がないときは、［肆師は］助力して主を載せた車を牽引する。［鄭玄の注に言う。］「助力する」とあるのは大司馬の助力をするのである。（中略）軍隊に武功がないとき、肆師が助力してこの車を牽引するのは、敵の戦利品となるのを恐れるからである。）

（173）『左伝』昭公二十七年［前五一五年］に「苟先君無廃祀。民人無廃主。社稷有奉。国家無傾。乃吾君也」とある（七二二頁）。

［173］『左伝正義』昭公二十七年、一七〇八頁「季子至曰。苟先君無廃祀。民人無廃主。社稷有奉。国家無傾。乃吾君也」（季子は［呉に］もどり着くと言った。「亡き先君の祭祀がすたれることなく、人民が今の君主をしりぞけず、社稷がたてまつられ、国家が傾くことがないなら、その方こそわが君主である」と。）

（174）『左伝』昭公七年［前五三五年］に「侯主社稷。臨祭祀」とある（六一九頁）。

［174］『左伝正義』昭公七年、一四四六頁「侯主社稷。臨祭祀。奉民人。事鬼神」（諸侯のひとりたる者は社稷をつかさどり［領国を治め］、先祖の祭祀に臨まねばならない。人民をいたわり、鬼神をうやまわねばならない。）訳注［138］参照。

(175)『史記』巻二十八に「頼宗廟之霊。社稷之福」とある（八紙表）。
[175]『史記』巻二十八「封禅書」一六五二頁「朕即位十三年于今。頼宗廟之霊。社稷之福。方内艾安。民人靡疾。間者比年登」（朕［孝文帝］が即位して十三年になる今、宗廟の先祖の霊［の加護］と社稷の神々の福徳のおかげで、国内はやすらかに治まり、人民は病気にかからず、このところ毎年の収穫がゆたかにある。）

(176)『史記』巻十に「臣等為宗廟社稷計」とある（二紙表）。
[176]『史記』巻十「孝文帝紀」五二二頁「丞相平等皆曰。臣伏計之。大王奉高帝宗廟最宜称。雖天下諸侯万民以為宜。臣等為宗廟社稷計」（丞相の陳平らがこぞって言う。「臣らが伏して思うに、大王は高祖以来の宗廟をたてまつるにもっともふさわしく、天下の諸侯も万民もみなうなずくだろう。臣らは宗廟と社稷のためにそう考えている」と。）

(177)『史記』巻六十に「古者裂地立国。並建諸侯以承天子。所以尊宗廟重社稷也」とある（一紙裏）。
[177]『史記』巻六十「三王世家」二五四八頁「古者裂地立国。並建諸侯以承天子。所以尊宗廟重社稷也」（昔は土地を裂いて国を建て、諸侯をならび立てて天子をたてまつった。宗廟を尊び社稷を重んじるためである。）

(178)『左伝』閔公二年［前六六〇年］に「帥師者受命於廟。受脤於社」とある（一二三〇頁）。

［178］『左伝正義』閔公二年、三六〇頁「帥師者受命於廟。受脤於社」（軍隊をひきいる者は宗廟で出動命令を受け、社で供えられた肉を受け取る。）

(179)『周礼』「小宗伯」に「凡天地之大烖。類社稷宗廟。則為位」とある（第一巻四五三頁）。

［179］『周礼注疏』巻十九「春官小宗伯」五八七頁「凡天地之大烖。類社稷宗廟。則為位。［鄭注］禱祈礼軽。類者依其正礼而為之」（おしなべて天地の大災害が起きたとき、社稷と宗廟で［正式な祭に］類する祭祀をおこない、その務めをはたす。［鄭玄の注に言う。］祈禱の礼は略式とする。類する祭祀とは正祭の礼にならっておこなうものである。）

(180)『左伝』襄公二十五年［前五四八年］に「陳侯使司馬桓子賂以宗器。陳侯免擁社。使其衆男女別而纍。以待於朝」とある（五一五頁）。すなわち「陳侯は司馬桓子に宗廟で用いる器物を進呈するよう命じた。陳侯は喪服を着て社［の主］を手にした。鎖でつないだ男女を分けて整列させ、勝利した敵軍の到着を宮廷で待った」という。

［180］『左伝正義』襄公二十五年、一一七一頁「陳侯使司馬桓子賂以宗器。陳侯免擁社。使其衆男女別而纍。以待於朝」（陳侯は司馬桓子に命じて、宗廟の祭器を［陳に進攻した鄭に］贈与させた。陳侯は喪服を着て社［の主］を抱き、部下に命じて男女別々に縄をうち朝廷で待機させた。）

(181)『左伝』襄公三十年［前五四三年］に「或叫於宋大廟曰。譆譆。出出。鳥鳴於亳社。如曰。譆譆。甲午宋大災」とある（五五六頁）。すなわち「宋の大廟で「わあ、わあ、出して、出して」と叫ぶ声がした。亳社の上で鳥が鳴き、「わあ、わあ」と言うように聞こえた。甲午の日に宋で大火事があった」という。

［181］訳注［56］参照。

(182)『周礼』「大宗伯」に「以脤膰之礼。親兄弟之国」とある（第二巻三九七頁）。すなわち「社に供える脤の肉と宗廟に供える膰の肉を用いた儀式によって、大宗伯は封建諸国の親族関係を維持させる」という。『説文』に「脤」を「祳」と記し、その定義に「社肉。盛之以蜃。故謂之祳。天子所以親遺同姓」とある。すなわち「祳は社に供える肉である。蜃《おおはまぐり》の貝殻に盛りつける。そのため祳と呼ばれる。天子が同姓の者への贈与の品にする」という。おなじく『説文』に「膰」を「䊩」と記し、その定義に「宗廟火熟肉。天子所以饋同姓」とある［参照した刊本は示していない］。すなわち「䊩は火で煮た肉で宗廟に供える。天子が同姓の者への贈与の品にする」という。脤の肉を諸侯の社へ届ける使命は大行人がになった。『周礼』に「帰脤以交諸侯之福」とある（第二巻三九七頁）。すなわち「この脤の供えものがもたらす幸福に諸侯らをあずからせるためである」という。『春秋』定公十四年［前四九六年］の条に「天王使石尚来帰脤」とある［七八五頁］。すなわち「天王が石尚《せきしょう》に社に供える肉を運んでこさせた」という。また魯の成公十三年［前五七八年］に軍事遠征に際して宮廷に諸侯がつどったときのことである。『春秋』に「成子受脤于社不敬」とある［三七九頁］。すなわち「成子［成粛公］が社で供えものの肉を受けるに際し、礼に欠けたふるまいをした」という。これを劉子［劉康公］がとがめて言った。「国之大事。在祀与戎。祀有執膰。戎有受脤。神之大節也」とある。すなわち「国家にとってもっとも重要な儀式は、宗廟の祭祀と戦闘に際しての社の祭祀である。［宗廟の］先祖の祭祀では煮た肉を手で取る執膰《しっぱん》の礼がある。戦闘に際しての［社の］祭祀では生の肉を受ける受脤《じゅしん》の礼がある。神霊に対して失礼があってはならない儀式である」という。

［182］『周礼注疏』巻十八「春官大宗伯」五五二頁「以脤膰之礼。親兄弟之国。［鄭注］脤膰社稷宗廟之肉。以賜同姓之国。同福禄也」（［生の肉である］脤と［煮た肉である］膰をたまう礼によって、［大宗伯は］同姓諸侯の国の親睦をはかる。［鄭玄の注に言う。］脤と膰は社稷と宗廟に供える肉である。同姓の国がこれをたまわり、福利をともにする。）

『説文解字注』第一篇上「示部」上海古籍出版社、一九八八年、七頁「祳。社肉。盛之以蜃。故謂之祳。天子所以親遺同姓」（祳は社に供える肉で、盛りつけるのに蜃の器を用いた。そこでこれを祳という。天子が親しく同姓［の諸侯］につかわすものである。）

『説文解字注』第十篇下「炙部」四九一頁「䊩。宗廟火熟肉。天子所以饋同姓」（䊩は宗廟に供える火で煮た肉で、天子が同姓［の諸侯］に贈るものである。）

『周礼注疏』巻三十七「秋官大行人」五五二頁「間問以諭諸侯之志。帰脤以交諸侯之福」（隔年に諸侯に問い尋ねてその意向を正し、［社に供えた］脤の肉をつかわして諸侯と福徳をとりかわした。）

『左伝正義』定公十四年、一八四二頁「天王使石尚来帰脤。［杜注］無伝。石尚天子之士。石氏尚名。脤祭社

之肉。盛以脤器。器以賜同姓諸侯。親兄弟之国。与之共福」（天王が石尚に命じて脤の肉を届けさせた。［杜預の注に言う。］［経文のみで］伝はない。石尚は天子の臣で、石が氏、尚が名である。脤は社に供える肉で、脤［蜃］の器に盛った。器［の肉］を同姓の諸侯がたまわり、兄弟の国として親睦しあい、ともに福徳にあずかるのである。）

『左伝正義』成公十三年、八六七頁「成子受脤于社不敬。（中略）国之大事。在祀与戎。祀有執膰。戎有受脤。神之大節也」（成粛公が［出陣に際し］社で脤の肉をさずかる儀式の場で礼を欠いた。（中略）［劉康公がとがめて言う。］国家にとって大事なのは祭祀と軍事である。祭祀には膰の肉をいただく儀式があり、軍事には［出陣に際し］脤の肉をさずかる儀式がある。いずれも神霊をまつる大切な行事である。）

(183)『左伝』僖公二十四年［前六三六年］の条に「天子有事膰焉」とある［一九〇頁］。すなわち「天子が祭祀をおこなうときは宗廟に供えた肉を［宋の君主に］届けさせる」という。宋の君主がこの特権にあずかるのは、廃絶した殷王朝の末裔だからである。同じく僖公九年［前六五一年］の条に「王使宰孔賜斉侯胙曰。天子有事于文武。使孔賜伯舅胙」とある［一五二頁］。すなわち「周王は宰孔《さいこう》に命じて斉侯に供えものの肉を届けさせて言う。「天子は先祖の文王と武王をまつった。天子は孔に対し異姓の伯舅《おじ》［である斉侯］に供えものの肉を届けるよう命じた」」という。この派遣によって斉侯が盟主と認められていたことが知られる。

［183］『左伝正義』僖公二十四年、四八六頁「宋先代之後也。於周為客。天子有事膰焉。有喪拝焉」（宋は前代の［殷の］後裔で、周では客分の扱いである。天子に［祭祀の］ことがあれば膰の肉を分かち、喪があ

れば［弔問に対して］答礼する。）

『左伝正義』僖公九年、四〇九頁「王使宰孔賜斉侯胙曰。天子有事于文武。使孔賜伯舅胙」（［周の］王は宰孔に命じて斉侯に供えものの肉をさずけて言う。「天子に文王と武王の［祭祀の］ことがあった。孔に命じて伯舅に供えものの肉をたまう」と。）

(184) 注(178)参照。

(185)『公羊伝』定公十四年［前四九六年］の条に「腥曰脤。熟曰燔」とある［一二六〇巻三紙裏］。すなわち「生の肉は「脤」と呼ばれ、煮た肉は「燔」と呼ばれた」という。

［185］『公羊伝注疏』定公十四年、六七〇頁「天王使石尚来帰脤。石尚者何。天子之士也。脤者何。俎実也。腥曰脤。熟曰燔」（天王が石尚に命じて脤の肉を届けさせた。石尚とは何者か。天子の臣である。脤とは何か。儀式の供えものである。生肉を脤といい、煮た肉を燔［膰］という。）

(186)『説文』の「裖」の語釈は注(182)を参照。二世紀の服虔は『漢書』の注に言う。「脤祭社之肉也。盛以蜃器。故謂之脤」と(二紙裏)。すなわち「脤は社に供える肉をいう。蜃の貝殻で作った器に載せるので脤と呼ぶ」という。顔師古の注にも「蜃大蛤也」とある。すなわち「蜃は大蛤《はまぐり》のことである」という。蜃の用途については議論がある。社の供えものの肉を盛る器を貝殻で作るという説、あるいは貝殻で器を装飾するという説、あるいはまた貝殻の粉で［磨いて］器を白くするという説がある。三番目の説はビオも『周礼訳注』に述べている（第一巻三八二頁）。この器は肉を盛るだけでなく、さまざまな供えものにも用いられた。

〔186〕『漢書』巻二十七中之上「五行志中之上」一三五七頁「成公十三年。（中略）成粛公受脤于社不敬。〔服虔曰〕脤祭社之肉也。盛以蜃器。故謂之脤。〔師古曰〕脤読与蜃同。以出師而祭社謂之宜。脤者即宜社之肉也。蜃大蛤也」（〔魯の〕成公十三年、（中略）成粛公が社で脤の肉をさずかる儀式の場で礼を欠いた。〔服虔は注に言う。〕脤は社に供える肉である。蜃の器にこれを盛る。そのためこれを脤という。〔顔師古は注に言う。〕脤は蜃と同じに読む。軍隊が出陣するとき社をまつる儀式を宜という。脤はすなわち宜の儀式で社に供える肉である。蜃は大蛤のことである。）

Biot, *Le Tcheou-li, op. cit.*, I, p.382「掌蜃の官の役目は蛤や二枚貝を集めて地下墓所を満たす貝殻の粉を調達することである。祭祀で供えものがあるときも食器を磨いて白くするために蛤の貝殻を調達する」

『周礼注疏』巻十六「地官掌蜃」四九九頁「掌蜃掌斂互物蜃物。以共闉壙之蜃。祭祀共蜃器之蜃。〔鄭注〕飭祭器之属也。（中略）蜃之器以蜃飭。因名焉。〔賈公彦疏〕大行人曰。帰脤以交諸侯之福。彼則宗廟社稷之器物。謂之為脤。是其宗廟社稷之器。皆蜃灰飭之事也」（掌蜃の職は、蜃の類を収集し、墓穴に敷く蜃〔の殻〕を供給することをつかさどる。また祭祀に用いる蜃の器を作る蜃〔の殻〕を供給する。〔鄭玄の注に言う。〕祭祀に用いる器の類を装飾するのである。（中略）蜃の器は蜃〔の殻〕で装飾するのでこの名がある。〔賈公彦の疏に言う。〕『周礼』「大行人」に「〔社に供えた〕脤の肉をつかわして諸侯を福徳にあずからせた」とある。それはすなわち宗廟と社稷の器物を脤と呼んだのである。その宗廟と社稷に用いる器についてはどれも蜃の〔殻を燃やした〕灰で装飾することがおこなわれた。）

（187）『左伝』哀公七年［前四八八年］参照（八一四頁）。

［187］『左伝正義』哀公七年、一八九二頁「初曹人或夢。衆君子立于社宮。而謀亡曹。曹叔振鐸請待公孫彊。許之」（さきに曹の人が夢を見たことがある。大勢の君子が社の境内に立って、曹を滅ぼすはかりごとをしていた。曹の［始祖である］叔振鐸が公孫彊が来るまで待ってもらいたいと言うので［君子らは］それを許した。）

（188）『書経』「甘誓」は私たちが有する最古の文献のひとつであり、その資料的な価値には疑念の余地がない。『書経』も『史記』もこれを夏王朝の王である啓が語ったものとするが、『墨子』「明鬼」は夏を建国した禹王に帰している（八紙表）。『呂氏春秋』「召類」と『荘子』「人間世」も同じ見方を示す（三九巻二〇六頁）。

［188］『尚書正義』巻七「甘誓」二〇六頁「啓与有扈戦于甘之野。作甘誓」（啓は有扈と甘の野で戦った。［このとき］「甘の宣誓」を作成した。）

『史記』巻二「夏本紀」一〇三頁「夏后帝啓。禹之子。（中略）有扈氏不服。啓伐之。大戦於甘。将戦作甘誓」（夏王の帝啓は禹の子である。（中略）有扈氏がそむいたので啓はこれを討伐した。甘の地で大いに戦い、戦いに臨んで「甘の宣誓」を作成した。）

『墨子』第三十一「明鬼篇下」二四〇頁「禹誓曰。大戦於甘。（中略）賞于祖僇于社」（禹は宣誓して言う。「甘の地で大いに戦う。（中略）祖廟で［君主の命令にしたがった者を］褒賞し、社で［命令にそむいた者を」処刑する」と。）

『呂氏春秋校釈』巻八「恃君覧」一〇六頁「禹攻曹魏屈驁有扈」（禹は曹魏と屈驁と有扈を攻めた。）

『荘子』内篇「人間世」一三九頁「昔者堯攻叢枝胥敖。禹攻有扈」（昔、堯は叢と枝と胥敖を攻め、禹は有扈を攻めた。）

（189）『書経』「甘誓」に「用命賞于祖。弗用命戮于社」とある。すなわち「私の命令にしたがった者は先祖のまえで褒美をあたえる。命令にそむいた者は社のまえで処罰をおこなう」という。『周礼』「大司寇」に「大軍旅涖戮于社」とある。すなわち司法官である大司寇が「軍隊の大集結があるとき、社で執行される処刑を監督する」という。ビオは『周礼訳注』に「軍のつどう場で［大司寇は］その土地の神に犠牲をささげる儀式を補佐する」と訳している（第二巻三一六頁）。これは誤訳ではないか。

〔189〕『尚書正義』巻七「甘誓」二〇七～二一〇頁「大戦于甘。乃召六卿。王曰。（中略）用命賞于祖。弗用命戮于社」（大いに甘の地で戦う。そこで六軍の将軍を召し出し、王は［宣誓して］言う。（中略）「予の命令にしたがった者は宗廟［の主のもと］で褒賞する。命令にそむいた者は社［の主のもと］で処刑する」と。）訳注〔166〕参照。

『周礼注疏』巻三十四「秋官大司寇」一〇六九頁「大軍旅涖戮于社。〔鄭注〕社謂社主在軍者也」（大規模な軍事遠征では［大司寇が］社［の主］のもとで処刑に臨席する。［鄭玄の注に言う。］社とは軍中に置かれた社の主を言う。）

Biot, *Le Tcheou-li, op. cit.*, II, p.316「遠征部隊の大集結がおこなわれるとき、軍のつどう場で［大司寇は］その土地の神に犠牲をささげる儀式を補佐する」

十一　后土以前の社の崇拝

（190）［『書経』「武成」に］「告于皇天后土」とある（第三巻三一二頁）。
［190］『尚書正義』巻十一「武成」三四五頁「予小子其承厥志。底商之罪。告于皇天后土」（私、小子はここにその［文王の］こころざしを受けついで殷の罪を追及し、皇天と后土に告げる。）
（191）『左伝』僖公十五年［前六四五年］に「君履后土。而戴皇天。皇天后土実聞君之言」とある（一六八頁）。
［191］『左伝正義』僖公十五年、四三二頁「晋大夫三拝稽首曰。君履后土。而戴皇天。皇天后土。実聞君之言」（晋の大夫［郤乞《げきこつ》］は三拝しぬかずいて言う。「君［秦伯］は后土を踏まえ皇天を戴く。皇天も后土も君の言葉を聞く」と。）
（192）后土はしばしば大地と解されるが、正しくは社と解すべきである。たとえば『礼記』「檀弓」に「国亡大県邑。公卿大夫士。皆厭冠。哭於大廟。……而哭於后土」とある（第一巻一八七頁）。すなわち「国が重要な地域を喪失したとき、高官以下の役人はみな喪の冠をかぶり、宗廟にお

むいて慟哭する。……それから后土におもむいて慟哭する」という。ここでは后土は宗廟と対になっており、社を指すことがあきらかである。国家が損失をこうむったとき嘆きに行くべきところは社と宗廟にほかならない。右の引用ではぶいた文があり、そこには「三日君不挙。或曰。君挙」とある。すなわち「三日のあいだ君主は音楽をかなでない。あるいは言う。君子はかなでる」という。

［192］『礼記正義』巻三「檀弓上」二九二頁「国亡大県邑。公卿大夫士。皆厭冠。哭於大廟三日。君不挙。或曰。君挙而哭於后土。［鄭注］君不挙者。挙謂挙楽也」（国が大事な県や邑をうしなったとき、公卿と大夫と士はみな喪の冠をつけ、大廟で三日のあいだ慟哭し、君主は奏でない。あるいは「そのとき」君主は奏で、后土で慟哭するともいう。［鄭玄の注に言う。］「君主は奏でない」とある。奏でるとは音楽を奏でることである。）

后土と社の関係についてはシャヴァンヌの説に先立つデ・ホロートの発言がある。それによれば、自然界の頂点に立つ天の崇拝がはじまると、ただちに地の崇拝もおこなわれるようになった。子が父と母を慕うように、父なる天と母なる大地を尊ぶ。「皇天后土」という言葉はそれを示している。大きな統一としての大地の崇拝がいくつもの地域における土地の崇拝に分かれた。それを具現したのが社であり、やがて土地ごとの収穫の神である稷と結びついていく。『白虎通』に「土地は広大であり、あまねく敬うことはできない。五穀はあまたあり、ひとつひとつをまつることはできない。それだから土を盛って社を設け、土の［神の］いますことを示した。稷《きび》は五穀の長であるから、稷《しょく》を設けてこれをまつった」とあるのはこの意味に解せるとした（訳注［30］参照）。すなわち后土の崇拝がまずあってそこから社の崇拝が生じ、稷の崇拝もそれに附随したという。これに対しシャヴァンヌは、個々の土地の崇拝がもとにあって、やがて土地全体を対象とする国家祭祀へ進んだと捉えたのである。de Groot, *Les fêtes*, *op.cit.*, I, pp.147–158.

(193) 〔『書経』「召誥」に〕「越三日丁巳用牲于郊。牛二。越翼日戊午。乃社于新邑。牛一。羊一。豕一」とある（第三巻四二三頁）。

〔193〕『尚書正義』巻十五「召誥」四六二頁「周公朝至于洛。則達観于新邑営。越三日丁巳。用牲于郊。牛二。越翼日戊午。乃社于新邑。牛一羊一豕一」（周公は朝に洛邑に至り、新しい町の造営の進み具合を見てまわった。それから三日目の丁巳の日に郊外で牛二頭を犠牲にささげた。その翌日の戊午の日に新しい町で社をまつり、牛一頭と羊一頭と豚一頭を犠牲にささげた。）

(194) 『漢書』巻十に「上始祠后土于北郊」とある（二紙表）。『漢書』巻二十五下が記すとおり、成帝が祭祀をおこなったのは「召誥」の記事が正統であることを承諾したからである（五紙表）。この記事について当時〔前一世紀〕の文官は、牛二頭のうち一頭は天に、一頭は大地に犠牲としてささげたと理解していたのだろう。

〔194〕『漢書』巻十「成帝紀」三〇六頁「二年春正月。（中略）辛巳。上始郊祀長安南郊。（中略）辛丑。上始祠后土于北郊」（〔建始〕二年の正月、（中略）辛巳の日に君主は長安の南の郊外ではじめて郊の祭祀をおこなった。（中略）辛丑の日に君主は北の郊外ではじめて后土をまつった。）

『漢書』巻二十五下「郊祀志下」一二五三頁「成帝初即位。丞相衡。御史大夫譚。奏言。帝王之事莫大

乎承天之序。承天之序莫重於郊祀。故聖王尽心極慮以建其制。祭天於南郊。就陽之義也。瘞地於北郊。即陰之象也。（中略）書曰。越三日丁巳。用牲于郊。牛二。（中略）宜於長安定南北郊。為万世基。天子従之」（成帝が即位した当初、丞相衡［匡衡］と御史大夫譚［張譚］が奏上して言った。「帝王にとって天の命じる序列をうけたまわることほど大きなことはなく、天の命じる序列をうけたまわるにあたり郊の祭祀ほど重要なことはない。それだから［いにしえの］聖王は心を尽くし思慮をきわめてその制度を打ち立てた。南の郊外で天をまつるのは、陽の気にしたがう道理であり、北の郊外に大地をまつるのは、陰の気に即したかたちである。（中略）『書経』［「召誥」］に「三日目の丁巳の日に郊外で牛二頭を犠牲にささげた」とある。（中略）なにとぞ長安の南と北の郊外に［祭祀の場所を］さだめて、万世の基盤としていただきたい」と。天子はこれをよしとした。）

シャヴァンヌは『書経』「召誥」が記す洛邑の社について、そこは大地をまつる場ではなかったと主張する。同じ見解が『後漢書』「郊祀志」の劉昭の注にも見られる。侍中の鄧義は社でまつる土地神を句龍とする説を論駁したうえで、周公による天地の祭祀と社の祭祀を別々のことと考えた。

『後漢書』志第九「郊祀志下」三二〇三頁「［鄧義］難曰。再特于郊牛者。后稷配故也。社于新邑。牛一羊一豕一。所以用二牲者。立社位祀句龍。縁人事之也。如此非祀地明矣。以宮室新成。故立社耳」（［鄧義は］論難して言う。「［周公が］かさねて［二頭の］牛を郊外で犠牲にささげたのは［天に対して］后土を配するためである。新しい町で社をまつり、牛一頭と羊一頭と豚一頭を犠牲にささげているが、［牛以外に］ふたつの動物を用いたのは、社をあるべきところに設立して句龍をまつるにあたり、人神としての句龍［の祭祀］にたずさわるためである。ここではしたがって［社で］大地をまつっていないことは明白である。王宮が新たに完成したので社を設立しただけである」と。）

(195) 汾陰の后土の祠は［清末］現在の山西省蒲周郡栄河県［現山西省運城市万栄県］の北十支那里［約六キロメートル］のところにある。『史記』が記すところでは、前一一三年［元鼎四年］に武帝が天の崇拝に対応させるため后土の祠を急遽建立させている（シャヴァンヌ『史記訳注』第三巻四七四〜四七六頁）。前三一年［建始二年］に成帝は北の郊外で后土の祭祀をおこなうことをさだめ、それまで汾陰でおこなっていた后土の祭祀を長安郊外に移転させた。『旧唐書』巻二十四は、則天武后の治世（六八四〜七〇四［七〇五］年）以前に汾陰の脽《すい》すなわち小高い丘の上に女神像があったと記す。「先是脽上有后土祠。嘗為婦人塑像」とある（九紙表）。すなわち「以前に后土の祠が脽の丘の上にあり、そこに婦人をかたどった土の像が置かれていた」という。上海版［上海図書集成印書局本］『旧唐書』は「睢」と記すが「脽」に改めるべきであろう。『史記訳注』第三巻四七六頁、注三参照。

［195］『史記』巻二十八「封禅書」一六六一頁「其明年冬。天子郊雍。議曰。今上帝朕親郊。而后土無祀。則礼不答也。有司与太史公。祠官寛舒議。天地牲角繭栗。今陛下親祠后土。后土宜於沢中圜丘為五壇。壇一黄犢太牢具。已祠尽瘞。而従祠衣上黄。於是天子遂東。始立后土祠汾陰脽丘。如寛舒等議。上親望拝。如上帝礼」（その翌年の冬、天子は雍の地で郊の祭祀をおこない、臣下に合議をはかるよう告げた。「今、天の上帝を朕がみずからまつった。しかし［大地の神である］后土をまつらなくては礼として［神が］応答しないか」と。有司は［史官の］太史公と祠官の寛舒と合議して言う。「天と地の神にささげる犠牲の

［牛の］角は繭や栗のようなものとする。今、陛下がみずから后土をまつるなら、沼沢のなかの円形の丘に五つの壇を設け、壇ごとに黄色い子牛一頭と太牢《たいろう》すなわち牛と羊と豚を供え、まつり終えたらすべて埋め、祭祀に参列する者は黄色い衣を着るのが望ましい」と。そこで天子は意を決して東におもむき、はじめて后土の祠を汾陰の小高い丘に建立した。寛舒らが合議したとおりにしたのである。ここに今上皇帝がみずからはるかに望んで拝礼するのは、上帝に対する礼のとおりであった。）

『旧唐書』巻二十四「礼儀志四」九二八頁「汾陰后土之祀。自漢武帝後廃而不行。玄宗開元十年。将自東都北巡。幸太原便還京。乃下制曰。（中略）行幸至汾陰。宜以来年二月十六日祠后土。所司準式。先是脽上有后土祠。嘗為婦人塑像。則天時移河西梁山神塑像。就祠中配焉」（汾陰の后土における祭祀は漢の武帝からのちは廃されて執行されないままだった。玄宗は開元十年［七二二年］に洛陽から華北を巡幸し、太原に行幸したのち長安に戻り、みことのりをくだして言う。（中略）「行幸して汾陰に至る。来年二月十六日に后土をまつり、式次第は礼の規定にしたがうがよい」と。かつて［汾陰の］丘の上に后土の祠があり、それまで婦人の姿の土の像があった。則天武后の時代に河西の梁山の神の土の像がこの祠に移されて合祀されたのである。）

Chavannes, *Les mémoires historiques, op. cit.*, III, p.476, n.3「脽の語は人の尻あるいは鳥の仙骨を意味する。顔師古［の注］によれば、この小高い丘が尻の形のようなのでこの名がついたという。后土祠は山西省蒲周郡栄河県の北十支那里のところにある。汾河の南に位置し、ほど近くで黄河に合流する」

（196）『漢書』巻二十二に「后土富媼」とある（八紙裏）。シャヴァンヌ『史記訳注』第三巻六一四頁参照。

［196］『漢書』巻二十二「礼楽志」一〇五四頁「郊祀歌十九章。其詩曰。（中略）帝臨中壇。四方承宇。縄縄意変。備得其所。清和六合。制数以五。海内安寧。興文匽武。后土富媼。昭明三光。穆穆優游。嘉服上黄。帝臨二」（郊祀歌十九歌のその詞に言う。（中略）［五帝の中央の后土の］帝は中央の祭壇に降臨し、［四方の神が］四方の堂宇をうけたまわり、たえることなく意を正し、ことごとくその所を得る。［天地東西南北の］六方の世界を清らかに調和させ、数は［祥数である］五を尊ぶ。四海の内の天下を安寧にし、文を盛んにし武をとどめる。后土は富める媼《はは》であり、日月星の三光を明るくする。うるわしく、ゆったりしており、めでたい衣装は黄色を最上とする。［以上が十九歌のうち］第二歌「帝は臨む」である。）

『史記』巻二十四「楽書」一三九四頁「至今上即位。作十九歌。今侍中李延年次序其声。拝為協律都尉」（今上皇帝が即位するに至り、十九曲の歌を作り、侍中の李延年に命じてその声調を整えさせ、［音楽監督の］協律都尉を拝命させた。）

Chavannes, *Les mémoires historiques*, *op. cit.*, III, p.614「郊祀歌十九曲のなかに「大地の神である后土はゆたかな母であり、日月星の三光を輝かせる」とある。この句は、后土が女性の神格であることを明確に伝えている」

大地の神である后土はやがて墓の守り神として崇拝されるようになる。江蘇省徐州出土の買地券は、劉宋元嘉九年（四三二年）に亡くなった王仏女という女性のために墓地を購入した次第を記している。墓地をあがなうことの次第を冥界の神々に告げて承認を求めたうえで、その霊魂を「后土のしろしめす蒿里に帰り着かせよ」と結ぶ。蒿里は死者のおもむくところであり、后土はここでは守墓神である。その崇拝は継続し、宋代には朱熹『家礼』が墓葬から墓祭に至るまでくりかえし后土をまつることを規定している。後世の葬制におよぼした『家礼』の影響力は絶大であった。民間でまつられる后土の神像は女神をかたどったものが多く、后土娘々《ニャンニャン》と呼ばれる。以下の拙著を参照。『神呪経研究——六朝道教における救済思想の形成』研文出版、二〇〇九年、一九一頁。

劉宋元嘉九年銘「王仏女買地券」羅振玉『貞松老人遺稿甲集』羅雪堂先生全集続編第三冊、文華出版公司、一九六八年、九六九頁「事分明時。知者東皇父□□〔西王〕母。任者王子僑。傍人張亢根。当□今元嘉□□□□□□〔九年十一月廿〕日辛酉。帰就后土蒿里」（〔墓地をあがなう〕ことの次第をあきらかにするため、東皇父と〔西王〕母に承認してもらい、〔神仙の〕王子僑と補佐役の張亢根に証人となってもらう。今この元嘉〔九年十一月二十日〕辛酉の日に臨んで、〔亡き人の霊魂を〕后土のしろしめす蒿里に帰り着かせよ。）

『家礼』巻四「喪礼」朱子全書第七冊、上海古籍出版社、二〇〇二年、九一六、九二一頁「三月而葬。前期択地之可葬者。択日開塋域。祠后土。（中略）乃実土而漸築之。祠后土於墓左」（〔没後〕三か月たってから葬る。期日に先立って葬るべき土地を選ぶ。日を決めて墓地を開き、后土をまつる。（中略）〔墓穴に〕土を満たしてこれを徐々に突き固めていく。后土を墓の左にまつる。）

解説

菊地章太

一　古代中国の社を考える意義

人があつまって構成される集団を社会という。古くは国家の代名詞として社稷という言葉が用いられた。そのもとになった漢語の「社」は、旁《つくり》の「土」が示すとおり、土地を神とあがめるものであり、あるいは神のいます聖なる場として人々のつながりの根本を形成するものであった。

天は万民を覆い、地は万民を支える。天をまつるのは、ある時期から天子すなわち皇帝の独占となった。地もある時期からはそのように規定されたが、しかしもともと区切られた一定の地域からその崇拝がはじまっているだけに、その後も個々の集団の祭祀を受ける対象でありつづけた。長い歴史のなかで古代の社はそのままでは存続しなかったが、「社稷」や

「社会」という言葉が残っただけでなく、中国とその周辺地域の民間信仰のなかに今も姿を変えて生きつづけており、したがって人々の生活のさまざまな場面でなおもかかわりをもっている。

社が大地の神格化からはじまるとするならば、社をまつることはすなわち土地神をあがめることにほかならない。西暦紀元後、後漢の時代に中国に仏教が伝わり、同じころ道教の原始的な教団が成立すると、新たに人々の崇拝を受ける神格が続々とあらわれるようになる。中世から近世を通じて、新規の神々の登場は絶えることなく継続した。その背後で古代の神々は没落していった。近世の民間説話には土地神がときおり出てくるが、都城の守護神である城隍神などとくらべて身分はいたって低い。たとえて言えば大都市の市長といなかの村長ほどに格がちがう。なぜそうなったのか。

古代からすでに社の崇拝の規模はさまざまであった。国家の祭祀から村落の年中行事にいたるまですこぶる幅が大きい。農作物のみのりをもたらす目のまえの大地が民にとってあがめるべき対象だったろう。その範囲はかならずしも大きくない。それだから為政者による祭祀がすたれたあと、土地神は生活圏をともにする小さな集団の守護神として存続するしかなくなった。彼らの土地には代々の先祖も眠っている。やがて土地神は墓の守り神となり、死者を冥界にみちびく役さえになうようになる。それは地域ごとに千差万別であって、呼称も土地公や土地爺や社公など一定しない。もはや神格としての統一性はほとんどうしなわれたのである。

しかしこうした土地神の変遷のありようも、これを中国宗教史の大きな拡がりのなかで見わたすとき、そのときどきに人が神に何を求めてきたのかを探るうえで豊富な思索の材料を提供するにちがいない。しかも中国の周辺諸国が中国文化の影響のもとで社会を築いてきたことをかえりみれば、生活空間に根ざした土地崇拝の生成と歴史的推移ということも中国だけの問題ではなくなる。古代中国における社の実体をあきらかにすることは、東アジアの民族の宗教的心性を理解することにつながるであろう。

この解説は古代中国の社に関する研究のあゆみをその出発点にさかのぼってたどるこころみである。そこで何があきらかとなり、何が問題点として残されたのかを浮かびあがらせる作業を通じて、今後の考察の方向を見さだめていきたいと思う。

二　シャヴァンヌの生涯と学問

二十世紀のフランスを代表する東洋学者エドゥアール・シャヴァンヌの「古代中国の社」は、土地の神格をまつる社の信仰を古典文献の解読をもとに考究した論文である。近代的な歴史学の方法にもとづく中国研究が出発した時代に位置しており、のちの社の研究の多くはシャヴァンヌの研究を継承し、あるいは批判するところからはじまったと言っても言い過ぎではない。

最初の発表は一九〇〇年の第一回国際宗教史会議にさかのぼる。この会議はパリ万国博覧会に際し、同年九月三日から八日までパリ大学ソルボンヌ校のルイ・リアール大教室で開催された。そこでシャヴァンヌは「古代中国の宗教における土地神」の題目で報告をおこなっている。これは翌年、ギメ東洋美術館の年報『宗教史研究』に掲載された。[1] 会議の報告論文集は一九〇二年に出版されており、年報と同じ内容のものが収められた。[2] これを大幅に増補して題名を変更し、一九一〇年出版の『泰山――中国人の信仰に関する試論』に補遺として附載したものが決定稿となった。[3] これが本書に訳出した論文である。

土地神としての社の崇拝は、先祖をまつる宗廟の崇拝とならんで、古代における国家祭祀の中心的位置を占めてきた。その実態を解明した本論文は中国宗教史の黎明期に照明をあてたものとして評価が高い。『道教』の邦訳で知られる中国学者アンリ・マスペロは、これを評して、「資料の博捜と堅実な立論において古代中国の宗教に関するもっともすぐれた研究」と絶賛した。[4] イギリスの人類学者ジェームズ・フレイザーは、シャヴァンヌの学説に全面的に依拠して中国における大地の崇拝を論じている。[5]

シャヴァンヌは一八六五年十月五日にフランス南東部の町リヨンに生まれた。極東の東洋学者のなかでは白鳥庫吉と同年、内藤湖南や羅振玉より一歳年長である。

一八八五年にパリの名門ルイ・ル・グラン高校をへて高等師範学校《エコール・ノルマル》に入学し、八八年に哲学の高等教員資格を取得した。はじめ中国哲学の研究をこころざしたが、国立東洋語学校（現フランス国立東洋言語文化学院）の教授アンリ・コルディエのすすめで中国史の研究に方向を転じる。八九年からフランス公使館員として四年のあいだ北京に滞在した。そのおり司馬遷の『史記』全巻の翻訳に着手した。最初に訳したのは「封禅書」である。注釈のなかで古代中国の宗教史について縦横無尽に論じている。(6) ついで漢代画像石の研究を公刊した。(7)

シャヴァンヌ
(Henri Cordier, "Nécrologie: Édouard Chavannes", *T'oung pao*, XVIII, 1917)

帰国後の九三年に弱冠二十八歳でコレージュ・ド・フランスの教授に就任した。担当は一八一五年にアベル＝レミュザによって創設された「中国・韃靼《タタール》・満洲の言語および文学」の講座である。一九〇三年には碑文・文芸アカデミーの会員に推挙される。以来、一九一八年一月二十九日にパリ郊外のフォントネー・オ・ローズの自宅で五十二歳の生涯を閉じるまで、中国研究のさまざまな分野にわたって研究をつづけた。

没後まもなく師のコルディエが追悼文を記した。[8] そこには詳細な著作目録が附されている。のちに弟子のマスペロによって個々の研究の意義を評価した回想が書かれた。[9] 同じく門下生のひとりであるポール・ドゥミエヴィルは、フランス中国学の沿革をたどったなかでシャヴァンヌの学問的な貢献について論じている。[10]

ロシアの中国学者ヴァシリー・アレクセーエフは、パリ留学中にシャヴァンヌに師事しており、没後ただちに追悼文をしたためた。[11] ヨーロッパの中国研究を師の業績を軸として概観した論文もある。[12] 後述する中国旅行にも同行したアレクセーエフは、のちにロシアの中国研究をリードする存在となった。歴史資料であれ文学作品であれテクストをあまさず翻訳して綿密な注釈をほどこし、自家薬籠中のものとしたうえで歴史的な位置づけをあたえていく。これはシャヴァンヌゆずりの方法である。アレクセーエフによって基礎が築かれたロシアの中国研究には、シャヴァンヌの理念や方法がひとつの基礎となって生きつづけている。[13]

日本では古くは石田幹之助によってその生涯と研究業績の紹介がおこなわれた。[14] 新しくは池田温の評伝がある。[15] 福井文雅は欧米の東洋学を論じたなかで、シャヴァンヌの学問上の位置をあきらかにしている。[16] 以上の先学の文章に学びつつ、その研究の足跡をふりかえってみたい。

シャヴァンヌのライフワークとなった『史記』訳注は「本紀」「十表」「八書」を終え、「世家」のなかほどの「孔子世家」まで進んだ。完成にはいたらなかったものの、すべての巻に詳細をきわめた注釈がほどこされた。司馬遷の歴史叙述の可能性と限界を論じた序論を附して五巻にまとめられ、のちに補遺一巻が加えられる。(17)

この作業と並行して東西交渉史の研究に欠かせない基本文献が訳出された。『大唐西域求法高僧伝』訳注は一八九四年の出版である。(18)中央アジアから将来された漢文石刻資料の訳注は一九〇二年に碑文・文芸アカデミーの紀要に掲載された。(19)碑文や古文献の考証はシャヴァンヌのもっとも得意とした分野であろう。『西突厥史料集成』は一九〇三年に帝政ロシアの科学アカデミーから出版された。(20)『スタイン収集の東トゥルキスタン将来漢文文書』は一九一三年の出版である。(21)中国での調査旅行をふまえた『華北古美術調査』は一九一五年までに二巻五冊を刊行した。(22)これは考古遺品と美術作品を対象としたものである。

宗教史の研究も広範な領域にわたっている。早くはネストリウス派キリスト教に関する論文が一八九七年に著された。(23)古代から近世にいたる山岳信仰を論じて中国宗教史のさまざまな側面に説きおよんだ『泰山』は一九一〇年の出版である。(24)漢訳大蔵経から訳出した『仏教説話五百選』三巻は一九一一年に完結した。(25)敦煌写本をフランスにもたらしたポール・ペリオとの共編『中国伝来のマニ教残巻』は、一九一一年からフランス・アジア協会の機関誌に掲載がはじまる。(26) 道教研究の先駆をなした『投龍簡』は没後の一九一九年に出版された。(27)

シャヴァンヌは『史記』訳注を第五巻まで出したところで、かつて中国滞在中にはじめたいくつかの研究テーマについて再度の実地調査をこころみるため、また史料を補充して完璧を期すべく、一九〇七年に十数年ぶりで中国を再訪している。この調査は古代中国の土地神信仰の解明にもかかわるところがある。以下に章をあらためてたどってみたい。

三　清朝末年の調査旅行

シャヴァンヌは一九〇七年三月二十七日にパリ北駅を出発してモスクワに向かい、ヤロスラフ駅からシベリア鉄道に乗りかえて極東をめざした。一八八九年にはじめて留学したときは北京まで二か月ほどかかっている。一月二十四日にパリを出発し、三月二十一日に北京に到着した。五十六日間の旅程だが、このときの記録は残されていない。その十年後の一八九九年にペリオが極東研究院に留学しており、こちらは旅程の記録がある。十月二十日にマルセイユで船に乗り、十一月十七日にサイゴンに到着した。(28) スエズ運河は一八六九年に開通している。乗船したのはフランス郵船会社の所有船舶オセアニアン号であった。年があけて一月五日に同じ郵船会社のハイフォン号でサイゴンを出航し、十日にハノイの外港にいたった。その翌日に極東研究院のあったハノイ市内に到着している。

シャヴァンヌもかつては同様にマルセイユ（もしくはル・アーヴル）から船に乗り、上海で船を降りたのだろう。そこから先は海路か陸路か不明である。フランス郵船会社の一九〇三年の極東航路図を見ると、上海の次の寄港地は長崎である。(29) 北京の玄関口にあたる天津行きの航路は示されていない。

一九〇七年の中国再訪にあたっては、開通したばかりのシベリア鉄道を利用した。

帝政ロシアはシベリア開発と極東戦略をはかって一八九一年からシベリア鉄道の建設をはじめた。日露開戦直後の一九〇四年九月、モスクワからウラジオストークまでの全線九千三百キロが開通している。戦争が終結した翌年十月に日露両国政府の協定がかわされ、ロシアの管轄下にあった東清鉄道南部支線の線路が日本側に引き渡された。長春孟家屯から奉天をへて旅順にいたる南部支線はシベリア鉄道に接続する。満洲経営の一環として南満洲鉄道株式会社（満鉄と略称される）が設立され、中国侵略の足がかりとなる巨大な国策会社が誕生した。

満鉄が経営を開始したのは一九〇七年四月一日、シャヴァンヌの奉天到着は十四日である。

開通して間もないシベリア鉄道を経由し、清国領内の手前で東清鉄道に乗りかえたはずである。長春から先は満鉄に移管されたばかりの車輛にゆられ、シャヴァンヌは奉天駅に降り立った。(30)

中国再訪の年は光緒三十三年にあたる。翌年、光緒帝が崩御し、その翌年に宣統帝が即位した。三年後には辛亥革命が勃発する。清朝が終わろうとする時代であった。

このときの旅程は帰国後にパリのアジア協会でおこなわれた講演の筆録によって知ることができる。(31) 追悼文や回想で中国再訪にふれているものは、おおむねこの講演筆録をもとにしている。しかしそこには空白の部分が少なくない。

シャヴァンヌの旅行にはアレクセーエフが同行した。ペテルスブルグ大学東洋語学部を卒業したアレクセーエフは教授要員としてヨーロッパ留学を命ぜられ、一九〇四年にコレージュ・ド・フランスでシャヴァンヌの講義を聴いてこれに傾倒した。一九〇六年から中国に留学しており、シャヴァンヌの調査にもしたがった。そのおりに手記を残している。(32) ロシアで公刊されたのはずっと遅れて一九五八年だが、これをシャヴァンヌの講演筆録とあわせて読めば、旅程の空白部分を補うことができる。

四月十四日に奉天に到着したシャヴァンヌは、二十二日までここに滞在し、清朝の太祖の故宮と太宗の陵墓である北陵をたずねた。二十三日に奉天を発って鴨緑江をさかのぼり、洞

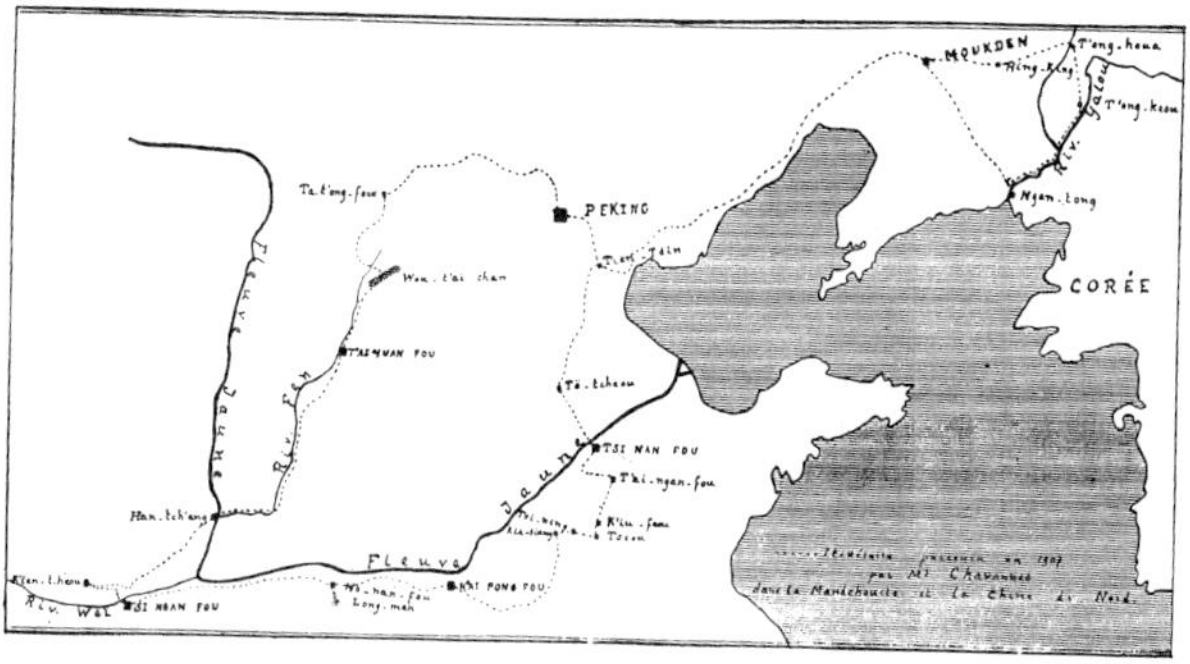

華北調査行程（Chavannes, “Voyage archéologique”, *op. cit.*, 1908）

溝にいたって広開土王碑を調査した。帰途は舟で安東までくだり、そこから安奉線で五月十四日に奉天にもどっている。安東と奉天を結ぶこの路線も四月一日に満鉄に移管されたが、シャヴァンヌが乗車したときは軍用の軽便鉄道路線だった。(33)

アレクセーエフの手記によれば、シャヴァンヌとは五月十六日に北京で合流している。師弟は再会を祝したあと、二十五日に北京大学の前身である京師大学堂で服部宇之吉と桑原隲蔵に面会した。(34)このとき服部は大学堂の師範館総教習をつとめていた。今ならば教育学部長にあたる。桑原は京都帝国大学文科大学の創設をひかえた清国留学で、北京に到着したばかりだった。

シャヴァンヌとアレクセーエフは二十九日に北京を発った。大運河を天津から徳州まで南下し、馬車に乗りかえて山東済南府にいたった。ここで千仏山石窟の調査をおこなっている。山東では武梁祠・孝堂山・劉家村・南武陽などの漢代画像石の調査にもたずさわった。六月十七日から二十五日まで泰安府に滞在し、二十一日に泰山に登っている。

ここはシャヴァンヌにとって格別な場所だったにちがいない。『史記』訳注のうち最初にとりくんだ「封禅書」は、泰山でおこなわれた天地の祭を論じたものである。フランス公使館員として北京に滞在した一八九一年にも登攀している。このたびの再訪でも帰国後まっ先に研究成果として上梓したのは名著『泰山』であった。

この書物の価値はさまざまにあるが、まず中国宗教史研究における重要性をあげることができよう。いくえにも積み重なった泰山信仰の種々相を理解するため、正史や典籍はもとより稗史や道書のたぐいまで、およそ入手し得るかぎりの文献を博捜してこれに厳密な史料批判を加える。そのうえで複雑きわまりない歴史的展開の過程を宗教学の基礎をふまえて再構築し、中国宗教史の大きな枠組のなかに位置づけていく。二千年におよぶ歴史をもった宗教現象に対し、どのような権威にも屈さない強靭な批判精神と明晰な論理でこれを分析し、総体としての泰山信仰の把握をはじめて可能にした。こうした姿勢は本書に訳出した社の研究においても発揮されている。

研究上の価値とともに見のがすことができないのは、清朝末期の聖地の姿を文章と写真によってあますところなく伝えた歴史記録としての価値である。旧中国の貴重な文化遺産は辛亥革命や文化大革命でいちじるしく変貌した。泰山のふもとには墓石の林立する高里の丘があり、死者の霊魂のあつまるところとして信仰されていた。高里の森羅殿には冥府の七十五司がならび、罪人を懲らしめる刑罰のさまを表現した塑像があった。シャヴァンヌが文章にとどめたこの迷信の権化のような施設は、一九二八年（民国十七年）までにことごとく破壊された。[35]二十数年という年代の差がどれほど大きな変貌を近代の中国にもたらしたのか想像できるだろう。『泰山』には泰安府の祭日のようすも記してあり、参拝人でごったがえす聖地の喧噪が聞こえてきそうである。それは信仰が生きていた時代であった。

泰安府東嶽坊、1907年撮影
（Chavannes, *Le T'ai chan*, *op. cit.*, 1910）

泰山をあとにしたシャヴァンヌとアレクセーエフは、次に曲阜の孔子廟に詣でた。ついで開封府をへて鞏県石窟寺で調査をおこない、かたがた北宋の仁宗

シャヴァンヌ
(Chavannes, *Mission archéologique*, II/2, *op. cit.*, 1913)

の永昭陵と徽宗の永佑陵におもむいた。登封県では太室闕・開母室・少室闕などを調査し、漢代画像石の拓本を採取している。さらに少林寺の造像碑を調査したあと河南府を通過し、七月二十四日から八月四日まで龍門石窟にこもって調査に従事した。十日あまりのあいだに五百題もの造像銘を筆写している。今でこそ名高い龍門造像記だが、当時の清国では『金石萃編』に二十数題をおさめるのみだった。のちに造像銘の記述をもとに、そこにあらわれたさまざまな階層の信仰について考察がこころみられる。

八月三十日に長安の都があった西安府に到着し、石碑の林立する碑林をたずねた。九月六日に西安を発って、徒歩で三日かけて乾州に向かい、唐王朝の歴代皇帝の陵墓をめぐった。醴泉では太宗の昭陵を調査し、蒲城県では睿宗の橋陵と玄宗の泰陵を調査した。このとき石

獅子の台座に腰かけたシャヴァンヌの姿が撮影されている。(36)

北京にいた桑原隲蔵は清国留学中の宇野哲人とともに、その一週間前の九月三日に西安調査旅行に出発した。十九日に西安府に到着したのち、十月二日に馬車で乾州に向かっている。わずか数日のちがいで東西の碩学四人は出会うことがなかった。

シャヴァンヌ一行は韓城県に向かい司馬遷の生地をたずねたあと、黄河をわたって太原府にいたった。十月十日にここでアレクセーエフと別れている。それからシャヴァンヌは五台山に登り、大同府で雲崗石窟の調査にたずさわり、万里の長城の関門にあたる張家口をへて十一月四日に北京にもどった。

以上が一九〇七年、光緒三十三年の華北調査旅行の全容である。

アレクセーエフの記すところでは、ふたりは平野部であれば小車子という轎車《きょうしゃ》に乗り、ときには徒歩で進むこともあった。はなはだ骨の折れる行程だったが、いつもシャヴァンヌは中国の歴史や宗教、文学や美術への思いを倦まずに語った。それはアレクセーエフにとって何ものにも代えがたい「教室」であった。師の資料収集への情熱は中国学全般に対する旺盛な学術的関心にもとづくものである。手持ち無沙汰で車上にいるときなど、今すぐ研究に着手できないのを惜しむほどだったという。(37)

アレクセーエフは貧しい生いたちから立ちあがって大学者となった人である。パリではじ

アレクセーエフ
（Алексеев, *В старом Китае, там же*, 1958）

めてシャヴァンヌに会ったとき、その学問へのひたむきな情熱をたたえられた。以来この人を生涯の師と慕いつづけた。シャヴァンヌとの中国旅行はアレクセーエフにとってかけがえのない財産となったにちがいない。

　このたびの調査旅行はフランス政府文部省と碑文・文芸アカデミーと極東研究院からの援助によって実現した。遺跡・考古遺品・画像石・仏像・石刻彫刻について詳細な記録が取られ、拓本の採取や銘文の筆写が精力的におこなわれた。中国人の技師をやとって大型写真を撮影させ、シャヴァンヌ自身も小型カメラで撮影している。一九〇〇年代のはじめだから、それほど写真が普及していたわけではなかろうが、清朝最末期の貴重な文物をさかんにカメラにおさめた。その数は千八百点におよぶ。一部は『華北古美術調査』のうち図版編三冊に掲載された。

　帰国後にその成果があいついでまとめられた。『泰山』の出版は一九一〇年、『華北古美術調査』のうち最終の本文編第二冊が出版されたのは一九一五年である。シャヴァンヌはその三年後の一九一八年に亡くなるから、晩年の全精力をこの華北調査旅行の報告に費やしたことになる。『史記』訳注が未完成に終わったのもやむを得なかった。

『華北古美術調査』の前半は漢代画像石の研究である。シャヴァンヌはすでに一八九三年に同じ主題をあつかった書物を出版しているが、新たな資料をくわえて研究を一層精緻なものにし、古代中国の石刻芸術をより体系的に把握することをめざした。同書の後半は北魏仏教石窟の研究であり、上述のとおり造像銘をもとにして仏教信仰の考察がこころみられた。これはのちの東方文化学院京都研究所（京都大学人文科学研究所の前身）による石窟研究の先駆となったのである。[38]

以上は研究成果の一部でしかなく、なお未完成に終わった主題も少なくなかった。シャヴァンヌは華北の石窟寺院における仏像の様式を手がかりに、仏教芸術が中央アジアから中国に導入された経緯をたどろうと計画していた。また、唐代の陵墓をとりまく巨大な人物像や動物像の造形が、宋代や明代の壮大な陵墓芸術の先駆をなすことをあきらかにしようとした。しかし、いずれもはたされることはなかった。

図版編には平原にそびえ立つ樹木の写真が掲載されている。[39] 土地の人々の崇拝をあつめているらしく、樹木の幹に布が巻いてある。これは本文編に言及がない。陵墓の写真も大量に掲載されたが、本文編で論じられなかったのと同様である。ただしこの樹木のことは本書に訳出した社の研究のなかで重要な言及がなされた。

本書の第四章に述べてあるとおり、シャヴァンヌは古代の社における樹木の存在を重要視した。かつてそれは民の崇拝にとって欠くことのできないものだったという。シャヴァンヌは述べている。「樹木の崇拝は今もなお中国の華北の大地に根を下ろしている。私が一九〇七年に山東・河南・陝西・山西の各地でおこなった調査旅行の途中でしばしば目にしたのは、赤い布の帯でごてごてと飾りたてた大木だった。帯の上に黒々と記した文字が人々の感謝の言葉を伝えている。こうした信仰の遠い起源がどこにあるのかを私たちは見ることができるだろう。それは堂々とした樹木の存在感のうちにこみあげてくる大地の力への崇敬にほかならない」という(40)。

『荘子』「人間世」に櫟社《れきしや》の話がある。舞台は斉の国、今の山東省、西に泰山をひかえた地である。そこに櫟社があった。櫟《くぬぎ》を神木とする社をそう呼んだ。その木陰に数千頭の牛が憩うほど枝が拡がっていたという(41)。いかにも大仰な話だが、図版編掲載の写真はどこか神さびていて、巨大な樹木が神とあがめられていた時代を彷彿させるようである。

はるか古代の社のなごりが今なお華北の大平原に息づいている。樹木は遠い古代においてそ土地神そのものであったとシャヴァンヌは主張した。それはただ古代の遺物としてそうだったというだけではない。中国人の宗教的心性のなかに変わることなく生きつづけている。それを実際の場において感得したのではないか。華北のそこかしこでの観察によって主張は確信へといたったにちがいない。社の研究も確実に華北旅行の成果のひとつと言えるだろう。

社に関するシャヴァンヌの見解は、はたして正当なものか。その後の研究の多くは本書に訳出した論文からはじまって、これを評価し、あるいは批判することによって展開してきた。そう言っても言い過ぎではなかろう。次にそのあゆみを概観したい。その作業を通じてシャヴァンヌの学説の可能性や限界について検証をこころみたいと思う。

四　社に関する研究の開拓

社に関する近代の研究としてもっとも早くあらわれたのがシャヴァンヌの最初の論文「古代中国の宗教における土地神」である。上述のとおり一九〇一年刊行の『宗教史研究』に掲載された。前年に開催された第一回国際宗教史会議で報告されたものである。二十二頁の分量であるから、のちに増補された論文、すなわち本書に訳出したものの四分の一に満たないが、そこに最初の問題提起がなされたのである。論文冒頭に述べるところでは、長い歴史をもった中国研究のなかで、社というきわめて重要な神格にかならずしも十分な注意がはらわれていなかったという。(42) 漢語の「社」にふさわしいフランス語の訳語はない。ここでは「土地神」と訳された。

論文全体は六章に分かれる。古典文献から読み取れる社のありようをたどったのち、土地の神である社とならんで収穫にかかわる稷の神格を論じ、ついで社稷と対をなす先祖の廟すなわち宗廟との関係をあきらかにする。さらに国家規模による天と地の祭祀を取りあげ、それをふまえてふたたび社稷と宗廟のふたつが中国宗教の根源にあることに説きおよぶ。以下、章別に内容を概観したい。

第一章は社の諸相とそこから浮かびあがる初期の実像を論じる。

社は個々別々の土地に根づく神格である。古代には二十五家でひとつの里が構成され、そこにひとつの社が置かれた。(43) こうした事実を『史記』の本文あるいは古注の記述をもとにたどっていく。以下すべて、わずか一行の記述にも典拠を示している。『礼記』「郊特牲」に「社の祭には里より人がみな出る」とある。(44) 祭祀への参加はあらゆる階層におよんだ。同じく『礼記』「祭法」によれば、君主は「群生のために」大社を有し、君主自身のために王社を有した。諸侯もまた民のために国社、自身のために侯社を有した。大夫以下の人々は共同体のなかに社を設け、これを置社と呼んだという。(45)

社の神は畏怖すべき存在であった。それは戦争の神であり、懲罰をつかさどる神であった。自然災害は神が人を罰するために起こすと考えられた時代のことである。日蝕のとき天子が社で太鼓を叩いて神に訴えた。滅亡した王朝の社はそのまま廃絶せずに残され、その祭壇で捕虜が生け贄にささげられた。これは『春秋』僖公十九年に記事がある。(46)儒者はこうした野蛮な行為があったことを否定しつづけたが、古代中国の現実の姿として認識すべきだとシャヴァンヌは主張する。

第二章は収穫にかかわる稷を土地の神である社とあわせて論じる。人々は社の神を恐れるだけではなかった。めぐみをもたらす大地に対し、春は豊穣を祈願し、秋は収穫に感謝した。民間では五穀の神である稷も収穫をつかさどるものとしてあがめられた。これを社とあわせてまつるようになる。ふたつの神格が社稷という形で分かちがたく結びつき、やがて国家規模で祭祀の対象となっていく。その結果、社稷の語は国家の代名詞として、その統治や存亡にかかわるさまざまな場面で用いられた。ここでは『左伝』の記事をもとに豊富な実例が列挙される。

第三章は大地をまつる社稷と祖先をまつる宗廟との関係を論じる。首都国はその繁栄を支える大地と、その礎石を据えた先祖があって成り立つものである。首都にはかならず君主の宮殿の右に社稷の祭壇が置かれ、左に宗廟が置かれた。社稷と宗廟のそなわったものこそ国のまったき姿にほかならない。君主が戦闘におもむくとき、車に社と宗廟のかたどりである主を載せていく。君主の権威を支えるふたつの力をともなうのである。

『書経』「甘誓」は夏王の言葉を伝える。[47] 戦場での褒賞は宗廟の祖霊のもとであたえられ、処罰は社の神のまえでおこなわれたという。

社稷と宗廟にはそれぞれ専従の官吏が配された。宗と祝がそれにあたる。宗は文字どおり宗廟に奉仕する。祈禱官である祝はつねに社稷とともにある。軍事遠征で君主が社を随行させるときを除いて、祝が国を離れることはなかった。「宗祝」あるいは「祝宗」について語った記事が、これも『左伝』からさかんに引用される。このことは社稷と宗廟における祭祀がつねに一対でおこなわれたことを示唆するであろう。このように中国文明の黎明期においてすでに、社と祖が一対の巨大な柱のごとくにそびえていたのである。

第四章は社と祖からさらに進んで天と上帝の問題を論じる。

社の根源には自然崇拝があり、宗廟の根源には霊魂崇拝がある。このふたつのありようは天と上帝の思想にもうかがえるという。『詩経』「思文」は后稷を天に配し、同じく『詩経』「文王」は君主の祖霊を上帝に配する。[48] 天は社稷とともに自然現象をつかさどり、上帝は祖霊と同じく人間界のことがらをつかさどる。『史記』に上帝が君主にはたらきかけた話が見えるが、天はそうしたかかわり方はしない。両者はまったく異なる神格ではないか。『詩経』に「昊天上帝」という言葉がある。シャヴァンヌは対句の分析をもとに「昊天」と「上帝」がひとつの統体ではなく、社稷と宗廟のような同格の関係にあるものと判断した。

アーリア民族の神話にも比較の手がかりとなるものがあるという。ヴェーダに登場する天空の神ディヤウスはギリシア神話のゼウスやローマ神話のユーピテルに対応する神格である。このうちユーピテルの語源はユス・ピテルであり、ユスはディヤウスすなわち天に対応し、ピテルは父を意味する。最高の神格が天と父とを分け持っていたのである。

第五章はまず中国における宗教思想の変質についてヨーロッパの場合と比較し、つづいて国家による天と地の祭祀を論じる。

古代のヨーロッパではゼウスのように天を神格化した神が崇拝されていた。ところがキリスト教が浸透するにつれ、天は父なる神のいますところでしかなくなる。人格神の信仰が自然崇拝を駆逐していった。かたや中国ではこれと正反対の展開をたどる。儒教の古典に登場する上帝は人倫を正す存在であった。イエズス会の宣教師が聖書の神を中国語に訳すうえで中国古典の言葉にならったほどである。しかし後代に天の存在が大きな意味をもつようになると、上帝は人格神としての性格をうしなっていく。そうした変質のなかで社はかえってその役割を明確にしてきたという。

社稷と宗廟の祭祀が民間でつづくかたわらで、国家による天と地の祭祀がおこなわれるようになる。天をたたえる郊祀の祭が首都の南の郊外すなわち南郊でいとなまれ、地をたたえる社稷の祭が北の郊外すなわち北郊でいとなまれた。ここでは天と地が対置されている。地域ごとの社でまつられていた土地神が、天とならぶ国家祭祀の対象となった。

王朝の社でまつる土地神を后土と呼ぶ。それは皇天（あるいは昊天）の対義語であり、全地をあまねく包括するものとされる。九州を平定したという神話の共工氏の息子を句龍というが、かつてこの男性神が土地神とされた。のちに女性神である后土がこれに代わる。『漢書』「礼楽志」が記す郊祀の歌に「后土富媼」とある。[49] それは生あるものすべての偉大な母であり、すなわち神格化された大地にほかならない。

第六章はふたたび社稷と宗廟の問題にもどり、このふたつが中国宗教の基層にあることを論じる。

社稷と宗廟の祭祀は中国の歴史書がさかのぼり得るもっとも古い時代から存在した。しかし社の祭祀が天の祭祀とならぶのは周王朝以後である。天子の権力の増大とともに天と地の祭祀は一国の支配にかかわる重要性を帯びてきた。宗教が政治のもとで展開したのである。中国の皇帝にとって皇天と后土がふたつの巨大な信仰対象となった。皇帝みずからが世界の主であることを主張したとき、世界を包括する自然崇拝の二元化が明確となったのである。あらゆる存在を凌駕するこの巨大な神格のもとにあっても、なお古い社稷と宗廟はありつづけた。そのことが民族のもっとも根深いところにある信仰のありようを伝えている。日々の生活につながる土地の崇拝と、そして宗族に密着した先祖の崇拝こそが、中国における宗教思想の基層にある。社と祖にもましてその根源にふれるものはほかにない。シャヴァンヌはそう結論した。

以上が一九〇一年の論文の概要である。

本書に訳出した一九一〇年の論文とは分量だけでなく構成もかなり異なっている。ここにはインドやギリシアの神格との比較があり、さらにヨーロッパの宗教思想との比較がある。また、自然崇拝と霊魂崇拝という宗教学の一般的な問題への言及もなされた。いずれも本書訳出の論文ではほとんどはぶかれ、もっぱら中国学の範囲に限定されていく。最初の論文は中国学の個別問題をあつかいつつも、より広い学問領域のなかで検証をこころみている。

そもそもが国際宗教史会議での報告であった。会期中はキリスト教やギリシア・ローマの古代宗教はもとより、エジプト、ペルシア、インド、中国、日本の宗教に関する報告があり、さらに未開民族の宗教をあつかう人類学や民俗学からの報告もなされた。この会議が一九〇〇年のパリ万国博覧会に際して開催されたことを想起したい。セーヌ左岸に諸国街《ナシオン》が特設され、列強の植民地館も軒をならべた。そうした時代のことである。

シャヴァンヌはなぜ社に注目したのか。

ひとつには、社という存在が有する社会的性格の探究がフランスの宗教研究のあり方にかなっていたことがあげられよう。

シャヴァンヌは社を宗廟と対置させてその本質にせまった。論文から読み取れるのは、社が社会に対して開かれ、かたや宗廟が閉じられていたという現実の姿である。開かれているからこそ社の神は人に対して厳格に臨んでくる。また閉じられているからこそ宗廟の祖霊は親密《アンティーム》なつながりに寛容であったと考えられる。

ただし「開かれている」ということも、ある限定が必要であろう。それは区切られた範囲の内側のことでしかない。これはのちにグラネが『中国的思考』のなかで強調したところだが、中国人は時間や空間という抽象的な概念でさえも具体的な人間の営為と切り離して認識することはなかった(50)。そこでは時間も空間も截然と区切られている。

社が開かれているといっても、その範囲は小さくは二十五家で一里をなす規模であり、大きくは一国家という規模のうちである。このことは「天」と「地」にもあてはまる。理念としてはすべてが包摂されるべきだとしても、現実には中華の光がおよぶところという限定のうえで成り立つ観念である。この点でシャヴァンヌが天と地の普遍性を語るとき、やはり西洋的な理念で捉えているように思う。論文のなかで天と上帝が対置されたが、ここはややわかりにくい。シャヴァンヌもこれにつづく社の研究ではもはやこの問題には言及していない。

それはともかくとして、社を宗廟と対比させることで両者の本質をきわだたせたのはこの論文の最大の功績であろう。中国文明の黎明期から二本の柱が屹立しており、これこそ中国人の宗教観を支える根源であることが随所で指摘された。[51]

いったいフランスの宗教研究においては、宗教を社会現象として把握する傾向が顕著である。近世以降の中国宗教の全体像を構成するのは儒教と仏教と道教だが、現実にはこの三教が共存しつつ渾然と融けあってきた。頂点は別々でも底辺は共有されている。それが中国宗教の社会的な実体である。中国や日本では儒教や仏教の頂点ばかりが長年にわたって研究されてきた。しかし習合《シンクレティズム》にまみれた庶民の信仰こそ宗教の現実の姿であって、とりわけ道教はそうした信仰世界に支えられてきた。それがためにかえって軽んじられてきた事象に対し、フランスの研究者が古くから注目してきたのもそうした理由によるところが大きい。[52] 社はかつて中国宗教の基盤にありながら、いつしか過去の残存物として周縁におしやられていた。シャヴァンヌがこれを取りあげた理由のひとつはここにあるだろう。

そこにいたる経過のなかで、オランダの宗教学者ヤン・デ・ホロートの発言が前提のひとつにあることは見のがせない。かつてオランダ東インド政庁の通訳官であったデ・ホロートは清朝晩期の一八八六年に中国宗教民俗誌の大著『厦門《アモイ》の年中行事』を刊行した。その第一巻に社に関する記事がある。[53] この書物は一八八四年にライプツィヒ大学に提出したオランダ語の学位論文がもとになっており、フランス人のプロテスタント牧師の協力を得てフランス語で改訂増補し、ギメ東洋美術館の研究叢書として出版したものである。

厦門では毎年二月二日を二月節として祝う。そのとき「土地公生」の祭がおこなわれる。これは長いあいだに土地神の祭から変容したものだが、もとをたどればそれは后土の祭祀にいたるとデ・ホロートは考えた。自然界の頂点に立つものとして天の崇拝がはじまると、ただちに地の崇拝もおこなわれるようになる。子が父と母を慕うように、父なる天と母なる大地を尊ぶ。これは地球上のさまざまな民族に共通する自然崇拝の道筋にほかならない。中国ではそれが「皇天后土」という言葉に結晶した。大きな統一としての大地の崇拝がいくつもの地域における土地の崇拝に分かれた。それを具現したのが社であり、やがて土地ごとの収穫の神である稷と結びついていくという。

デ・ホロートは言う。「巨大な幹である后土がいくつもの枝となってさまざまな地域の社として分かれ出た。さらに大地から生じるあらゆる生産物もその幹のうちにあり、それは稷としてあがめられた」と。(54) すなわち后土の崇拝がまずあってそこから社の崇拝が生じ、稷の崇拝もそれに附随したとする。后土と社稷の関係をこのように上から下へ向かう過程としてデ・ホロートは理解した。これに対しシャヴァンヌは、個々の土地の崇拝がもとにあって、やがて土地全体を対象とする国家祭祀へ進んだと捉える。いわば下から上への成立史を想定したのである。

社が研究対象とされた理由はもうひとつ考えられる。それはシャヴァンヌ個人の研究のあゆみにかかわっている。『史記』「封禅書」から中国研究をはじめた人としては、いつかは社を研究の対象としなければならなかったはずである。封は天の祭祀であり禅は地の祭祀であった。したがって「封禅書」は国家による最高の崇拝対象を論じた書物と見なされる。このことは論文のなかでも言及されている。(55) しかし封禅の祭よりもさらに古くからある社と祖の祭の実体があきらかにならなければ、その国家的規模の発展形態についても十全な理解にいたらない。

封禅の舞台となった泰山信仰をもう一度現地において確かめるため、二度目の中国旅行が計画された。それと併行して社の研究も進められたのではないか。だからこそ泰山を論じた専著が一九一〇年に刊行されるとき、これを補完すべく大幅な改訂をへた社の研究が附載されたのだろう。

一九〇一年の最初の論文に対して、ペリオの論評がさっそく同年刊行の『極東研究院紀要』に掲載された。(56) ペリオは論文のみならず厖大な数量の書評や論評を発表しつづけたが、これはごく初期の仕事である。(57) そのなかで中国の天の思想とヨーロッパの宗教思想との展開の相違に注目した。さらに自然崇拝と霊魂崇拝が中国宗教の黎明期からふたつの大きな柱として存在したことを重要視している。その解明に向けてさらに資料を充実させた長編の論考を若いペリオは期待した。その期待に応えたのが、本書に訳出した一九一〇年の論文である。

以下、この二番目の論文の内容を概観したい。

五　研究のさらなる深化

『泰山』の補遺として掲載された論文の題名は「古代中国の土地神」である。シャヴァンヌ自身の注記によれば、当初は一九〇一年の論文をそのまま附載する予定であったが、内容を書き改めて増補したので題名もわずかながら変更したという。「社」に該当する訳語はないので、ここでも「土地神」のままである。意訳すれば「古代中国の社」となろう。

論文全体は十一章に分かれる。第一章は序論にあたり、さまざまな規模を有する社の実体をたどる。第二章から第五章までは社の形態の変遷をたどる。社が創設されるとき土壇が築かれ樹木が植えられた。この樹木こそが土地神そのものであって、さかのぼれば叢林が社の原初形態であったことを主張する。ついで第六章と第七章は社の機能をたどる。日蝕や大雨や旱魃のとき社で呪術的な儀式がおこなわれた。いずれも陰の気をになう地の神格にはたらきかけた行為だという。第八章から第十章は社と稷と宗廟の関係をたどる。ここでは新たな資料を補充して一九〇一年の最初の提言がくりかえされた。第十一章は后土崇拝以前の社のありようをたどる。天と地の祭祀以前に社稷と宗廟の祭祀があったとするかつての主張を、より整理された形で示しつつ論文を閉じている。以下、章別に内容を概観したい。

第一章「社の諸相」は、社の規模を小から大へとたどり、社を有するそれぞれの主体に応じた特質を述べる。

土地の神である社は一定の範囲にしたがって固有の神格を有しており、それに対応して社の格もさだめられた。もっとも小さい社にあたるのは中霤である。これは家屋の中央の明り採りで、屋敷神をまつる場所だった。その上に二十五家を単位とする里社がある。所属する人名が戸籍に記されたので書社と呼ばれた。ついで二千五百家をたばねる州社があり、その上に官立の公社がある。公社には稷が併置され、その祭祀をつかさどる官吏が社の格に応じてさだめられた。いずれも『周礼』に規定がある。(58)

為政者の掌握する社は諸侯の社から天子の社にいたる。民にとって社は土地の恵みをもたらす生活の守護者であり、君主にとってはその繁栄を約束する権威の擁護者であった。社は下からも上からも機能する。いずれも中国の歴史の最初期からそのようにくりかえされてきたという。以上は序論に相当する。

第二章「社の祭壇（上）」は、土地神の祭壇が土で築かれ、そこから諸侯に封土が授与された次第を述べる。

土地神をまつる社の祭壇は土で築かれた。『詩経』や『書経』はこれを「冢土」と呼んでいる。[59] 漢代にはこの土壇で諸侯に対する封土の授与がおこなわれた。天子の有する泰社には東南西北および中央にそれぞれ青赤白黒および黄色の五色の土が盛ってある。たとえば東方に封ぜられる者は青土をさずかり、領国におもむいてその土で社の祭壇を築く。諸侯の社はこうして設立された。これが封土の儀式であり、文献的にどこまで時代をさかのぼれるのかを検証していく。

第三章「社の祭壇（下）」は、土地神の祭壇が天に向かって開かれ、征服された王朝のそれは閉ざされていたことを述べる。

社の祭壇は天の気と感応できるように天に向かって開かれていた。殷の湯王は征服した夏王朝の社を廃絶させようとしたがはたせなかった。そこで社を構造物で覆って閉鎖した。周の武王も征服した殷王朝の社を廃絶させず残している。亡国の社を屋根で覆い土台を柵で囲って、天地のいずれとも通じあわないようにした。これを誡社と呼んで諸侯へのいましめとしたのである。

第四章「社の樹木」は、社の土壇に植えてある木が土地神の本体であり、叢林が社の本来の姿であったことを述べる。

古代の文献から知られるところでは、社の土壇を築いたあと人々はその地の土質にふさわしい樹木を植えた。古くは『周礼』「地官大司徒」に記述が見える。[60] 木の種類がそのまま社の名称となった場合もある。王朝が滅亡すると社の木が伐り倒されて覆いがかけられた。新たな王朝の創設にあたり植樹がそれを記念するものとなり、生育した大木が領国の民にとって社のありかを標示する機能をはたした。ゆたかな繁殖力の象徴としての樹木崇拝は今なお中国の大地に根づいているという。

樹木は神のよるべきところというよりも、むしろ土地神そのものであった。さらにさかのぼるならば、木々の茂った叢林が社の原始の姿ではなかったか。『墨子』「明鬼」はいにしえの帝王が建国にあたって「樹木の繁るところを選んで茂みの社を立てた」と記す[61]。ここに「茂み」と訳したもとの言葉は「菆」である。これをシャヴァンヌは「木々の茂み」と理解した。そこは聖なる森であり、森厳な場から生じる畏怖の感情こそが社の崇拝の原点にあったとした。

一九〇一年の最初の論文では社の諸相が論じられ、その初期の実像のいくつかが述べられたが、それ以上にさかのぼった追究はなされていない。シャヴァンヌはここで、歴史のかなたにある社の始原に切りこんだのである。

第五章「社をかたどる石柱」は、社の発展形態として「主」という柱があり、神をかたどった石の像がもとにあったことを述べる。

社を標示するものとして木や石の柱を立てた時代があった。これを「主」と呼んだ。のちには神々や先祖の名を記した板をこう呼ぶが、その板に点を打つことで命がやどると考えた。これは仏像の開眼供養と同じ象徴的な行為である。社において土地神そのものである木のかたわらに石の柱を置いた時代があったのではないか。漢代以後の史料のなかにその存在をうかがわせる記述があるという。以上、第二章から第五章まで社の形態の変遷がたどられた。

第六章「社と日蝕」は、社が陰の原理に属することを論じて、ここから日蝕のとき社で何がおこなわれたかを述べる。

土地神である社に大地のみのりを祈願することが年中行事として継続したが、それだけでなく社は非常時にもその力を発動する存在とされた。天は陽の気をにない、地は陰の気をになう。したがって地の神格化である社は陰の気に支配されている。闇が光をさまたげる日蝕は陰の気が陽の気を侵すことで生じると人々は考えた。日蝕が起こると社のかたわらで太鼓を打つのは戦闘の開始を知らせる合図である。赤い縄で社を取り巻くのは敵を封鎖するしるしである。こうして人々は陰なる社を責めて陽なる光の回復をはかったという。

第七章「社と大雨および旱魃」は、陰陽の相克という思想のもとで、大雨や旱魃のとき社で何がおこなわれたかを述べる。

大雨は陰の気が過剰になったとき生じ、旱魃は陰の気が枯渇したとき起こるとされた。いずれも陰陽の気の消長にもとづく災禍であり、その均衡を回復させるために民間でもさまざまな呪術的な儀式がいとなまれた。これは社においても同様である。日蝕のときのように、大雨がつづくと人々は社を責めるために赤い縄でこれを取り巻いた。旱魃がつづくと社を励ますために、周囲に溝をうがって水を引き、土壇に五匹の蟇蛙を置いて雨乞いをおこなったという。以上、第六章から第七章まで社の機能がたどられた。

第八章「社と稷」は、社とならび称せられる稷がともに人格神としてあがめられるにいたった経過を述べる。

収穫にかかわる神格である稷は土地神である社とならんで社稷と呼ばれた。国家の代名詞としての漢語表現については最初の論文に列挙されたが、ここで新たな史料を加えて社と稷を人格神に結びつけた経過を再説する。共工の息子の句龍が后土と呼ばれて社の神とあがめられたという。烈山すなわち神農の息子の柱が稷の神とされ、のちに周王朝の祖である棄がそれに代わったのである。

第九章「刑罰をくだす社」は、陰の気に属する社が戦争や懲罰をつかさどる存在であることを述べる。

最初の論文でも説かれたとおり、社が人間の生け贄を要求したのは歴史的な事実である。そのことを改めて文献史料をもとに主張する。陰の気にしたがう社は戦争の神であり、刑罰をくだす厳格な神であった。出陣に際して土地神をまつることを宜と呼ぶ。それは狩猟のときも同様だった。狩猟も小規模の遠征と見なすことができる。戦闘で勝利したあかつきには社で祭祀が挙行された。宗廟で褒賞がおこなわれ、社で処刑がおこなわれた。これをもって軍事遠征の終了としたのである。

第十章「社と宗廟」は、大地をまつる社稷と先祖をまつる宗廟とのつながりを述べる。古代における都城の造営はまず社稷と宗廟を設置することからはじまった。君主が戦闘におもむくとき、社をかたどった主と先祖の主が車に搭載される。軍隊の長は社にささげた脤と呼ばれる生の肉を受け、宗廟にそなえた膰と呼ばれる焼いた肉を受けた。このように社稷と宗廟はつねに一対で遇された。両者が中国の宗教を支える柱であるという最初の論文の主張がここでもくりかえされている。以上、第八章から第十章まで社と稷と宗廟の関係がたどられた。

第十一章「后土以前の社の崇拝」は、天と地の祭祀についてその起源にさかのぼったうえで、これに先がけて社稷と宗廟の崇拝があったことを述べる。

中国の皇帝による祭祀の対象は「皇天后土」と呼ばれる。かつて土地神とされた句龍が男性神であるのに、后土が女性神であるのはなぜか。大地が女性の神格であれば、天と地は一対となるだろう。皇天后土の祭祀は社稷と宗廟がひとそろいになる以前にはさかのぼらない。歴史のはじまりからすでに社の神と先祖の霊が人々とともにありつづけた。シャヴァンヌはふたたびそう結論したのである。

以上が本書に訳出した一九一〇年の論文の概要である。

最初の論文と比較すればその分量は四倍以上となり、立論に用いられた引用文献の数も格段に増加した。そこでは社の研究にとって大きな進展がふたつ見られる。

ひとつは社の始原を考究したことである。後世に主という簡素な形態に落ち着くまでの変遷を逆にたどるなら、その前段階に社を標示する石柱があり、もとは土壇に樹木を植えた時代があった。さらにさかのぼれば社の本来の姿は叢林であって、聖なる森に対する畏怖が社の崇拝の起源であったとシャヴァンヌは考えた。(62) この見解はのちに社の起源をめぐる論争の焦点となる。

もうひとつの進展は陰陽二元論のなかに社の存在を位置づけたことである。(63) これによって日蝕および大雨や旱魃といった自然災害のとき社でおこなわれた儀式の意味があきらかにされた。

古典文献のなかで社に関する言及はかなりある。これは漢籍の一般的な特質でもあるが、古代から高度に発達した理論のもとに、ときとして現実と乖離した形で整理がおこなわれ、はなはだしく潤色が加わった場合も少なくない。そのなかから社の原義や原初形態をさぐりあてることは至難のわざであろう。

古典文献からの引用のいくつかは王先謙の『皇清経解続篇』によっている。これは清朝考証学の精華とされる一大叢書であり、シャヴァンヌの方法もその伝統に沿うものと言ってよい。文献の諸本を校合してテクストを確定し、その記述に即して文字の背後にある歴史的事実を究明していく。めざすところはギリシア・ラテンの古典文献学がつちかってきた厳密な方法論といささかのちがいもない。社に関する学説はその後さまざまにあらわれたが、資料のあつかいについて言えば、そこに批判はあるにせよその厳密さはゆるぎない。

シャヴァンヌの社の研究を受けたのが門下のマルセル・グラネの見解である。一九一九年刊行の『中国の古い祭礼と歌謡』にまずそれが示された。(64) そこでは『詩経』の新たな解読をもとに、民間の祭礼がどのような過程をへて官による祭祀儀礼に展開したかがたどられる。

領主が一国を支配するうえで地域社会から引きついだものがあるとグラネは考えた。社と宗廟と市場がそれである。市場は物資の交易のためだけでなく、男女の交歓にとって大事な舞台となった。市が立つときに祭礼が催され、そうした機会が提供される。宗廟でいとなまれる儀式は社会秩序を構築するうえで不可欠のものだった。婚姻や盟約を結ぶときもそこで先祖の意向を仰いだ。社は霊力のこもる神聖な場所をずっと引きついでいる。そうした神秘の力は「草木のゆたかな繁りのなかにおのずから姿をあらわす」という。(65)

社と宗廟の設立についてはすでにシャヴァンヌが史料を尽くして述べていた。ここに市場を加えたのは、祭礼と歌謡のつながりを探究したグラネの着眼であろう。そのうえで社の根源を神聖な力のあらわれる場と捉えたのである。

聖樹からなる社は裁きの場ともなった。『詩経』「甘棠」はうたう。「こんもり繁った棠《からなし》の木、枝を払うな木を伐るな、召伯の宿ったところ」と。(66) 周の時代に召の国を治めた召伯は村々をめぐり、聖なる木の下で訴えを裁いたと伝えられる。そのおり人々をわずらわせぬよう大木の根元で野宿したという。古代の詩句のなかに社の姿が彷彿するようである。

以上の見解は一九二二年刊行の『中国人の宗教』においてもくりかえされた。(67) 先祖をまつる丘と土地をまつる森をさだめて国都が置かれた。そのとき「見事に繁った草木が大地の力のあかし」となったという。裁きの場となった聖樹のもとが、すなわち土地の神のいますところであった。

グラネは古代の封建社会における天と地の祭祀を論じたところで、中国人にとって「天はひとつであり、地はあまたである」と述べている。古い時代に天は天子による祭祀の対象とさだめられて単一の存在となった。しかし大地がこれと対をなすのは広大な中国が統一されたのちである。そのとき王朝による全地の祭祀という観念が生じた。それ以前から土地の神の崇拝は各地におびただしくあり、その祭祀もさまざまな形でおこなわれていた。だから「地はあまた」なのである。古代の聖域に根ざした個々別々の土地の崇拝が、国家による天と地の祭祀の背後にありつづけたという。[68]

抽象化された地の祭祀と具体的な社の崇拝という対置が示された。社の形態や機能の変遷についてはシャヴァンヌの学説を祖述したにすぎないが、ときおりグラネのひらめきが発揮されている。記された文字のかなたに人々の暮らしや信仰のありようをつかみ取っていく感性がそこにはある。伝統の桎梏のもとで身動きもできない中国学の世界にあって現象の本質をかぎわけていこうとした。グラネは師のシャヴァンヌにもましてそれを実践してきたように思う。

フレイザーは一九二六年に『自然崇拝』を刊行した。世界の諸民族による天と大地と太陽の崇拝を論じたなかで、中国の天地の祭祀についてもふれている。天子と天の関係ならびに天壇における天の祭祀については、グラネの著作をはじめとするヨーロッパの東洋学者の研究成果をもとに概観した。[69] 大地の崇拝をあつかう箇所では、シャヴァンヌの一九一〇年の論文を要約あるいは英訳して叙述をおこなっている。[70] フレイザーみずから注記したとおり、新たな材料は加えていない。

フレイザーの大著『金枝篇』はウェルギリウスの『アエネーイス』に語られた「金の枝」を出発点として展開される人類規模の樹木崇拝の研究だが、その源泉のひとつに、シャヴァンヌが一九一〇年の論文で言及したドイツの民俗学者ヴィルヘルム・マンハルトの研究がある。[71] その主著『森と野のまつり』全二巻のうち、『ゲルマンと周辺諸族の樹木崇拝』と題された第一巻は一八七五年に刊行された。そこではゲルマンの五月祭で村の広場に立てられる「五月の木」が考察の対象となっている。これは村を見守る神聖な木であり、春にめばえた植物をはぐくむ土地の精霊をあらわしたものだとマンハルトは考えた。[72] これはさらにさかのぼれば彼の師であるヤーコプ・グリムの『ドイツ神話学』にいたり着く。ゲルマン民族の樹木崇拝を論じた箇所で、古代の神殿のもとは神聖な森であり、あるいは森のなかの一本のきわだった木そのものであったと述べている。[73] これはシャヴァンヌの社の研究におけるもっとも重要な点とひびきあう。社の起源を樹木に求め、もっと古い時代には神聖な森であったとした。この見解とグリム兄弟の兄の学説との接点はさらに考えてみたいところである。

マスペロは一九二七年に刊行した『古代中国』において、周の時代に生きた人々の生活のありようを描き出した。先祖の崇拝はある階層にかぎられたことであり、おそらく庶民はその祭祀にたずさわっていない。彼らにとっては二十五家でひとまとまりの里という単位が社会そのものの実体であり、それを結びつけていたのが社にほかならない。それは崇拝の対象というよりもむしろ季節に応じた生活のリズムを律する存在であったという。[74] こうした社会的な機能をマスペロは重視したのである。

マスペロの遺稿集第一冊『中国の諸宗教』においても、先祖の崇拝と社の崇拝の階層間でのへだたりが強調されている。社は人格化されなかったために神話を形成しなかった。そのためやがて歴史の表面に姿をとどめなくなるが、かえって民間の伝承のなかに残ったものが少なくない。地下に暮らすと信じられた死者の世界に土地神の崇拝がつながっていくという。[75]このことは中国宗教史の展開にとって大きな意味をもつであろう。すでにグラネも『中国人の宗教』のなかでそれを示唆していた。[76]中国で墓がきわめて重要視されることや、のちの道教や民間信仰の神々を理解するうえで、大地の神格と死者とのかかわりということが不可欠の視点となっていく。

スウェーデンの言語学者ベルンハルド・カールグレンは文字学の立場から社の起源を論じた。一九三〇年にストックホルムの『極東アジア博物館紀要』に論文「生殖をかたどる古代中国の文字」が掲載される。[77]カールグレンは「社」の旁の「土」の古体を柱の象形とし、「牡」の旁が示すように男性生殖器をかたどったものと主張した。「祖」の旁の「且」も『説文解字』が説くような音の符号ではなく、同じく生殖器の崇拝から出たものとする。子孫の繁栄を祈願することと収穫の豊穣を祈願することは通じあう。だからこそ宗廟と社稷がともに崇拝されたのである。[78]『墨子』「明鬼」が燕の国の「祖」と斉の国の「社」をひとつにならべたのはそれを証するという。[79]

郭沫若はその翌年、一九三一年に刊行した『甲骨文字研究』において同様のことを述べている。[80] カールグレンの名はあげていないが、「社」の古い形である「土」は「祖」のもとの「且」と形が近似しており、ともに牡器の象形であるという。したがって祖と社は二にして一であり、「内に祀る者を祖となし、外に祀る者を社となす」とした。これも出典を示していないが、内祀と外祀のことは先ほどの『墨子』の文につづく一節に出ている。[81]

カールグレンと郭の見解に対して日本人の研究者が反論を提出した。次に日本における社の研究のあゆみを時間をさかのぼってたどりたい。

六　学説の継承と批判

日本人による社の研究として最初にあらわれたのは津田左右吉の論文「上代支那人の宗教思想」である。グラネの最初の著作が世に出た翌年、一九二〇年刊行の『満鮮地理歴史研究報告』に掲載された。[82] 満鉄調査部（つぶさには満洲及朝鮮歴史地理調査部）の研究員であった津田は、満洲古来の宗教思想を調査するに先立って古代中国の巫祝や祭祀について文献をもとに考察した。そのなかで社の問題を論じている。シャヴァンヌの論文についての言及はない。おそらく参照されなかったのだろう。とはいえ津田の透徹した観察は、シャヴァンヌのそれとならんで、それ以降にあらわれたどの研究にもまして批判的で合理的な精神に満ちている。

古典文献に見える中国の宗教儀式でもっとも大切なものは郊の祭である。これは地をまつる社の祭に相対するという。『礼記』「曲礼」によれば、年ごとに「天と地をまつる」のは天子のみにゆだねられていた[83]。

天子が国都の郊外で天をまつる。これが郊祀である。同じく『礼記』「明堂位」に「帝を郊にまつる」とある[84]。帝とは天帝すなわち天であり、これをまつることは「天子の礼」であった。『礼記』が現在の形にまとめられたのは前漢であるから、これはそのころまでの考え方であろう。漢代以降は祈年祭と結びつけて考えられた。冬至の日に天子みずから南郊の円丘で天をまつり、夏至の日に北郊の方丘で地をまつるとした。しかし実際にこうした理論どおりの祭祀がおこなわれたのか疑問とされる。ここで郊に対する社の祭祀の実態が問われることになる。

社は地をまつるところだという。『礼記』「郊特牲」に「社は土をまつる」とあり、また「社は大地を神とあがめるもの」とある[85]。大地を崇拝することが社の祭祀の成り立ちとされた。ところが諸書の記述をかえりみると、社の祭祀は土地にかかわるものに限定されない。社において誓いをなすことや、日蝕のとき社を封鎖することもおこなわれたが、いずれも土地との関係は見いだしがたい。本来は土地をまつるものがその対象を拡大したのか、あるいは祭祀の範囲はさまざまだったのを土地の神に限定して考えるようになったのか。ここで津田は後者の立場を支持する。

思想が未成熟であった時代に、社で呪術的な儀式がおこなわれたという。宗教思想の進歩にともない、やがて神の祭祀の場となった。社がいたるところにあるのは、そこで民間の儀式がおこなわれたからである。樹木や石の崇拝が祭祀の場に結びついたのは、かえって古い時代の遺風かもしれない。社にかぎったことではない。古代の儀式の多くは庶民のあいだでおこなわれた巫術や古来のしきたりにもとづいている。知識人がこれを典礼として整備し制度として編成したのだという(86)。

社において土地をまつることも民間崇拝の実際ではなく、特殊な知識によって構成された思想にちがいない。祈年祭をはじめとしたもろもろの祭祀の場であった社を、天に対し地をまつるものとした。社稷として社と連称される稷も、祭祀の場が別個にあったのではなく、社において儀式がおこなわれたのだろう。農事を祝うことがすなわち稷の祭礼につながっていた。

天子が「天と地をまつる」というとき、その「地」とは天に対する地全体を意味する。かたや土地をまつるところの社は、限定された地域にかかわっていた。だからこそ社は諸侯の領地にもまた民間にも存在したのである。郊と社で天と地をまつるということは、中国人の宗教思想が春秋戦国時代にどのような方向へ進んだのかをよく示している。

まず祭祀が政治的秩序に従属するにいたったことを津田は指摘する。祭祀とは礼の実践であり、礼は社会の秩序をさだめる基礎であるから、こうした方向へかたむくのは当然だろう。そこでは神は人格神とはならずに抽象的な存在となった。天をまつり地をまつるのはその反映である。結果として宗教的であるべきものが理論によって構成された思想となった。陰陽説や五行説がそれを補完した。儀式そのものは実際のありようから自然に発達したのではなく、知識人が机上で組み立てたものにほかならない。

儀式においてはつねに伝統が重んじられる。したがってそれは大きな変化をとげにくい。しかしその意義は新しい思想によってさまざまに解釈しなおされる。とりわけ中国の知識人社会では宗教的な儀式が政治的な意味あいを帯びた典礼としてあつかわれてきた。それを語る文献には潤色のみならず創作さえ加わっている。したがって後世の文献からさかのぼって、本来の宗教思想を理解するのは困難をともなう。この点に津田は注意をうながしている[87]。

むしろ祭祀とも名づけられないような、あるいは宗教儀式とも言いかねるもののなかに、かえって純粋な宗教思想があらわれる場合があるという。それは今なお一部の地域において見いだすことができるというが、津田は具体的な事例はあげてない。かつてシャヴァンヌが華北の樹木崇拝を目にして直観したのはそれではなかったか。

那波利貞は一九二二年に論文「次睢社攷」を『藝文』に掲載した。[88] シャヴァンヌが引いた『春秋』僖公十九年の記事について再考したものである。山東の次睢の社で人を犠牲に供したことについて『春秋穀梁伝』は「社に衈《ちぬ》る」と注した。[89] 血を出させて社に塗ったという。身体をまるごとささげたのではないとしても、かつてそうしてきたなごりにちがいない。社の神霊を恐れるあまり人身を犠牲としてまつる事実があった。那波はそのように判断したのである。

松本信廣は同じ年に論文「社稷の研究」を『史学』に掲載してこれを批判した。[90] 世界各地の民族がおこなってきた事例をもとに、人身を神々にささげるのは農事を祈るための呪術的な儀式であるという。むしろそれは社が土地神であることにかなっており、神霊を畏怖した結果とは速断できないとした。

出石誠彦は一九三四年に論文「社を中心として見たる社稷考」を『哲学年誌』に掲載した。[91] ここでも同じ問題を取りあげ、血液を献じることで社の力の増大をはかったものと判断した。さらに出石が注目したのは、俘囚を亳社に供したという『春秋』昭公十年の記事である。[92] 亳社とは殷の社であることが諸書に見えている。すなわち亡国の社であって、被征服者がそこに犠牲としてささげられた。『礼記』「郊特牲」や『独断』に記されたとおり、亡国の社は屋根で覆って天と通じないようにしている。[93] それでもこれを廃絶させなかった。社がそれほどまでに神聖視されていたことのあらわれにちがいない。亡国の社の問題は社の全体にかかわるものと言えるだろう。

『墨子』「明鬼」に出る「菆」を木の茂みと解するのはシャヴァンヌ説のひとつの要点だが、出石は清朝考証学者である孫詒譲の『墨子間詁』を引いてこれを補強した。そこでは「菆」を「叢」と解したうえで、木の茂るところに神の祠を立てたとする。[94] これが社の原型にほかならないという。

重澤俊郎は一九三八年に論文「春秋時代の社に対する信仰及び其の起源」を『支那学』に掲載した。[95] まず社と祖は同じ起源か否かを問い、ついで社を土地神とした経緯に論究する。社の祭祀への参加はあらゆる階層におよんでいた。このことはシャヴァンヌが『礼記』「郊特牲」の記述をもとに述べている。これに対して宗廟の祭祀はまったく排他的であった。宗族のあいだでも厳密に階級をさだめている。こうした事実からも社と祖がただちに同一の起源であるとは断定できないとした。

社が後世にいたるまで軍事において重要視されたことも注意される。古代社会において集団の単位は家ではなく、より広範囲なまとまりであった。社はその守護神であり、人々の繁栄をつかさどっていた。軍事とのかかわりで社が地位を占有したのはそれを反映している。やがて家の観念が強まると始祖の崇敬がさかんになり、宗廟が社の領域にもおよんでくる。

かたや農業の発達が土地への関心を増大させたため、社はもっぱら土地神として機能するにいたったという。

藤枝了英は一九四〇年に論文「社の原始的形態について」を『支那学』に掲載した。[96] これは重澤説を受けたもので、社を原始的な社会集団の守護神と捉えている。シャヴァンヌがあげた文献によりつつも新たな解釈の可能性を随所で示しており、社のさまざまな機能についても再検討を加えた。

二十五家あるいは百家という社の範囲は、もとより社会集団とのかかわりを予想させるという。地域ごとに人々のあがめる聖所がまずあって、そこに神秘的な力の存在を象徴するべく樹木や石を置いたのではないか。それならばシャヴァンヌが主張したように樹木を社の原初形態とするのは無理であろう。聖所につどう集団の守護神であった社は、農業生産が増大するにつれて豊作や雨乞いの祈願までも請け負う神格になったと藤枝は考えた。

小島祐馬は一九四三年に『古代支那研究』を刊行し、重澤説と藤枝説を受けつつシャヴァンヌ説への批判を展開した。[97] 社の信仰のもとに森林に対する宗教的な畏怖があるならば樹木を神格とするのは本源にかなうが、実際はそうでない場合が少なくない。『淮南子』「斉俗訓」によれば、舜帝は社に土を用い、夏王朝は松を用い、殷は石を用い、周は栗を用いたという。[98] 王朝があらたまるごとに礼制を変えるのは戦国時代以後の思想にもとづくとしても、社に樹木だけでなく土や石を用いた事実は知られる。あるいは『周礼』「小宗伯」に「軍社を立て、主車を奉ず」とある。[99] 出陣のとき社の主を戦車に載せたとすれば、壇上に植えた樹木であるはずがない。松や栗を材料として木主を作ったのであろう。亡国の社を屋根で覆ったのも社が樹木でなかったことを証している。こうした点からすれば、樹木を植えることは社の必須条件とは言えない。森林の崇拝からはじまったとする説も再考を要するという。

すでに引いた『墨子』「明鬼」は燕の国の祖と斉の国の社をならべたのち、いずれも「男女が集まり観るところ」とした。社の祭が集団の行事であったことを示している。社が集団の呼称としても用いられたのは、古代の文献に見える「書社」の語からも知られる。こうしたことを考えあわせると、社の本来の姿は集団の守護神であり、その下に統一された集団がまた社と呼ばれた。小島はそのように結論した。

関野雄は一九四九年に論文「中国古代の樹木思想」を『民族学研究』に掲載した。[100] 副題に「斉の半瓦当の樹木文様に寄せて」とあるとおり、考古遺品をもとに古代の人々が樹木に対していだく思想や感情をさぐった論文である。

そこでは木の茂みを社の原型とするシャヴァンヌ説がまず肯定され、叢林そのものが崇拝された時期があったとする。ついで樹木の繁殖が土地の生育力と結びつけられ、土壇に樹木を植える社の形態がととのった。やがて土地神としての属性が重視されると樹木は社の標識にすぎなくなり、祭祀の対象は大地へと移っていく。そのことは社樹が自然木から加工された木柱に変化し、さらに石へと代わる変遷のありようからもうかがえるという。

ただし古代人の樹木崇拝はもっと普遍的なものであり、社はそのあらわれのひとつでしかない。『捜神記』や『述異記』などの小説類は樹木に精霊がやどると語っている。小さな双葉がやがて巨木になるその生育力への讃嘆は考古遺品からも読み取ることができる。とりわけ梓と桑が聖樹として信仰された。今もなお民間信仰の対象となっている老木がある。そこに二千年前の聖樹信仰からの連続を見いだすのは無理だとしても、その根源は民族の心性のなかにあると関野は考えた。

守屋美都雄は一九五〇年に「社の研究」を『史学雑誌』に掲載した(101)。社のもとで構成された社会の基礎的な単位は、官吏によって規定された行政上の機構ではなく、民のあいだにおのずから生じたものと見なされる。したがって社を理解することは中国社会の下部構造の把握につながるという。

シャヴァンヌが「木の茂み」と解した『墨子』の「菆」の語を守屋は「聚」と解する。集団の発生とともにその中心となる標識が立てられた。茅《かや》のようなものをたばねて標識としたのがその本来の姿であって、たばねた木が植樹した木に変わり、その下に土壇が設けられた。集団のなかから階級が分化すると特定の家の宗廟が社とは別につくられる。集団の拡大と解体をへて社に対する解釈はまちまちになり、樹木崇拝や土地神という理解が漢代ごろまで残存したというのである。

従来の歴史的展開の捉え方とは正反対ともいえる守屋説に対し、関野は一九五六年刊行の『中国考古学研究』において反論を加えた。(102)「蕞」はもとより「叢」と解するのが妥当だという。社の形態がたばねた木のような人工物から自然物の樹木に変わっていく必然性はどこにもない。地域集団の標識という性格を帯びるようになったのは結果であって、社の発生事情とは無関係である。やはり社は樹木に対する自然崇拝からはじまり、土地を祭祀するうえで土壇が築かれ、あるいは生木が束木に変化するうちに、本来の意味を離れて地域集団の中心的存在として位置づけられたと主張した。

藤堂明保は一九五七年に論文「祖と社の語源について」を『東京支那学報』に掲載した。(103)郭沫若の語源解釈についてこれを字形のみから推論する曲説とし、単語家族という作業仮説にもとづいて同じ音系列の文字群からその本義を抽出した。「土」の本義は「充実」であり、「社」は万物を充実させる土をまつったものだという。音系列の異なる「且」の本義は「つみかさね」であり、「祖」はつみかさなった世代のもとだという。ともに示偏をともなうが、一方はみのりのもとをまつり、他方は一族のもとをまつる。その対象はまったく異質であると主張した。

守屋は「祖」の音が転訛して「社」の語が生じたとする。[104] 集団の標識に先祖の観念が附加された結果だというが、音系列が一致しない以上その可能性は考えがたい。「社」と「祖」の語源が異なることはすでに小島も指摘していた。[105] 上述のとおり郭沫若は「土」と「且」の古体が近似するとしたが、あくまで主観的な印象でしかない。両者の相違を主張する藤堂説も、字義の解釈となると恣意的な思いつきにとどまっている。文字学の研究はのちに新たな出土資料を加えていく。順を追ってそのことにもふれていきたい。

七　新たな問題提起と新出資料

日本人の研究者による社の研究はシャヴァンヌ説の継承および批判からはじまったところが少なくないが、その間にもシャヴァンヌが指摘していない事実や問題提起がなされてきた。一九六〇年代以降はそうした傾向がさらに強まっていく。従来とは異なる資料を用いて研究領域が拡大したことも見のがせない。

宇都木章は一九六〇年に論文「「社に戮す」ことについて」を『中国古代史研究』に掲載した。[106] 副題は「周礼の社の制度に関する一考察」であり、強固な宗族的支配体制のもとで社がになってきた役割を考究したものである。

古代において軍事にかかわる祭祀は社でいとなまれた。『書経』「甘誓」は夏王の言葉を伝えていた。褒賞は祖霊のもとであたえられ、処罰は社でくだされたという。なぜ社において刑が執行されたのか。

宗廟の祭祀は部外者を徹底して排除する。『左伝』僖公三十一年に「鬼神は同族の者がまつるのでなければ供えものを受けない」とある。[107]かたや社は宗族の外にある民を統括する役割をになった。これもすでに引いた『礼記』「祭法」に、君主の大社や諸侯の国社は「群姓のために」設けたとある。祖霊の守護のもとから放逐された者も社にゆだねられた。そこが刑の執行される場となったのはそれが理由であろう。

社はきわめて古い時代から社会に浸透しており、宗廟が設けられてもなお祭祀において大きな位置を占めていた。支配階層からすれば社会の下部構造にもかかわってくる。上部構造に属する宗廟とならび立つときに、負の役割が社に割り当てられたのではないか。征服された王朝の民の運命も社にゆだねられたが、このことは亡国の社の存在理由を問うときに示唆するところが大きい。シャヴァンヌの研究にはない重要な視座がそこにある。

池田末利は一九六一年に論文「古代中国の地母神に関する一考察」を『宗教研究』に掲載した。[108]まず社の起源について、原始的な集団のつどう聖所やその守護神と見なす説をしりぞける。後世の文献に社会集団にかかわる記述があるとしても、それは経学の範囲のことでしかない。殷代の卜辞にさかのぼれば祭祀の対象は土である。社の原初の姿はやはり土地の神であり、その根源には祖神の崇拝があったと主張した。

池田は同じ年に「社の変遷——句龍伝説批判」を『哲学』に掲載し、社の祖神として句龍の名をあげた。[109]『左伝』昭公二十九年に「共工氏に句龍という子があり、后土と称した」とある。[110]后土は土地をつかさどるもの、すなわち土地神を意味する。『国語』「魯語」にはこの后土が「九州の地を平定したので社としてまつられた」とある。[111]こうした社の祖神的性格はやがて土地を基盤とする農業経済の発展にともなって変質した。社はもっぱら自然神として崇拝されるようになり、さらに封建制のもとで集団の守護神に転換したという。この主張は一九六三年刊行の『東方宗教』に掲載された論文「古代中国に於る土地神の祭祀——序説」においてもくりかえされた。[112]

大淵忍爾は一九六四年に『道教史の研究』を刊行し、「後漢時代の社会と信仰」と題した章において漢代以降の社の変遷を論じた。[113]

古代社会では社によって結びついた里が共同体としての機能をずっと維持してきた。社の神話が伝承されない事実が示すとおり、それは特定の神格を有するものではなかった。ところが漢代になるとその性格に変化があらわれる。『漢書』「欒布伝」は前漢初期に燕の宰相欒布をたたえて欒公社が建てられたと記す。[114]特定の人物のために社が設けられた。これは漢代以降に社会のさまざまな場面で個人が神格化される傾向が顕著になったことにつながるという。社会が大きく変動するなかで、かつて地域社会をたばねていた社の意義はうしなわれていく。これに代わって個人的な神格の度合いが強い城隍神や地方の廟の神が崇拝されるにいたった。大淵はそう主張したのである。このことは中国宗教史の連続性を把握するうえで重要な手がかりとなるであろう。

赤塚忠は一九七七年に『中国古代の宗教と文化』を刊行し、「殷王朝における土の祭祀」と題した章において出土資料をもとに社の起源を論じた。(115)

殷代に土の祭祀がおこなわれたことは卜辞を刻んだ甲骨文にあきらかだが、ただちに社と結びつくわけではない。古くから聖地とされた山岳や河川や沼沢で土地ごとの固有の神がまつられ、共同体の生活の維持に貢献した。そうした族神の崇拝が甲骨文からうかがえる原始的な宗教形態にほかならない。殷代にあまたの族神が王朝の祭典のうちに包摂され、それを統合するものとして土の祭祀が実現した。周代に典礼が整備されて統一国家の意識形成をうながした。一方で諸国における社の祭祀も広くおこなわれている。社の機能はさまざまに分化したが宗教的な理念はかえって普遍化することになったという。

白川静は一九七九年に『中国古代の文化』を刊行し、「社稷について」と題した章において社の原形を論じた。(116)

『説文』に「社は地の主なり」とある。[117]地の主とは土の主、すなわち土地の神である。古い字形から知られるとおり、「土」は土塊をまるく固めて立てた形で、これは地霊を神体としてまつるものである。大地に神霊がひそむとする信仰は古代には一般的であり、地霊の祭祀は農耕社会においてはことのほか重んじられた。農耕の成果が大地の神霊の力に負うところが大きいと考えたからであろう。甲骨文や金文では「土」を「社」の原字として用いている。のちに神事を区別するため祭卓の形である「示」を加えて「社」字が作られた。白川はみずからの文字学研究を集大成した『字統』でもこのことを述べている。[118]

叢林が聖所としてあがめられ、のちに社を設けるとき社樹がさだめられた。『説文』に「その土地にかなった木」を植えたとある。[119]社は土地の神であるから人が群居するところにまつられる。木の枝や草をたばね、下半分を土で塗り固めて社主とした。旧満洲や蒙古ではオボと呼ばれている。そうした字形を示すものも甲骨文にあるという。『周礼』「大司楽」には「土示」という言葉が見える。[120]酒をそそいで土示を招いた。すなわち神霊を呼び起こして儀式がおこなわれたのである。共同体の秩序は血縁もしくは地縁で成り立っており、血縁の場合は祖の祭が結合の原理となって氏族共同体が構成された。地縁の場合は土地の神の祭祀が結合の原理となったにちがいない。こうした血縁と地縁の統合体がすなわち古代の国家であったと白川は主張した。

鐵井慶紀は一九八一年に「「社」についての一試論」を『東方学』に掲載した。[121] 祭祀のおこなわれた社は聖なる場所であり、地上界の人間が天上界の神々と交感する空間であった。そこに神々の依りつく媒体すなわち「依りしろ」が設けられ、神々が地上に降臨するための通路となった。鐵井はこれを「宇宙軸」と呼んでいる。その形態は部族によって異なっており、ときに樹木であり土壇であり石柱であって、その統一形態は存在しないと考えるべきだという。

金井徳幸は一九八三年に論文「社神と道教」を講座『道教』に掲載した。[122] 中国社会に仏教と道教が浸透するにつれて社も大きく変化する。年中行事に基礎を置くそれまでの組織とは別に、斎会や講経のための邑会がつくられた。これが宗教的な結社へとつながっていく。また都城を守る城隍神に人々は招福や除災までも祈願するようになった。『宋会要輯稿』に開封府で祠廟をほしいままに建てることを禁じ、「土地像は城隍の類に移す」とある。[123] ここから宋代には土地神が城隍廟の下位にあったことが知られる。

かたや『朝野僉載』の佚文は「狐魅無くば村を成さず」という俚諺を引いて、多くの民が狐神に仕えたと記す。[124] 社であがめられる神格が狐神に代わっても、それがなければ村落は成立しえなかったという。なおも村民は社の神をたのみにしていたのだろう。これは注目したい記述である。

相田洋は一九九四年に『中国中世の民衆文化』を刊行し、「中国中世の民間信仰」と題する章で南宋の志怪小説集『夷堅志』に語られた社について論じた。[125]

疫病神が村々をまわる話が「劉十九郎」のくだりにある。村に着くと「かならず最初に社の神のところに詣でた」という。[126]どこの集落にも社があって、社神がまつられていたことが知られる。「景徳鎮鬼闘」には疫病神の化身と戦って村を救った巨人の話がある。それは「里社の神」であったという。[127]社神が村人を守護すると信じられていた。「毛烈陰獄」には財産をだまし取られた男が社神に復讐を依頼する話がある。ところが社神は「自分には手に負えないので、東嶽行宮に行って祈願せよ」とさとした。[128]東嶽行宮とは東嶽大帝すなわち泰山神をまつる場である。この時代には社神よりも強大な神々がたのみにされていた。

樋口隆康は二〇〇三年に論文「社稷の起源」を『橿原考古学研究所論集』に掲載した。[129]中国各地で古代遺跡の発掘調査が進み、社の遺構と思われる事例がいくつも報告される。そのひとつに四川省成都市の羊子山遺跡がある。方形の土台が発見され、推定復原によれば土磚すなわち泥煉瓦を用いた三重の囲牆があったという。外牆の一辺は百メートルをこす大きさである。土壇は三段からなり、中央は祭祀の場ではないかと推定される。土台から戦国末以降の墓が二百基以上も見つかっており、造築年代は周代末から春秋前期に位置づけられた。殷代早期（前三七〇〇〜三五〇〇年）とする説も中国人の研究者によって唱えられている。[130]

黄河の流域では都城の中心に宗廟が築かれたが、長江の流域では社壇が築かれたと樋口は考える。建物の痕跡をもたない方形の土壇が都城の中心にあるとすれば、それは社の遺跡と見なすことができる。羊子山遺跡と同じような方形の土台は四川省や浙江省からいくつか出土している。やがて戦国時代に礼制が確立していくにつれ、王宮の左右に宗廟と社稷をならべる構成もさだまったという。

以上、日本における社の研究を概観すると、その多くはシャヴァンヌ説を継承し、あるいは批判するところからはじまったと言うことができる。叢林への畏怖という宗教感情が社の成立の起源であり、それが樹木崇拝となり、大地の精霊に対する崇拝と結びついて土壇が築かれ、そこに木を植える形式ができた。それが発展して土地神の崇拝となり、大地のめぐみである穀物の精霊に対する崇拝が土地神としての社と結びついて社稷となった。これが現在のところもっとも支持された見方であろう。

シャヴァンヌが指摘していない事実や文献の異なる解釈が示され、あるいは新たな視点から問題提起がなされたことも数多い。樹木崇拝も社だけの問題ではなく、中国人の宗教感情にもとづく普遍的な聖樹信仰として捉えるべきことが提言された。亡国の社にかかわる問題はわけても重要であろう。革命によって歴史をつくりあげてきた民族の意識は、現代の私たちには想像しがたいものがある。

社が存続しなかったのはなぜか。その理由を土地神が人格化しなかった点に求めたのはいかにもヨーロッパ人の発想ではないか。東アジアではむしろこれが通例でもあり、社が衰頽した理由はこれだけでは不十分であろう。シャヴァンヌの研究の範囲はおおむね漢代までだから、それ以降の社の展開は日本人の研究者によって開拓されてきた。民間信仰や道教の神々との連続あるいは断絶ということは、中国宗教史の全体を見わたすうえで重要である。シャヴァンヌは古代中国の典籍を通じて、文字資料にあらわれる以前の、自然への畏怖という始原的な宗教感情にまでさかのぼって社の原像を捉えようとした。こうした民族の宗教感情や心性は後代の道教や民間信仰につながるところが少なくない。

その検証には歴史文献だけでなく文学作品も欠くことのできない研究材料となる。さらに中国大陸における旺盛な発掘の成果が日本人の研究に活かされている。甲骨文や金文をもとにした文字学の研究の進展、あるいは出土資料にもとづく社の遺構の解明も、シャヴァンヌの時代にはなかったことであり、多くの重要な知見が加えられてきた。こうして社の研究も厚みを増したと総括できよう。

最後にふれたいのは日本の社《やしろ》との関係である。柳田國男は明治四十二年（一九〇九年）に発表した「山民の生活」のなかで、社の起源のたどりがたいことを指摘する。いわく「我邦では所謂神代の歴史にも見えず延喜式其他中古の記録にも見えず又後世の勧請でも無い小さき神社」が日本各地にきわめて多く、小さな祠を置くところもあるが、社殿のない場合もめずらしくないという。(131) また明治四十五年（一九一二年）発表の「塚と森の話」では、漢語の「社」はもと「土の神の義であつて、天下の土を一括して崇拝する代りに、或一定の場所に於て土を盛つて之を祭つた」と述べ、日本人には「無垢《むく》の土を選ぶ風」があって、清浄な土を盛って高くしたゆえにこれに中国の「社」の字をあてたと主張した。日本の社に小さな祠があるだけなのも「重きを土壇の方に置て居つた」からであり、社殿が建立されるのは仏教の感化によるという。これだけのことを述べたうえで柳田は、中国の社は「稍々《やや》日本の社とは風習が違ふ」とした。(132) しかし、ここで語られた日本の社の原初のありようは、かえってシャヴァンヌが主張した社の起源とつながる点がありはしないか。文字で記された歴史のかなたからすでに社がいたるところにあったこと、清浄な土を盛って社の土壇を築いたこと、それは人工的な構造物に先行していたことなどが想起される。加えて、撤廃はもとより移転さえ極端にはばかり、それでいて分祀にはこだわらない、そうした心性の拡がりについても考えてみたい。(133)

中国の社と日本の社はまったく異質なものであり、両者を混同すべきではないという指摘は日本の中国研究者からもしばしばなされた。中国の社が社会とのかかわりのなかで成立している以上、社会構造の異なる日本のそれと安易に比較できないのは言うまでもない。それでも自然のめぐみをもたらす大地や樹木のもとで何かを願い、あるいは恐れをいだくことは、ただちに特定の宗教制度に結びつかないとしても、宗教心につながる何かにふれているのでないか。中国の社がそうした感情の発露に根ざすところがあるとすれば、社会構造のちがいを越えてなおも東アジアの民族の心性につらなるものはあるかもしれない。中国の社と日本の社のつながりは今後の課題としたいところである。

土地神の祠、安南
（Diguet, *Les Annamites, op. cit.*, 1906）

ただし、この問いを湿潤温暖な環境に暮らす民族の心性に収斂させていくとき、やはり注意しなければならないことがある。社の成立の舞台となった地域はどれほど木々が繁茂する場であったのか。これは依然未解決である。はるかな古代においてはどうであったか。それはいつごろまで存続したのか。そうした疑問もすでにくりかえし提出されてきた。これはシャヴァンヌ説の根幹にかかわる問題でありながら、文字資料だけではうかがい知ることのできない範囲であり、人文学の射程を越えたところにも踏みこまざるを得ない。これまた将来に向けて考えていくべき課題であろう。

注

（1） Édouard Chavannes, "Le dieu du sol dans l'ancienne religion chinoise", *Revue de l'histoire des religions*, XLIII, Paris, 1901, pp.125–146.

（2） Chavannes, "Le dieu du sol dans l'ancienne religion chinoise", *Actes du premier Congrès International d'Histoire des Religions*, 2e partie, fasc. I, Ernest Leroux, Paris, 1902, pp.27–48.

（3） Chavannes, "Le dieu du sol dans la Chine antique", *Le T'ai chan: Essai de monographie d'un culte chinois*, Annales du Musée Guimet, Bibliothèque d'études, XXI, Ernest Leroux, Paris, 1910, pp.437–525.

（4） Henri Maspero, "Édouard Chavannes", *T'oung pao*, XXI, Leiden, 1922, p.53.

（5） James Frazer, *The Worship of Nature*, I, Gifford Lectures, Macmillan, London, 1926, p.357.

（6） Chavannes, "Le traité sur les sacrifices *fong* et *chan* de Se ma Ts'ien", *Journal of the Peking Oriental Society*, III/1, Peking, 1890, pp.1–95.

（7） Chavannes, *La sculpture sur pierre en Chine au temps des deux dynasties Han*, Ernest Leroux,

Paris, 1893.

（８） Henri Cordier, "Nécrologie: Édouard Chavannes", *T'oung pao*, XVIII, Leiden, 1917, pp.114–147.

（９） Maspero, "Édouard Chavannes", *op. cit.*, 1922, pp.43–56.

（10） Paul Demiéville, "Aperçu historique des études sinologiques en France", *Acta asiatica*, XI, Tokyo, 1966, pp.95–98; id., *Choix d'études sinologiques (1921–1970)*, E. J. Brill, Leiden, 1973, pp.472–475.　邦訳は以下のものがある。大橋保夫・川勝義雄・興膳宏訳「フランスにおけるシナ学研究の歴史的展望」『東方学』三三～三四輯、一九六七年。

（11） Василий Михайлович Алексеев, «Памяти профессора Эдуарда Шаванна», *Наука о Востоке*, *Статьи и документы*, Главная редакция восточной литературы издательства Наука, Москва, 1982, стр.68–77.

（12） Алексеев, «Европейская синопогия у гроба Эдуарда Шаванна», *Наука о Востоке*, *там же*, стр.82–85.

（13） Изольда Эмильевна Циперович, «Академики-востоковеды Эдуард Шаванн (1865–1918) и Поль Пеллио (1878–1945)», *Петербургское Востоковедение*, вып.IX, Санкт-Петербург, 1997, стр.448.

（14） 石田幹之助「シャヴァンヌ博士小伝」『故シャヴァンヌ博士記念展観書目』東洋文庫、一九二八年。再録『欧米における支那研究』創元社、一九四二年、三三五～三六一頁。

（15）池田温「シャヴァンヌ」『しにか』一九九四年五月号、大修館書店。再録、高田時雄編『東洋学の系譜［欧米篇］』大修館書店、一九九六年、一〇三～一一三頁。

（16）福井文雅『欧米の東洋学と比較論』隆文館、一九九一年、二五～二八頁。

（17）Chavannes, *Les mémoires historiques de Se-ma Ts'ien*, Ernest Leroux, I, Paris, 1895; II, 1897; III/1, 1898; III/2, 1899 ; IV, 1901; V, 1905; VI, Adrien-Maisonneuve, Paris, 1969. 第1巻「序論」は以下の邦訳がある。岩村忍訳『史記著作考』文求堂書店、一九三九年。同『司馬遷と史記』新潮社、一九七四年。

（18）Chavannes, *Voyages des pèlerins bouddhistes: Les religieux éminents qui allèrent chercher la Loi dans les pays d'Occident, Mémoire composé à l'époque de la grande dynasitie T'ang par I-tsing*, Ernest Leroux, Paris, 1894.

（19）Chavannes, "Dix inscriptions chinoises de l'Asie centrale d'après les estampages de M. Ch.-E. Bonin", *Mémoires présentés par divers savants à l'Académie des Inscriptions et Belle-lettres*, XI, Paris, 1902, pp.193–295.

（20）Chavannes, *Documents sur les Tou-kiue (Turcs) occidentaux, Recueillis et commentés*, Сборник трудов Орхонской экспедиции, VI, Императорская Академия наук, Санкт-Петербург, 1903.

（21）Chavannes, *Les documents chinois découverts par Aurel Stein dans les sables du Turkestan oriental*, Clarendon Press, Oxford, 1913.

（22）　Chavannes, *Mission archéologique dans la Chine septentrional*, Publications de l'École Française d'Extrême-Orient, XIII, Ernest Leroux, I/1, Paris, 1913; I/2, 1915; pl.I/1-2, 1909.

（23）　Chavannes, "Le nestorianisme et l'inscription de Kara-balgassoun", *Journal asiatique*, IXe sér. IX, Paris, 1897, pp.43-85.

（24）　Chavannes, *Le T'ai chan, op. cit.*, 1910.　以下の拙訳がある。『泰山――中国人の信仰』勉誠出版、二〇〇一年。これは抄訳であり、補遺として掲載された論文「古代中国の社」も訳出していない。

（25）　Chavannes, *Cinq cents conts et apologues extraits du Tripiṭaka chinois*, 3vol., Ernest Leroux, Paris, 1910-11.

（26）　Paul Pelliot et Chavannes, "Un traité manichéen retrouvé en Chine", *Journal asiatique*, X^{e} sér. XVIII, Paris, 1911, pp.499-617; XIe sér. I, 1913, pp.99-199, 261-394.

（27）　Chavannes, "Le jet des dragons", *Mémoires concernant l'Asie orientale*, III, Académie des Inscriptions et Belle-lettres, Paris, 1919, pp.53-220.

（28）　Paul Pelliot (éd. Louis Hambis), *Carnets de Pékin, 1899-1901*, Documents inédits du Collège de France, I, Imprimerie Nationale, Paris, 1976, p.1.

（29）　http://www.messageries-maritimes.org/extreme-orient.htm

（30）　詳細は以下の拙著に記した。『フランス東洋学ことはじめ――ボスフォラスのかなたへ』研文出版、二〇〇七年、一四六～一四九頁。

（31） Chavannes, “Voyage archéologique dans la Mandchourie et dans la Chine septentrionale: Conférence faite le 27 mars 1908 au Comité de l’Asie Française”, *T’oung pao*, IIe sér. IX, Leiden, 1908, pp.503–528.

（32） Алексеев, *В старом Китае*, *Дневники путешествия 1907 года*, Русские путешественники в странах Востока, Академия Наук СССР, Институт Китаеведения, Издательство Восточной литературы, Москва, 1958.

（33） 南満洲鉄道株式会社編『南満洲鉄道株式会社十年史』一九一九年、四五頁。

（34） 桑原隲蔵の清国滞在記は生前には出版されず、一九四二年に『考史遊記』と題して弘文堂書店から出版された（再録『桑原隲蔵全集』第五巻、岩波書店、一九六八年）。シャヴァンヌとの会見については、桑原家から日記を借覧した森鹿三が五月二十五日の記事のなかで確認し、『考史遊記』の跋文にこれを記した（弘文堂書店版、三〇八頁）。

（35） 澤田瑞穂「泰山信仰」『中国の泰山』講談社、一九八二年。再録『地獄変』平河出版社、一九九一年、二六二頁。

（36） Chavannes, *Mission archéologique, op. cit.*, II/2, pl.CCC, fig.471.

（37） Алексеев, *В старом Китае*, *там же*, стр.124.

（38） 拙著『義和団事件風雲録——ペリオの見た北京』大修館書店、二〇一一年、一七三頁。

（39） Chavannes, *Mission archéologique, op. cit.*, II/2, pl.CCCCLXXXII, fig.1159.

（40） Chavannes, “Le dieu du sol dans la Chine antique”, *op. cit.*, 1910, p.471; 本書二九頁。

（41）『荘子集釈』内篇「人間世」新編諸子集成、中華書局、一九八二年、一七〇頁「匠石之斉。至乎曲轅。見櫟社樹。其大蔽数千牛」

（42）Chavannes, "Le dieu du sol dans l'ancienne religion chinoise", *op. cit.*, 1901, p.125.

（43）『史記』巻四十七「孔子世家」点校本二十四史修訂本、中華書局、二〇一三年、二三二八頁「［索隠］古者二十五家為里。里則各立社。則書社者。書其社之人名於籍」cf. Chavannes, 1901, p.125; 1910, p.440; 本書一〇頁、訳注［11］参照。

（44）『礼記正義』第十一「郊特牲」十三経注疏整理委員会編、北京大学出版社、二〇〇〇年、九一八頁「唯為社事単出里」cf. Chavannes, 1901, p.125; 1910, p.440; 本書一〇頁、訳注［9］参照。

（45）『礼記正義』第二十三「祭法」一五二〇頁「王為群姓立社曰大社。王自為立社曰王社。諸侯為百姓立社曰国社。諸侯自為立社曰侯社。大夫以下成群立社曰置社」cf. Chavannes, 1901, p.126; 1910, p.445; 本書一三頁、訳注［22］参照。

（46）『春秋左伝正義』（以下『左伝正義』と略称）僖公十九年、十三経注疏整理委員会編、北京大学出版社、二〇〇〇年、四五一頁「［経］夏。（中略）宋公使邾文公。用鄫子于次睢之社。欲以属東夷」cf. Chavannes, 1901, p.127; 1910, p.507; 本書五一頁、訳注［158］参照。

（47）『尚書正義』巻七「甘誓」十三経注疏整理委員会編、北京大学出版社、二〇〇〇年、二〇七頁「用命賞于祖。弗用命戮于社」cf. Chavannes, 1901, p.131; 1910, p.520; 本書五七頁、訳注［189］参照。

（48）『毛詩正義』周頌清廟「思文」十三経注疏整理委員会編、北京大学出版社、二〇〇〇年、一五三八頁「思文后稷。克配彼天。立我烝民。莫匪爾極」cf. Chavannes, 1901, p.136.『毛詩正義』大雅文王「文王」一一二一頁「有周不顕。帝命不時。文王陟降。在帝左右」cf. Chavannes, 1901, p.136.

(49)『漢書』巻二十二「礼楽志」点校本二十四史、中華書局、一九六二年、一〇五四頁「后土富媼。昭明三光。穆穆優游。嘉服上黄」cf. Chavannes, 1901, p.141; 1910, p.525; 本書六一頁、訳注［196］参照。

(50) Marcel Granet, *La pensée chinoise*, La Renaissance du Livre, Paris, 1934, p.88.

(51) Chavannes, *op. cit.*, 1901, p.132, 146.

(52) 拙著『道教の世界』講談社、二〇一二年、一七四頁。

(53) Jan Jacob Maria de Groot, *Les fêtes annuellement célébrées à Emoui (Amoy), Étude concernant la religion populaire des Chinois*, I, Annales du Musée Guimet, XI, Ernest Leroux, Paris, 1886, pp.147–158. もとの学位論文は以下のタイトルで王立バタヴィア学芸協会から刊行されている（訳者未見）。id., *Jaarlijkse feesten en gebruiken van de Emoy-Chineezen*, 2 dln., Verhandelingen van het Bataviaasch Genootschap van Kunsten en Wetenschappen, XLII, Bruining en Wijt, Batavia, 1881–1883.

(54) *ibid.*, p.150.

(55) Chavannes, *op. cit.*, 1901, p.143. シャヴァンヌが『史記』訳注の「序論」に述べたところでは、封禅の儀式はきわめて古い時代にさかのぼるとされるが、歴史批判の立場からすれば漢の武帝以前におこなわれた形跡はどこにもない。また、天の祭祀と地の祭祀を並列させたのもこの時代であって、封禅がおこなわれなくなってのちも、天と地の祭祀は存続した。武帝は地皇を天帝に対峙するものとしたが、天の蒼穹が一体であるのに対して地は分割されており、それぞれにまつられる神々が異なるのが本来のありようだという。この認識は本書に訳出した一九一〇年の論文に受けつがれている。Chavannes, *Les mémoires historiques, op. cit.*, I, 1895, p.xcvii; 岩村忍訳、前掲書、九四頁。

（56）Paul Pelliot, "Éd. Chavannes, Le dieu du sol dans l'ancienne religion chinoise", *Bulletin de l'École française d'Extrême-Orient*, I, Hanoï, 1901, pp.271-273.

（57）Hartmut Walravens, *Paul Pelliot (1878-1945)*, Indiana University, Bloomington, 2001, p.1.

（58）『周礼注疏』巻十二「地官州長」十三経注疏整理委員会編、北京大学出版社、二〇〇〇年、三五四頁「若以歳時祭祀州社。則属其民而読灋亦如之。（中略）州長各掌其州之教治政令之灋」cf. Chavannes, 1910, p.441; 本書一一頁、訳注［13］参照。『周礼注疏』巻十一「地官小司徒」三三六頁「凡建邦国。立其社稷。正其畿疆之封。（中略）小司徒之職。掌建邦之教灋」cf. Chavannes, 1910, p.443; 本書一一頁、訳注［18］参照。

（59）『毛詩正義』大雅文王之什「緜」一一六〇頁「迺立冢土。戎醜攸行」cf. Chavannes, 1910, p.451; 本書一六頁、訳注［32］。『尚書正義』巻十一「泰誓上」三二四頁「類于上帝。宜于冢土」cf. Chavannes, 1910, p.450; 本書一六頁、訳注［31］参照。

（60）『周礼注疏』巻十「地官大司徒」二八五頁「而弁其邦国都鄙之数。制其畿疆而溝封之。設其社稷之壝。而樹之田主。各以其野之所宜木。遂以名其社与其野」cf. Chavannes, 1910, p.443; 本書一一頁、訳注［19］参照。

（61）『墨子間詁』第三十一「明鬼下」新編諸子集成、中華書局、二〇〇一年、二三三頁「昔者虞夏商周三代之聖王。其始建国営都日。必択国之正壇。置以為宗廟。必択木之脩茂者。立以為菆位」cf. Chavannes, 1910, p.472; 本書三〇頁、訳注［80］参照。

（62）Chavannes, *op. cit.*, 1910, p.475; 本書三一頁。

（63）*ibid.*, p.479sq.; 本書三五頁。

（64）Granet, *Fêtes et chansons anciennes de la Chine*, Ernest Leroux, Paris, 1919; Éditions Albin Michel, 1982. 邦訳は以下のものがある。内田智雄訳『支那古代の祭礼と歌謡』弘文堂書房、一九三八年。再刊『中国古代の祭礼と歌謡』平凡社東洋文庫、一九八九年。ここでは邦訳を参考にしつつ原著から訳していく。以下同様である。

（65）*ibid.*, p.254.

（66）『毛詩正義』国風召南「甘棠」九二頁「蔽芾甘棠。勿剪勿伐。召伯所茇」

（67）Granet, *La religion des Chinois*, Gautier-Villars, Paris, 1922; Presses Universitaires de France, 2e éd., Paris, 1951. 邦訳は以下のものがある。津田逸夫訳『支那人の宗教』東亜研究叢書、河出書房、一九四三年。栗本一男訳『中国人の宗教』平凡社東洋文庫、一九九九年。

（68）*ibid.*, p.54sq.

（69）Frazer, *The Worship of Nature*, *op. cit.*, 1926, pp.74–80.

（70） *ibid.*, pp.357–375.

（71） Chavannes, *op. cit.*, 1910, p.501; 本書四六頁。

（72） Wilhelm Mannhardt, *Walt- und Feldkulte*, Bd.1., *Der Baumkultus der Germanen und ihrer Nachbarstämme, mythologische Untersuchungen*, Gebrüder Borntraeger, Berlin, 1875, S.212.

（73） Jacob Grimm, *Deutsche Mythologie*, Dieterichsche Buchhandlung, Göttingen, 1835, S.56; 4. Ausg. hrsg. Elard Hugo Meyer, Ferdinand Dümmler, Berlin, 1875, Bd.1., S.70.

（74） Maspero, *La Chine antique*, Éditions de Boccard, Paris, 1927, p.115; Presses Universitaires de France, 2e éd., Paris, 1965, p.95.

（75） Maspero, *Les religions chinoises*, Mélanges posthumes sur les religions et l'histoire de la Chine, I, Civilisations du Sud, Paris, 1950, p.20sq., 24; id., *Le taoïsme et les religions chinoises*, Éditions Gallimard, Paris, 1971, p.12, 15.

（76） Granet, *La religion des Chinois*, *op. cit.*, p.135.

（77） Bernhard Karlgren, "Some Fecundity Symbols in Ancient China", *Bulletin of the Museum of Far Eastern Antiquities*, II, Stockholm, 1930, pp.1–66.

（78） *ibid.*, p.18sq.

（79） 『墨子間詁』第三十一「明鬼下」二二七頁「燕之有祖。当斉之［有］社稷。宋之有桑林。楚之有雲夢也。此男女之所属而観也」

（80） 郭沫若『甲骨文字研究』上海大東書店、一九三一年。再録『郭沫若全集』考古編第一巻、科学出版社、一九八二年、三九頁。
(81) 『墨子間詁』第三十一「明鬼下」二三三頁「昔者武王之攻殷誅紂也。使諸侯分其祭。曰使親者受内祀。疏者受外祀」
(82) 津田左右吉「上代支那人の宗教思想」『満鮮地理歴史研究報告』第六、一九二〇年。再録『津田左右吉全集』第二八巻、岩波書店、一九六六年、一八五〜二七一頁。
(83) 『礼記正義』第二「曲礼下」一七八頁「天子祭天地。祭四方。祭山川。祭五祀。歳徧。諸侯方祀。祭山川。祭五祀。歳徧。大夫祭五祀。歳徧。士祭其先」
(84) 『礼記正義』第十四「明堂位」一〇九〇頁「祀帝于郊。配以后稷。天子之礼也」
(85) 『礼記正義』第十一「郊特牲」九一七頁「社祭土。而主陰気也。(中略)社所以神地之道也。地載万物。天垂象」cf. Chavannes, 1910, p.437, 479; 本書九、三五頁、訳注[2][95]参照。
(86) 津田「上代支那人の宗教思想」前掲論文、二三四頁。
(87) 同、一八六頁。
(88) 那波利貞「次睢社攷」『藝文』第一三年六号、一九二二年、一三〜三九頁。
(89) 『春秋穀梁伝注疏』僖公十九年、十三経注疏整理委員会編、北京大学出版社、二〇〇〇年、一六〇頁「夏六月。宋公曹人邾人盟于曹南。繒子会盟于邾。己酉邾人執繒子用之。微国之君。因邾以求与之盟。人因已来求与之盟。已迎而執之。悪之故謹而日之也。用之者叩其鼻以衈社也」
(90) 松本信廣「社稷の研究」『史学』第二巻第一号、一九二三年、一一一〜一三〇頁。
(91) 出石誠彦「社を中心として見たる社稷考」『哲学年誌』第四巻、一九三四年。再録『支那神

話伝説の研究』増補改訂版、中央公論社、一九七三年、三四五～三九二頁。

(92)『左伝正義』昭公十年、一四七四頁「[経]秋七月。平子伐莒取郠。献俘始用人於亳社」cf. Chavannes, 1901, p.127; 1910, p.508; 本書五二頁、訳注［159］参照。

(93)『礼記正義』第十一「郊特牲」九一七頁「天子大社。必受霜露風雨。以達天地之気也。是故喪国之社。屋之不受天陽也。薄社北牖。使陰明也」cf. Chavannes, 1910, p.461; 本書二二頁、訳注［48］参照。蔡邕『独断』叢書集成簡編、台湾商務印書館、一九六五年、八頁「亡国之社。古者天子亦取亡国之社。以分諸侯。使為社。以自儆戒。屋之奄其上。使不得通天。柴其下使不得通地。自於天地絶也。面北向陰。示滅亡也」cf. Chavannes, 1910, p.462; 本書二三頁、訳注［52］参照。

(94)『墨子間詁』第三十一「明鬼下」二三四頁「[孫詒譲注]菆与叢同。位当為社。字之誤也。隷書社字。漢魯相韓勅造孔廟礼器碑作社。史晨祠孔廟奏銘作社。因譌而為位。急就篇祠祀社稷叢臘奉。叢一本作菆。顔師古曰。叢謂草木岑蔚之所。因立神祠。即此所謂択木之脩茂者。立以為菆社也」訳注［80］参照。

(95) 重澤俊郎「春秋時代の社に対する信仰及び其の起源」『支那学』第九巻二号、一九三八年、一〇九～一二三頁。

(96) 藤枝了英「社の原始的形態について」『支那学』第一〇巻二号、一九四〇年、二三七～二八五頁。

(97) 小島祐馬『古代支那研究』弘文堂書房、一九四三年。再刊『古代中国研究』平凡社東洋文庫、一九八八年、三～四〇頁。同書収録の論文「中国古代の祭祀と礼楽」は一九四一年刊行の岩波講

座『倫理学』に掲載されたのち補訂されたものである。

(98)『淮南鴻烈集解』巻十一「斉俗訓」新編諸子集成、中華書局、一九八九年、四二九頁「有虞氏之祀。其社用土。(中略)夏后氏其社用松。(中略)殷人之礼。其社用石。(中略)周人之礼。其社用栗」

(99)『周礼注疏』巻十九「春官小宗伯」五八一頁「若大師則帥有司而立軍社。奉主車」cf. Chavannes, 1910, p.513; 本書五四頁、訳注〔169〕参照。

(100) 関野雄「中国古代の樹木思想——斉の半瓦当の樹木文様に寄せて」『民族学研究』一四ノ二、一九四九年。再録『中国考古学研究』東京大学出版会、一九五六年、五二七〜五五二頁。

(101) 守屋美都雄「社の研究」『史学雑誌』五九編七号、一九五〇年。再録『中国古代の家族と国家』京都大学文学部東洋史研究会、一九六八年、二五〇〜二九四頁。

(102) 関野『中国考古学研究』前掲書、五四九〜五五一頁。

(103) 藤堂明保「祖と社の語源について」『東京支那学報』三号、一九五七年、二〇〜三〇頁。

(104) 守屋「社の研究」前掲論文、二八二頁。

(105) 小島『古代中国研究』前掲書、二四頁。

(106) 宇都木章「「社に戮す」ことについて——周礼の社の制度に関する一考察」『中国古代史研究』一九六〇年。再録『中国古代の貴族社会と文化』宇都木章著作集第一巻、名著刊行会、二〇一一年、一二四〜一五三頁。

(107)『左伝正義』僖公三十一年、五三九頁「公命祀相。甯武子不可曰。鬼神非其族類不歆其祀」

(108) 池田末利「古代中国の地母神に関する一考察」『宗教研究』一六八号、一九六一年。再録『中国古代宗教史研究――制度と思想』東海大学出版会、一九八一年、八九〜一〇七頁。

(109) 池田「社の変遷――句龍伝説批判」『哲学』一三輯、一九六一年。再録「社の起原とその変遷――句龍伝説批判」『中国古代宗教史研究』前掲書、一〇八〜一二一頁。

(110)『左伝正義』昭公二十九年、一七三九頁「社稷五祀。誰氏之五官也。(中略) 共工氏有子曰句龍。為后土。(中略) 后土為社。稷田正也」cf. Chavannes, 1910, p.505; 本書四九頁、訳注［152］参照。

(111)『国語』巻四「魯語上」四部備用史部第四四冊、中華書局、一九八九年、三三頁「共工氏之伯九有也。其子曰后土。能平九土。故祀以為社」cf. Chavannes, 1910, p.504; 本書四九頁、訳注［151］参照。

(112) 池田「古代中国に於る土地神の祭祀――序説」『東方宗教』二一号、一九六三年。再録『中国古代宗教史研究』前掲書、六九六〜七一二頁。

(113) 大淵忍爾「後漢時代の社会と信仰」『道教史の研究』岡山大学共済会、一九六四年、二二一〜三三九頁。

(114)『漢書』巻三十七「欒布伝」一九八一頁「孝文時。為燕相。至将軍。(中略) 嘗有徳厚報之。有怨必以法滅之。呉楚反時。以功封為鄃侯。復為燕相。燕斉之間皆為立社。号曰欒公社」

(115) 赤塚忠「殷王朝における土の祭祀」『中国古代の宗教と文化』角川書店、一九七七年。再録『中国古代の宗教と文化――殷王朝の祭祀』研文社、一九九〇年、一七七〜二〇四頁。

(116) 白川静「社稷について」『中国古代の文化』講談社、一九七九年、一〇一〜一一二頁。
(117)『説文解字注』第一篇上「示部」上海古籍出版社、一九八八年、八頁「社。地主也。从示土」
cf. Chavannes, 1910, p.466; 本書二七頁、訳注［62］参照。
(118) 白川『字統』平凡社、一九八四年、三九一頁。
(119)『説文解字注』第一篇上「示部」八頁「周礼二十五家為社。各樹其土所宜木」
(120)『周礼注疏』巻二十二「春官宗伯大司楽」六八七頁「凡六楽者。一変而致羽物及川沢之示。再変而致贏物及山林之示。三変而致鱗物及丘陵之示。四変而致毛物及墳衍之示。五変而致介物及土示。六変而致象物及天神」
(121) 鐵井慶紀「「社」についての一試論」『東方学』六一輯、一九八一年、一一〜一六頁。これ以前に中国では李則綱が一九三五年に論文「社与図騰」を『東方雑誌』三二巻一三期に掲載し、社のトーテム起源説を唱えている（二一九〜二三四頁）。また、台湾の凌純声は一九六四年に論文「中国古代社之源流」を『民族学研究所集刊』一七期に掲載し、ジグラートの壇墠文化の影響が社の成立の背景にあるとした（一〜四四頁）。
(122) 金井徳幸「社神と道教」福井康順・山崎宏・木村英一・酒井忠夫監修『道教』第二巻、平河出版社、一九八三年、一六九〜二〇八頁。
(123)『宋会要輯稿』礼二十「諸祠廟」上海古籍出版社、二〇一四年、九九五頁「政和元年正月九日。詔開封府毀神祠一千三十八区。遷其像入寺観及本廟。如真武像遷醴泉下観。土地像遷城隍廟之類。五通石将軍妲己三廟以淫祀廃。仍禁軍民擅立大小祠廟」

(124) 張鷟撰『朝野僉載』佚文『太平広記』巻四百四十七「孤神」新興書局、一九六九年、一七一七頁「唐初已来。百姓多事狐神。房中祭祀以乞恩。食飲与人同之。事者非一主。当時有諺曰。無狐魅不成村」

(125) 相田洋「中国中世の民間信仰」『中国中世の民衆文化――呪術・規範・反乱』中国書店、一九九四年、七二〜九九頁。

(126) 洪邁撰『夷堅志』丁志巻十四「劉十九郎」中華書局、一九八一年、六六〇頁「楽平耕民植稲帰。為人呼出。見数輩在外。形貌怪悪。叱令負担。経由数村疃。歴洪源石村何衝諸里。毎一村必先詣社神所。言欲行疫。皆拒却不聴」

(127) 『夷堅志』支乙志巻三「景徳鎮鬼闘」八一三頁「一巨人青巾緑袍。褐韈玉帯。持金爪。坐縄床。指呼群衆分為東西両朋。各執矛戟刀杖。互前闘撃。其勇如虎。（中略）争闘而勝者。里社之神。其奔敗化牛者。瘟鬼也」

(128) 『夷堅志』甲志巻十九「毛烈陰獄」一六八頁「瀘州合江県趙市村民毛烈。以不義起富。他人有善田宅。輒百計謀之。必得乃已。昌州人陳祈。（中略）祈以誣罔受杖。訴於州。于転運使。皆不得直。乃具牲酒詛于社。夢与神遇。告之曰。此非吾所能弁。盍往禱東嶽行宮。当如汝請」

(129) 樋口隆康「社稷の起源」『橿原考古学研究所論集』第一四、二〇〇三年、一〜九頁。

(130) 四川省文物管理委員会「成都羊子山第172号墓発掘報告」『考古学報』一九五六年第四期、一〜二〇頁。同「成都羊子山土台遺址清理報告」『考古学報』一九五七年第四期、一七〜三一頁、一二五〜一二八頁。林向「羊子山建築遺址新考」『四川文物』一九八八年第五期、三〜八頁ほか。

(131) 柳田國男「山民の生活」『山岳』第四年第三号、一九〇九年。再録『柳田國男全集』第二三巻、筑摩書房、二〇〇六年、六五七頁。

(132) 柳田國男「塚と森の話」『斯民』第六編第一一号、一九一二年。再録『柳田國男全集』第二四巻、筑摩書房、一九九九年、一〇六頁。

(133) シャヴァンヌが本書の注に引いたエドゥアール・ディゲの著作に、一九〇〇年代の安南における土地神の祠の写真が掲載されている。古代中国の社が周辺地域へ伝わって残存した姿をうかがわせる貴重な画像であろう。訳注［137］参照。Édouard Diguet, *Les Annamites, société, coutumes, religions*, Augustin Challamel, Paris, 1906, p.261.

訳者あとがき

シャヴァンヌは厖大な史料を収集し、諸本を校合して研究の基礎をかためる。これはヨーロッパの古典学の伝統だが、清朝考証学の理念に通じるところがある。その精神は弟子のペリオに受けつがれた。シャヴァンヌの考察対象は中国学のあらゆる領域におよぶ。正史も稗史も、典籍も通俗書も自国語に移して蓄積したうえで考察に進む。この方法は彼に傾倒したロシアの学者アレクセーエフに受けつがれた。シャヴァンヌは人文事象をつねに現実の社会とのかかわりのなかで捉える。これはフランス人文学の特徴だが、中国研究において切り開いた道筋は弟子のマスペロに受けつがれた。シャヴァンヌは厳密な文献学的考察をへたうえで、歴史のかなたにある遠い過去の世界をよみがえらせていく。みずみずしいその感性は弟子のグラネに受けつがれた。

ヨーロッパの中国学のひとつの伝統はこうして築かれたのである。その傑作とされる『泰山――中国人の信仰』の抄訳を二〇〇一年に出版して以来、原著の補遺となった論文「古代中国の社」を邦訳したいとずっと考えてきた。若い日に西洋古典に親しんだ人の文章は簡潔でありながらすこぶる格調が高い。これを日本語に訳すことは魅力にあふれ、そして苦しい仕事だったが、ようやくその作業を終えることができた。

この訳書を東洋文庫の一冊に加えていただくことができたのは、ひとえに東洋文庫編集長直井祐二氏のおかげである。心から感謝申しあげたい。

菊地章太

二〇一七年一二月

ま行・や行

ら行

な行・は行

た行

さ行

索引

＊当該の語が本文に出る場合はページ番号、原注および訳注に出る場合は注番号を記した。

菊地章太《きくちのりたか》

1959年横浜市生まれ。筑波大学卒業。トゥールーズ神学大学高等研究院留学。東洋大学教授。文学博士。比較宗教史専攻。著書、『神呪経研究』『フランス東洋学ことはじめ』(以上、研文出版)、『弥勒信仰のアジア』(大修館書店)、『老子神化』(春秋社)、『儒教・仏教・道教』(講談社)、『葬儀と日本人』(筑摩書房)ほか。訳書、シャヴァンヌ『泰山――中国人の信仰』(勉誠出版)。

古代中国の社《しや》――土地神信仰成立史　東洋文庫887

2018年2月9日　初版第1刷発行

訳注者　菊地章太

発行者　下中美都

印刷　藤原印刷株式会社
製本　大口製本印刷株式会社

発行所
電話編集 03-3230-6579　〒101-0051
営業 03-3230-6573　東京都千代田区神田神保町3-29
振替 00180-0-29639　株式会社 平凡社

平凡社ホームページ http://www.heibonsha.co.jp/

ISBN 978-4-582-80887-2

NDC 分類番号162.22　全書判(17.5 cm)　総ページ294

乱丁・落丁本は直接読者サービス係でお取替えします(送料小社負担)

《東洋文庫の関連書》

10 捜神記《そうじんき》 干宝 著 竹田晃 訳
44 四書五経〈中国思想の形成と展開〉 竹内照夫 著
184 金文《きんぶん》の世界〈殷周社会史〉 白川静 著
204 甲骨文《こうこつぶん》の世界〈古代殷王朝の構造〉 白川静 著
324 荊楚《けいそ》歳時記 宗懍 著 守屋美都雄 訳注 布目潮渢・中村裕一 補訂
329 道教 H・マスペロ 著 川勝義雄 訳
460 漢書五行志《かんじょごぎょうし》 班固 撰 冨谷至・吉川忠夫 訳注
485 東洋文明史論 桑原隲蔵 著 宮崎市定 解説
493 古代中国研究 小島祐馬 著 本田濟 解題
497 中国神話 聞一多 著 中島みどり 訳注
500 中国古代の祭礼と歌謡 M・グラネ 著 内田智雄 訳
508 東洋における素朴主義の民族と文明主義の社会 宮崎市定 著 礪波護 解説
515 魏《ぎ》書釈老志《しょしゃくろうし》 魏収 撰 塚本善隆 訳注 竺沙雅章 解説
517 洛陽伽藍記 楊衒之 著 入矢義高 訳注
518 詩経国風《しきょうこくふう》 白川静 訳注
557 559 支那史学史 全二巻 内藤湖南 著 吉川忠夫 解説
618 619 中国小説史略 全二巻 魯迅 著 中島長文 訳注
635 636 詩経雅頌《しきょうがしょう》 全二巻 白川静 訳注
661 中国人の宗教 M・グラネ 著 栗本一男 訳
686 688 689 列女伝 全三巻 劉向 著 中島みどり 訳注
775 古書通例〈中国文献学入門〉 余嘉錫 著 古勝隆一・嘉瀬達男・内山直樹 訳注
830 835 シャマニズム〈アルタイ系諸民族の世界像〉 ウノ・ハルヴァ 著 田中克彦 訳
873 呉越春秋〈呉越興亡の歴史物語〉 趙曄 著 佐藤武敏 訳注